인간의 사랑과 성

인간의 사랑과 성

Sex in Human Loving

에릭 번 지음

서혜석, 이정기, 이길구, 윤영선, 이승혜, 도현욱 옮김

아카데미아

수년 간 소중한 친구였던 모든 분들에게

사랑과 감사를 드립니다.

/ 역자 약력 /

서혜석

- 대구대학교 일반대학원 박사졸업(철학박사)
- 한국심리상담교육센터 센터장
- 전문영역 수련감독자(대학상담, 진로상담, 집단상담, 한국상담학회)
- 기독교상담 수련감독자(대한기독교상담학회)
- 교류분석 수련감독자(상담영역, 교육영역, 조직영역, 한국교류분석상담학회)

이정기

- The Chicago Theological Seminary (Ph.D)
- 한국실존치료연구소 대표
- 목회상담 수련감독자(한국목회상담협회)
- 목회상담 수련감독자(한국기독교상담심리치료학회)
- 교류분석 수련감독자(상담영역, 한국교류분석상담학회)

이길구

- 우석대학교 일반대학원 박사졸업(문학 박사)
- 전주대학교 기초융합교육원 교수
- 1급 전문상담사(진로상담, 한국상담학회)
- 기독상담 심리치료 1급(한국기독교상담심리치료학회)
- 교류분석 수련감독자(상담영역, 한국교류분석상담학회)

윤영선

- 서울신학대학교 신학전문대학원 박사졸업 (상담심리학 박사)
- 한국실존치료연구소 소장
- 실존심리상담사 수련감독자(한국실존치료연구소)
- 청소년상담사 수련감독자(한국청소년상담학회)
- 교류분석 전문가(상담영역, 한국교류분석상담학회)

이승혜

- 부산대학교 일반대학원 박사졸업(심리학 박사)
- 대전대학교 리버랄 아트

도현욱

- 대구대학교 일반대학원 사회복지학 박사수료
- 사회복지법인 대덕재단 대구아동복지센터

인간의 사랑과 성

1판 1쇄 인쇄 | 2017년 6월 26일
1판 1쇄 발행 | 2017년 6월 30일

지은이 | 에릭 번
옮긴이 | 서혜석, 이정기, 이길구, 윤영선, 이승혜, 도현욱

펴낸이 | 주용진
펴낸곳 | 도서출판 아카데미아
주 소 | 경기도 안양시 동안구 시민대로 401 대륭테크노타운15차 2003호
전 화 | 031-389-8811
팩 스 | 031-389-8817
E-mail | books@academya.co.kr
http://www.academya.co.kr

ISBN 978-89-5938-389-4
값 18,000원

서 문

이 책은 제이크 김벨의 "'성' 심리학 Sex Psychology " 강의를 토대로 했다. 1966년 4월과 5월에 캘리포니아 대학에서 강의할 수 있는 영광을 가졌다. 샌프란시스코 의료원 San Francisco Medical Center 의 의학 및 예방의학 교수인 살바토르 루시아 Salvatore P. Lucia 박사가 인사선발위원회에 참석했는데, 내가 영예롭게 선출된 것이 그분의 도움이라고 나는 생각한다. 본인에게 기회를 주신 위원회 위원님들과 다른 위원님들께도 감사드린다. 각기 다른 배경과 의견을 갖고 계신 600여 명의 많은 사람들이 강당과 복도까지 가득 참석하셨으며 원본 프로그램 초청장은 다음과 같다.

1966년 제이크 김벨 '성 심리학'
인문과학 및 강의 위원회 주최
캘리포니아 대학,
샌프란시스코 의료원

인간의 사랑과 성

*4월 6일 '성'에 관한 이야기
*4월 13일 인간관계의 유형들
*4월 20일 '성'과 행복
*4월 27일 '성'과 관련된 게임들

상기 네 개의 강의는 샌프란시스코 의료원 의학관 대강당에서 오후 8:30에 열립니다.

*5월 23일 언어와 연인들

상기 강의는 산타크루즈 Santa Cruz 에 위치한 캘리포니아 대학 University of California 의 실내체육관에서 열립니다. 관심 있는 모든 분들은 참석해주시면 감사하겠습니다.

관심 있는 분들이 참석하도록 초대되었지만, 청중은 주로 학생, 교직원, 전문직 종사자 및 동료들로 구성되었다. 루시아 박사 Dr. Lucia 는 매우 우아하고 재치있는 의장이었으며 내 조수인 파멜라 블룸 Pamela Blum 은 능숙하게 플랫폼 준비를 도왔다.

한편, 루시아 박사의 비서인 마저리 헌트 Marjorie Hunt 가 강의를 잘 보관하기 위해 녹음 준비를 하였으며, 올가 아이엘로 Olga Aiello 가 타이핑했다. 교재도 따로 없었고, 나의 필기 또한 주제 제목으로만 구성되었기 때문에, 이런 주변 분들의 도움이 없었다면, 내 강의는 영원히 사라졌을 것이다. 하지만 무엇보다도, 이러한 일련의 강의를 가능하게 해 주신 고(故)제이크 김벨 Jake Gimbel 에게 감사드린다.

1943년에 그가 죽었을 때쯤, 그는 스탠포드 대학과 캘리포니아 대학에서 강의함으로 인해 상당한 신뢰를 얻었으며, 그 이후로 강연회가 유명한 권위자와 학자에 의해서 열렸다.

그들은 꽤 어렵고 까다로운 기준을 세웠고 나는 청중 앞에 내 생각을 글로 나타냄으로써 그 기준을 충족시키는 데 4년의 시간이 걸렸으며, 지금도 힘들어 하면서 강의하고 있다. 이런 일련의 강의 이후로 상당히 '성'에 관한 지식의 발전과 확산이 있었으며 1967년에 가장 합리적이고 신뢰할 수 있으며 존경받을만한 정기 간행물인 의학월간지 "인간의 '성' 정체성 Medical Aspects of Human Sexuality "이[1] 발간되었다. 훨씬 덜 선정적이며 덜 거부하는 태도를 취한 전통이 있는 '성' 월간지인 "Zeitschrift fur Sexual Wissenschaft"에서 정신분석 개척자들과 그 시기의 '성' 정신병리학에 관심이 있었던 해브록 엘리스 Havelock Ellis 와 학자들이 초기에 논문 몇 편을 발표했다.

같은 시기 4년 동안 "미국 '성' 정보 교육 협의회"[2]는 뉴욕의 메리 캘더론 Mary Calderone 박사의 지도하에 두각을 나타냈다. 캘더론 박사의 완벽한 자질과 태도는 의심할 여지없이 그녀가 하는 일, 특히 학교에서 '성'교육을 널리 받아들이게 하는 데 기여했다. 새로 등장한 '성' 지식에 관한 제3의 힘은 '버클리 바브 또는 종족 Berkeley Barb or Tribe ' 및 다른 지하신문의 안내 광고란에서이다. 이 칼럼은 킨제이 Kinsey 와 그의 동료들의 것보다, 또한 해브록 앨리스 Havelock Ellis 의 작품에서 나타난 낭만적인 면에서는 약간 뒤떨어지지만, 성관계 시 정상적 체위에서 시작하여 훨씬 더 강력한 자세에 이르기까지 유행성과 다양성을 보여주고 있다.

지난 2-3년 동안 상당한 영향을 끼친 네 번째 힘은 법적인 완화이다. 예를 들어 영구의 동성애 및 덴미그의 포르노물(외실물)의 수용이다.

무엇보다 최근에는 성행위가 풍자적으로 표현된 공인된 '성' 교범과[3] 에버그린 매거진 Evergreen Magazine 의 섹시한 그림 패러디처럼, 병적인, 불쾌한 또는 경멸적인 농담과는 대조적으로 건강한 재치와 유머가 있는 섹스와의 자연스런 연결이다.

현재의 진보적인 입장은 성행위가 당연히 품위가 있어야 하고 이러한 상태를 유지해야 하며, 그래서 우리는 그런 상황에 가장 잘 대처해야 한다는 것이다. 이것은 섹스가 그 어느 것보다도 나쁘다는 우파의 입장과, 섹스가 폭력과 쓰레기로 취급되지 않는 한, 그 어느 것보다도 심하게 불쾌하게 생각하지 않는 급진적인 입장과 구별되야 한다는 것이다. "체면" 때문에 다른 사람들이 거부해야 하는 지하신문을 포함한 이러한 모든 영향력은, 지금은 게재되지는 않지만 히포크라테스 Dr. Hip Pocrates [4] 라는 이름의 칼럼을 통해 많은 사람에게 영향을 끼친 유진 숀펠드 박사 Dr. Eugene Schoenfeld 의 저서에서 가장 잘 나타났다.

그러나 이 기간에 일어난 가장 큰 변화는 교육적인 것이 아니라 현실적인 변화이다.

"먹는 피임약"이 미국의 삶에 미치는 영향은 완전한 '성 평등'에 대한 주장과 함께 "해방된 여성"의 출현으로 특징지어진다.

이 책의 원고는 "남성 우월주의"가 나타남으로 인해 그들 몇 명에 의하여 다듬어졌다.

그들이 발견한 몇 가지 예는 꽤 조잡했기에 최종적으로 초안을 적절하게 변경하였다.

"여성 우월주의"가 등장하는 또 다른 예에서, 나는 내 입장을 견지하며,

때때로 EB라고 불리는 답변과 함께, 그들이 표명하는 '여성 해방주의자'의 첫글자 'EW'를 각주에서 수용했으며 그들 각자의 말들을 주장할 수 있게 했다.

EW에 대해 공평하게 말하자면, 나는 그것들에 대해서 많은 인정과 열정적인 답변을 주고 싶지 않았다. 나는 이 책에서 그것들을 구어체, 이미지 및 사례보고식으로 사용했다고 말하고 싶다. 필요하면, 어느 누구도 그것이 16세, 18세, 21세 이하(또는 40세 이하)의 자녀들의 손에 닿지 않도록 해야 한다. 나는 내가 한 실수에 대해, 사실적으로 고치고자 하는 사람들의 비평을 기꺼이 수용하였다.

여러 의견에 관해서, 지난 30년 동안 들어왔던 것보다, 더 많은 적절한 '성' 역사에 귀 기울이지 않는, 그 어느 누구에게도, 양심적으로 나는 양보할 수 없다. 경험 있고 관심 있는 정신과 의사보다, 일반적으로 섹스에 대해 더 많이 알고 있는 일부 포주 및 매춘 여성들과 섹스의 특정한 면에 대해 더 많이 알고 있는 일부 학자가 있다고 나는 생각한다.

전반적으로, 내가 적어놓은 그것에는 예술 못지않은 과학이 있다고 생각하며, 어떠한 논쟁도 적절한 증거 자료에 의해 뒷받침되어야 한다는 것이 나의 생각이다.

여기에 쓰인 내용 중 많은 부분이 강의에서 언급되지 않았거나 다른 방식으로 언급되었다. 한 가지 이유로는, 1966년부터 많은 것을 배웠고, 또 다른 이유는 강의하는 것과 글쓰기가 다르다는 것이다.

따라서 그것들을 최신 자료상태로 더 읽기 쉽게 만들기 위해, 편집, 수정, 잘라내기, 재정리를 하였다. 이것을 가장 효과적으로 하기 위해, 나는 마치 한 사람의 청중을 위해 글 쓰는 것처럼 글쓰기 장치를 채택했다.

다른 장소에서, 나는 생시르 Cyprian St. Cyr 라는 작가를 언급했다. 생시르는 "아내의 하녀에게 보낸 편지 Letters to My Wife's Maid "라는 작품의 저자이다. 이 편지는 생시르가 아내와 머나먼 곳으로 여행하는 동안 기록된 것으로 되어 있으며, 문제의 젊은 아가씨가 현재 하는 일을 그만 뒀을 때 혼자 세상을 탐험할 준비를 하기 위한 내용이다.

그것은 원래 강의의 어조를 유지하려고 여전히 노력하면서, 생시르의 "편지들"에 나타난 의미로 쓰인 현재의 일에 적합한 상황이다.

이것에 맞춰서, 앞서 언급한 것처럼, 이전의 프로그램 순서가 시리즈의 원래 제목과 함께 버려졌다.* 그동안 쭉 많은 변화가 있었기 때문에 제이크 김벨 트러스트 연구소 Jake Gimbel Trust 나 캘리포니아 대학교 California University, 어느 누구도 자신들이 표명한 의견들에 대해 책임이 없다고 말하는 것이 타당하다. 그 책임은 전적으로 내 자신의 책임이라고 생각한다. 나는 '샌프란시스코 교류분석 세미나 The San Francisco Transactional Analysis Seminar'의 회원들에게, 내가 원고를 읽을 때, 며칠 동안 경청하면서, 그리고 그들이 주었던 소중한 많은 제안들과 건설적이고 강렬한 비판들에 대해 감사의 말을 전한다. 또한 시간을 내서 모든 원고를 읽어 주신 분들에게도 마찬가지로 감사의 말을 전한다. 특히 형식에 얽매이지 않고 솔직하게 조언 해주신 버사 정 Bertha Joung, 앨과 팜 레빈 Al, Pam Levin, 아든 로즈 Arden Rose, 발레리 벤저 Valerie Venger, 나디아 Nadja 와 발레리오 지우지 Valerio Giusi, 릭 번에게도 감사를 표한다.

카멜, 캘리포니아

1970년 4월

각주와 참고문헌

1) *Medical Aspects of Human Sexuality*, edited by Theodore Bawer, M.D., and David M. Reed, Ph.D., and a board of consulting editors. Published monthly at 18 East 48 Street, New York, N.Y. 10017.
2) SIECUS, 1855 Broadway, New York, N.Y. 10023.
3) *The Official Sex Manual*, by Gerald Sussman. G. P. Putnam's Sons, New York, 1965.
4) *Dear Doctor Hip Pocrates*, by Eugene Schoenfeld. Grove Press, New York, 1969.

* 이 책의 "공식" 제목은 더 학문적으로 성에 관심있는 사람들을 위해 "인간 공동체에서의 연인 간의 성 및 성행위 상관관계"이다.

목 차

제1부 | '성'과 '성'기관들

1. 필요한 '성'

2. 성행위

3. 종족 번식 이외 다른 용도에의 생식기 사용

제II부 | '성'과 사람들

4. 인간관계의 다양한 모습들

5. '성'적인 게임들

6. '성'과 웰빙 또는 예방적 친밀함

제III부 | 후 희

7. 질문

8. 남성의 세계

입문

‘성’에 관한 이야기

INTRODUCTION: TALKING ABOUT SEX

감성적인 ‘성’

섹스는 주로 감성적이기 때문에 쉬운 주제가 아니다. 실제로 감성적인 것보다 더 불안정하다. 그것을 무시하는 사람은 ‘성’에 대해 얘기할 때 조금 끈적거리는 느낌을 가질 것이다. 예전에 나는 ‘성’에 관한 글을 아름답게 쓴 시인을 알고 있지만 그다지 충격을 받지는 않았다. 나는 시인에게 “감성적인 감정을 말하기 위해, 적나라한 말을 사용하는 것은 실수라고 생각합니다.”라고 말했다. 그럼에도 불구하고 그녀는 감성적인 단어를 사용하기 시작했고, 나는 “감성적인 단어만으로는 충분치 않다.”라고 말했다. “사람들의 마음이 풀어질 단어를 사용해야 합니다.”라고 말했다.

그녀는 그 말을 좋아했고, 대답으로서 창문 옆에 앉아있는 임산부가 검은 뱀을 생각했다고 나에게 말했다. 내가 여자가 아니어서, 그것을 이해하지 못했지만, 그것은 거짓이 아닌 것처럼 들렸다. 그녀의 말에는 임신부에게 매우 적합한 말로 들렸으며, 그녀는 젖먹이 아기를 키울 수 있도록 젖이 잘 나오기를 바라고 있다고 말했다.

그것은 나로 하여금 “실내악”이나 “칵테일” 파티에 관해 이야기했을 때 항상 미안해했으며, 그리고 언젠가 그녀의 친구가 프레서피피 precipeepee 위로 떨어졌던 것을 보도했던 보스턴 출신의 여성에 관한 농담에 대해 생각나게 했다. 처음에는, 어휘를 검토하고 어떤 단어가 우리가 말하는 것을 가장 분명하고 편안하게 말할 것인지 결정해야 한다고 생각한다.

무미건조하며, 품위 없는 단어들

인간들이 '성'에 대하여 사용하는 단어들은 하등동물이 하는 접합과, 고등 동물들이 하는 교미/교합으로 시작한다. 성교는 사람들에게 해당하는 것이다.

과학자들은 그것을 co'-i-tis 라 부르지만, 신경질적인 경우에는 때로는 그것을 '큼'이라고 부른다. 그러나 co'-i-tus는 '그것'이다. 성교는 당신이 청중 앞에서 말할 수 있는 것이지만, 오직 일요일에만 할 수 있는 것이다. 사실 당신은 성관계를 제외한 어떤 것에 대해서도 이야기할 수 있다. 당신은 그것에 대해 이야기할 필요가 없다. 대신에 당신은 의사소통을 해야만 한다. 의사소통은 매우 어려울 수 있다. 그리고 나를 포함한 몇몇 사람들은, 그것을 피할 수 있다면, 그냥 솔직하게 말하는 것이 낫다. 다른 사람들과 의사소통하는 것조차도 때때로 두통을 줄 수 있다. 특히 의사소통의 대상이나 의사소통하는 상대방을 알지 못하는 경우가 있다. 간단히 말해서, 의사소통을 하는 것은 문제를 일으킬 수 있고, 그것에 참여하는 대부분의 사람들은 그들이 사귀고 싶다면 조만간 서로 대화하는 법을 배워야 한다. 최악의 의사소통은 계속적인 대화라고 불리는데, 이것은 참가자들에게 두통뿐만 아니라 만성적인 복통도 일으킬 수 있다. 하지만 때때로, 계속되는 대화를 나누는 사람들은 서로에게 말을 걸기 시작하고 나아갈 때, 모든 것이 나아진다. 내 비판적인 친구인 홀스레이 박사[Dr. Horseley]는 의사소통을 하지 않고 대화를 시작하지 않는 교육수준이 높은 부부들에게 말했다.

위의 모든 단어들의 문제점은 그들이 비록 그렇지 않아도 차갑고 건조하고 메마른 것처럼 보인다는 것이다. 교합은 두 개의 달걀을 비벼서 불을 지피는 것처럼 들린다. 교미/교합은 축축하며 약간은 반발하는 소리가 나며, 성교는 운동화를 신고 당밀을 걷는 것처럼 끈적거리는 소리를 낸다. 성교라는 단어는 비록 재미있기에는 너무 민감하지만, 대중적인 것이나 글쓰기에서 사용하기에는 괜찮은 문구이다. 다양한 이유로 성행위라는 단어는 편리하게 쓰일 수 있는 동의어다.

이러한 모든 활동의 결과에 사용되는 단어는 그다지 좋지 않다. '성'적 만족은 남성에게는 좋은 스테이크를, 여성에게는 치즈 역할을 대신해준다. '성'적인 배출구는 알루미늄 커피포트의 주둥이 또는 한 달에 한 번 슬러지를 배출하는 물탱크에 붙어있는 수도꼭지와 같다. '클라이맥스'라는 단어는 고상한 말로 시작되었지만 신문가판대에서 너무나 많이 사용된 결과 지금은 뜨거워진 두 사람의 백인이 마침내 서로 꽉 붙어있는 순간처럼 들릴 정도가 되었다. 나는 '오르가슴'이란 단어는 글쓰기에 가장 적합한 단어라고 생각한다.

변호사들은 그들만의 단어를 가지고 있지만, 별로 도움이 되지 않는다. 그들이 가장 좋아하는 말은 동거, 성관계, 간통 등이며 모두 고발, 고소와 관련이 있다. 변호사들은 섹스가 재밌든 말든 간에 전혀 관심이 없다. 그들은 누군가 그것에 대해 돈을 지불해야 한다. 그래야 그것을 "입증"하거나 "증명"하는 데 관심을 가진다. 만약 그것이 당신이 여태까지 겪었던 가장 큰 흥분을 누렸던 것만큼 재미있지 않다면 당신은 그만큼 대가를 치러야 할 것이다. 따분함에 대해서는 공제가 없고 황홀경에 대해서는 어떠한 보상이 없다. 변호사는 자연에 대한 범죄라고 불리는 다른 단어들을 가지고 있지만, 자연은 불만을 제기한 적이 없다. 품위 있는 노출이라는 의미의 법적인 어휘는 없다. 모든 노출은 달리 입증될 때까지는 외설스러운 것으로 간주된다. 이것은 헌법 조항에 위배되는 것으로 보인다. 유죄 판결을 받을 때까지는 무죄이다. 변호사들 간의 가장 큰 싸움 중 일부는 '외설'이라는 단어에 관한 것이고, 우리는 나중에 그것에 대해 이야기하겠다.

이러한 모든 단어와 어구의 진짜 문제는 그들이 욕망과 쾌락, 중독이라는 문제를 과장하는 것이며, 그것은 그것들이 냉정하고 건조하고 메마른 이유이기 때문이다.

일부 선정적이며 불쾌한 말들

짝짓기는 선정적이며, 번식력 있는 의미의 단어이다. 그 단어에는 큰 미래가 있지만 존재감은 부족하다. 아마도 모든 '성'적 용어 중 가장 인간적이며, 저속한 것은 성행위라는 단어일 것이다. 그것에는 선정적이고 불쾌하고 번식력 있는 의미가 있으며 행동 자체보다 더 오래 지속되는 무언가의 보장을 의미한다. 성교 또는 성행위를 하는 사람들에게 일출 후에 어떤 일이 일어날지 아무도 모른다. 그러나 성행위를 하는 사람들은 아침 식사를 함께 할 가능성이 가장 높은 사람들이어서 대부분의 젊은 여성들은 다른 모든 사람들에게 그 용어를 선호한다. 불행하게도, 아마 아침식사 테이블에서 여자들을 기꺼이 마주하고 싶어 하는 남자들조차도 인기가 덜 있다.

'오르가슴에 이르다'라는 의미의 'come'은 또 다른 선정적이며 불쾌한 단어이다. 드라마에서 부족한 부분을 아늑함으로 그것을 나타낸다. 몇몇 사람들은, 이상하게도, 'come' 이라는 단어 대신에 'go' 라고 말하기도 한다.

외설적인 단어들

나는 외설스럽지 않게 음담패설을 하는 것이 가능하고 매력이 있다고 생각한다. 예를 들어, 우리는 오해의 소지가 있거나 기분을 상하게 하는 사람이 아니더라도, 커프 cuff, 스워크 swerk, 컬프 kirp, 툰크 tunc 등 가장 일반적인 '성'적 음담 4가지를 거꾸로 또는 우회적으로 쓸 수 있다.

커프는 '성'행위의 완전한 감정, 흥분, 미끄러움 및 분위기를 주는 영어의 유일한 단어이다. 그 단어의 선정적인 "프"소리는 또한 현실적인 효과를 만드는 데 도움이 된다. 이전 섹션에서 언급된 동의어들은 흥분과 성욕의 생각을 조심스럽게 피하며 더욱 조심스럽게 섹스에서 가장 원시적이고 강력한 요소 중 하나인 냄새를 피한다. 커프는 아이가 하는 것처럼, 이 모든 것을 받아들인다. 아이의 말처럼 시작하기 때문이다.

이상하게 받아들일 수 있지만 일반적으로 앵글로 색슨족의 단어와는 다르다. 그것은 1500년대에 스코틀랜드[1]에서 영어로 들어 왔고 아마도 고대 언어인 네덜란드어 또는 독일어 단어 'ficken'에서 나왔을 것이다. 그것은 마치 아라비아어의 'dok'처럼 두드려 박는 것을 의미하는데, 이것은 절굿공이로 두들기듯이 두들기는 것이다. 우리가 아는 것처럼, 성교에서 찔러넣는 것과 세게 두드리는 것은 가장 중요한 요소 중 하나이다. 마찬가지로, 아랍계 '성' 학자들이 헤즈[hez]라고 부르는 중요한 것이 있는데 이것은 여성 골반을 짜릿하게, 음탕하게, 자유롭게 흔들어주는 운동을 의미한다. 커프[cuff]가 독[dok]과 헤즈[hez]를 의미하는 이유는 그것이 '찔러넣기'와 '흔들어줌'을 가지고 있기 때문이다.

커핑[cuffing]은 두 사람이 함께 하는 의미인 데 비해 스워킹[swerking]은 좀 더 일방적인 의미를 가진 단어이다. 아마릴리스[Amaryllis]라는 매우 영리한 소녀가 "나는 커핑을 좋아하지만, 단지 그 절정을 위해 일방적으로 하는 성행위를 하는 남자를 원하지 않는다."라고 나에게 말했다. 성교[balling]* 역시 사람들이 함께 하는 것이다.

커프[kirp]와 툰크[tunc]와 그들의 수많은 동의어에 대해서 굳이 논할 필요가 없다. 왜냐하면 그것들 모두, 우리의 이해와는 거의 도움이 되지 않는 단순히 저속한 단어이기 때문이다. 남근은 대부분의 사람들에게는 그다지 눈길을 끌지 않는 깡마른 어떤 그림을, 집에 있는 아이들의 귀여운 그것을 떠 올리게 한다. 그것은 이완된 상태에서 남근의 역할을 다 할 것이다. 장대한 발기상태 때문에, 그것이 인위적이고, 분비물이 부족해도, 나는 '남근상[phallus]'이란 단어가 더 사실에 가깝다고 생각한다. '질'은 여자 '성' 기관에 해당한다. 다른 특성을 가지고 있지 않아도, 그것은 따뜻함을 지니고

---

* EW : 성교는 약을 먹은 후 현상은, 착취감이 없고, 상호 동의, 함께 수행된 행동, 누군가에게 행해진 것이 아니라 누군가와 행함을 의미한다. 자존심과 기쁨을 가지고 사용되는 것은 "사랑을 만드는 것"과 동등한 의미이다. 사법상의 형법에서 위의 목록은 일상적인 용도로 충분하다.

있다. 가장 어려운 것은 해부학자가 외음부라고 부르는 외부 생식기와의 관련이다. 그것은 일상적으로 사용하기에 너무 임상적인 단어로, 따로 품위 있는 용어가 없기 때문에, 우리는 전통적으로 사용하는 생식기 genital 라는 단어에 만족해야만 한다.

로제 어휘 분류사전, 다양한 속어사전 및 사법권의 형법체계에서 찾을 수 있는 수많은 단어가 있으며 위의 목록표는[2] 일상적인 용도로 충분하다.

외설의 본질

이제 나는 왜 외설이라는 단어의 사용을 피하고 싶은지 설명하겠다. 외설이라는 단어는 일종의 혐오스러움을 의미한다. 외설은 일반적으로 포르노(외설문학)와 외설취미의 두 가지 유형으로 나뉜다. 포르노는 매춘부에 관한 글을 뜻하며, 반면에 외설취미는 성기의 상스런 것들에 적용된다. 어떤 사람들은 포르노와 외설취미 둘 다 불쾌감을 주는 것으로 생각하지만, 반면에 또 다른 사람들은 전자는 외설적이지만 후자는 외설적이라고 생각하지 않는다. 이것은 마치 외설적인 것이 인위적인 규칙의 문제인 것처럼 들리지만, 꼭 그렇지는 않다. 그것은 후자보다 훨씬 더 심오한 심리적 의미를 지니고 있다.

말할 가치 있는 단어는 화자와 청중 모두에게 이미지를 자극하는 것이다. 이러한 이미지들은 항상 뚜렷하게 나타나지는 않지만, 약간의 주의를 기울이면, 그것들은 마음 속 깊은 곳으로부터 끄집어낼 수 있다. 대부분의 단어에 대한 이미지는 가볍고, 불완전하게 형성되고, 그림자처럼 희미하며, 그것들이 익숙하지 않으면 알 수 없는 배경으로 사라진다. 그래서 화자가 말할 때 거의 주목받지 못하는 이유이다. 이것들은 '어른 이미지' 또는 '그림자상'이라고 말할 수 있다. 어떤 다른 단어들은 보다 생생하고 강력한 이미지를 동반한다. 이러한 이미지들은 어린 시절의 잔재(흔적)이며, 어린이 또는 초기 이미지라고 한다.[3] 왜냐하면 그것들은 매우 섬세하고 화려하기 때문에, 초기 이미지들은 정서적인 반응을 일으킨다. 그것들 일부는 사람들이 종종 마리화나를 피우거나 LSD를 복용할 때 흔히 볼 수 있는 이미지처럼 놀라우리만치 아름답다. 어떤 다른 것들은 혐오스럽다. 우리가 여기서 우려하는 것은 그것들이 우리에게 외설을 정의하는 심리적인 방법을 제공하기 때문이다. 수반되는 이미지가 초기적이고 혐오스러울 때 단어는 외설스러워진다. 그것은 이미지와 현실이 어린 시절에 생생하고 혐오스러웠기 때문에 배변훈련 중 냄새가 나는 배설물의 경우처럼 일반적으로 이미지는 그 이후에도 계속된다.[4] 외설(음란물)의 정의는 사람들에게 언론의 자유를 박탈하려는 억압적이고 무례한 당국의 강요된 규정에 기반한 것이 아니라, 사람의 신경계의 구조와 심오한 심리학의 구조에서 유래된 것이다.

만약 외설(음란물)이 어린 시절의 깊고 보편적인 심리적 요인들에 기초한다면, 오직 어린 시절에 사용한 단어만이 그러한 효력을 가져야만 한다. 만약 언어를 나중에 배울 수 있다면, 예를 들어 6살 이후에 배운다면, 학습자가 삶의 초기에 그 말을 들어 본 적이 없기 때문에 그것은 학습자에게 외설이란 말을 배우기에 힘들 것이다. 따라서 진짜 영국인은 merde, Scheiss, fourrer, vogeln, cul 또는 Schwanz와 같은 단어를 당혹감, 불편함, 망설임 없이 말하거나 읽을 수 있다. 왜냐하면, 사용하는 사람들이 그 단어들이 의미하는 바를 잘 알고 있더라도, 그 단어들이 초기의 이미지를 자극시키지 못하고, 그의 마음속에 더 추상적인 특성을 유지하기 때문이다. 그러나 새로운 언어가 깊게 뿌리 내리고, 생각을 하기 시작하면 단어의 일부가 서서히 초기 단계에 침투하여 외설적 의미를 띤다.

그러한 관찰은 외설(음란물)의 특성이 일반화되었음을 나타내지만, 외설스러운 반응을 불러일으키는 특정 단어들은 선택이나 가능성의 문제이다. 기본적으로 그것은 냄새와 맛, 미끄러운 촉감과도 연관이 있다. 외설적인 단어는 초기 이미지에서 미끄러운 감각과 연관이 있는 단어들이다. 특수한 경우에, 가장 거슬리지 않는 단어들이, 이러한 이미지가 형성되는 어린 시절의 경험으로 인해 당치도 않은 외설스런 것들이 될 수 있다. 따라서 새로운 세대는 오래된 음담을 없앨 수 있지만, 보통 OO새끼를 음란한 것으로 바꾸거나 희귀한 문구를 일반적인 사용법("여성 욕 mother-cuffer ")으로 끌어들임으로써 음란어를 만든다. 아이들이 음란적인 반응에서 벗어나서 아이들을 양육할 수 있다고 생각되지만 그것은 사람의 신경계가 형성되는 방식 때문에 가능하지 않을 것 같다. 나는 대부분의 사람들이 야외활동을 할 때 동네 화장실에서 느낀 안도감을 훈련하는 것이 매우 어려울 것이라고 생각한다.

외설적인 단어의 충격, 또는 그 목적을 위해 사용되는 경우의 안도감, 또는 각성제로 사용되는 에로틱한 것은 외설적인 것만큼이나 그들의 향기로운 특성에서 온다. 가장 강한 외설은 가장 강한 향수의 의미를 가진 cuffs, tunc 및 tish이다. 반면에 가장 약한 부분은 초기 이미지에서 멀리 떨어져 완전히 탈취된 과학적이고 문학적인 말들이다. 신경학자와 심리학자에게 이것은 뇌와 정신의 전체 구조: 냄새, 시각적 이미지, 단어들, 그리고 사회적 행동, 정서적 충격, 안도감 또는 자극 간의 관계와 관련된 매력적인 현상이다.

이러한 심리적인 사실 때문에, 외설에 대한 관심은 시대에 뒤진 사고방식의 특이한 유물이 아니다. 오히려 그것은 가장 중요한 특성인 은혜가 삶의 방식 중 하나이다. 은혜는 우아한 움직임을 의미하며, 고독함과 영성체의 우아한 순간을 의미한다. 이 특성은 무용수들, 수사학자들 그리고 선 및 기타 동양 철학자들에 의해 잘 알려져 있다. 그것은 우아하게 말하고 매시간마다 예술작품을 만든다는 것을 의미한다. 그것은 이전보다 더 낫게 만드는 용모와 품행을 필요로 한다. 마지막으로, 평생 동안 우정과 증오, 친밀과 직면, 희극과 비극이 적어도 어느 정도 완전함과 고귀함으로 끝날 가능성이 있음을 의미한다. 나에게 있어서 수업 = 은혜 = 침묵은 회화, 발레, 연설에서 과장 및 부조화에 대한 회피처럼 들린다.

추악함을 마주하고 그것을 직시하는 것은 그것을 받아들이는 것과는 다르다. 각 사람마다 아름다움에 대한 자신의 생각을 가지고 있기 때문에 그것이 무엇인지 말함으로써 정의할 수 있는 방법이 없다. 하지만 적어도 그것은 그것이 아니라는 것을 말함으로써 분리될 수 있다. 내가 생각하기에 보편적 심미학의 법칙이라는 오직 한 가지가 있는데, 그 보편적인 법칙은 인류의 진화 과정에서 물려받은 생물학적 특성이 되었기 때문이다. 아름다움은 악취에도 불구하고, 그것들 때문은 아니더라도, 존재 할 수있다. 그리고 모든 사람들은 나쁜 냄새가 무엇인지 알고 있다. 그것은 낯선 사람의 냄새, 우리가 호흡할 때 원치 않는 그 사람의 냄새 침입 같은 것이다. 친구의 경우는, 그것의 반대이다. 아마릴리스가 전에 말했듯이, "친구는 tish와 tarfs와 같이 악취가 나는 것이 아니며, sipp의 소리는 당신의 귀에 들리는 노랫소리와 같다. 만약 낯선 사람이 당신에게 그런 식의 추행을 하려하면, 당신은 그를 지독하게 응징해야 한다." 아마릴리스는 그녀의 '악취'라는 단어의 사용에서 보듯이 약간 천박한 성향을 가지고 있다.

이 모든 것을 고려해 볼 때, 그들의 동의 없이는 다른 사람들에게 외설을 강요해서는 안 된다고 생각한다. 어떤 사람들에게는, 그것은 그들의 삶의 계획의 일부이며, 그들의 즐거움을 더한다. 어떤 다른 사람들에게는, 외부 간섭에 얽매이지 않는 말들은 붐비는 극장에서 "불이야!"라는 소리를 막을 뿐만 아니라, 아이들 앞에서 소리치지 않게 한다. 시적으로는 항상 더 매력적이다. 생리라는 말은 "월경"이란 말처럼 매력적이지 않지만, "달 표면에 있는 피"라는 의미로서는 적어도 남성에게는 매력적이며, 프랑스어로 "나는 꽃을 가지고 있다."라는 뜻이 있다.

당신이 말하고 싶은 것은 무엇이든, 당신 자신의 기준에 의해 여전히 순수하게 남아있을 수 있다면, 당신은 그것을 말해야 한다. 너무나 많은 것들이 오염되었을 때는 순수성이 매우 중요하다.

쓰레기통

당신이 쓰레기통을 들여다봄으로써 이웃들에 대해 많은 것을 알아낼 수 있다는 것은 사실이다. 철학적으로 말하자면 청소부는 사람들이 버린 쓰레기 속에서 인생철학을 발전시킬 수 있다: 그들은 자기들이 버리는 것, 얼마나 절약하는지, 낭비하는지, 그리고 아이들에게 무엇을 먹이는지를 일 수 있다. 그리고 이 세상에는, 근본적인 진실을 보여 주는 진달자로서 그 사람을 보게 되는 많은 사람들이 있다. 쓰레기통을 뒤져 봐라! 그것이 인류의 진짜 특종이다! 그러나 꼭 그렇지는 않다. 고고학자들은 종종 쓰레기더미에서 우연히 특종을 발견한다. 그리고 거의 다른 곳이 아닌, 이것으로부터 그들은 과거의 사회가 어떠했는지를 재구성하려고 한다. 동일한 계획을 수행하며, 쓰레기를 통해서 우리 자신의 삶의 방식을 재구성하고 판단하려는 작가들이 있다. 그러나 고고학자들은 많은 쓰레기더미를 연구하는 것보다 폼페이 같은 도시를 밝혀냄으로써 훨씬 더 많은 것을 얻는다. 도시 전체를 봄으로써 서민들과 귀족들 사이에서 일어났던 일들을 더 잘 판단할 수 있다. 사무실, 도서관, 보육원, 오락실은 잡동사니 상자 안에 들어있는 것보다 사람들에 대한 보편적인 진리를 더 많이 담고 있다. 수녀원의 땀과 인류애는 사창가의 땀과 인간성보다 더 가치가 있다. 수녀원은 그 길이 아무리 좁을지라도, 인류를 향한 열망에 호소하는 반면에 포르노와 매춘부로 묘사된 사창가는 정적이거나 또는 설령 움직임이 있다하더라도 타락으로 가기 때문이다. 결국 태아의 종양보다 태어날 아기의 인류의 수가 더 많으며 아기배아는 자궁근종보다 더 많은 중요한 진실을 가지고 있다.

이 모든 것들은 외설적인 책들이 더 이상 본질적이지도 않고, 더 계몽적이고, 더 적절하지도 않다고 말해 주는 것이다. 톨스토이만이 전쟁과 평화에서 봤던 것을 볼 수 있었지만, 자기 어머니에게 충분히 화가 난 영리한 고등학생은 침실에서 사드의 철학을 침실 장면과 철학을 포함하여 쓸 수 있었을 것이다.

여성과 관련된 상스런 말들

극단적인 경우에, 외설은 삶의 방식이 된다. 종신형을 선고받고 침실에서 영원히 오르가슴의 기대를 구하는 에로 작가는 숲과 바다 그리고 햇빛을 결코 볼 수 없을 것이다. 작은 방 안에 틀어박혀 있는 외설 작가는 모든 일이 변하는 것을 증명하기 위해 자기가 묶인 채로, 있는 모든 것들을 찾아내기 위해 모든 일을 거칠게 다룬다. 둘 다 패자다. 왜냐면, 포르노 작가는 자신이 찾고 있는 모든 것을 만족시키며 즐거움을 줄 음부를 발견하지 못할 것이고, 자기가 쌓아 놓은 배설물 가운데 서 있는 외설 작가는 금으로 힘겹게 변형시키는 데 성공하지 못할 것이다. 포르노 작가가 더 나을 것이다. 왜냐면 그는 적어도 약간의 일시적인 쾌락을 얻기 때문이다. 반면, 욕실에서 생길 수 있는 유일한 이미지는 금이 섞이지 않은 항아리이다. 사실, 지독한 외설물은 일부 사람들에게 안도감을 제공하지만, 이는 그러한 용어가 특별한 심리적 우위를 가지고 있다는 사실을 확인해준다.

만약 당신이 단지 외설스러운 말만 한다면, 모든 것은 5년 또는 10년 동안의 결과만으로는 충분하지 않을 것이라는 순진한 이론이 있다. 처음부터 그것은 패자의 접근법이다. 그런 사람이 10년 동안 10만 회(하루 30번)에 "tish" 또는 "mother cuffer"라고 말하면 나의 임상 경험에서 볼 때 상황이 더 좋아지기는커녕, 더 나빠진다는 것을 알게 된다. 그 다음 그는 비명을 지른다, "내가 얼마나 열심히 노력했는지! 왜 이런 일이 항상 내게 일어날까?" 그저 더 열심히 노력하는 것만이 답이 아니라는 것을 증명하는 것이다. 왜냐하면 그가 하루에 좋아하는 음란이야기를 300번 말해도 상황이 나아지지 않을 것이기 때문이다.

그것은 패자를 만드는 이론 자체가 아니라 실행하는 방식이다. 같은 생각을 하는 가장이 이틀간의 휴가를 내고, 모든 프로그램을 수행하며, 하루에 5만 건의 욕설을 해보면, 그가 원하는 결과를 얻었는지 여부를 확인할 수 있다. 그가 그렇게 하지 않았다면 성공에 대한 새로운 이론을 발견하고 10년을 절약할 수 있었을 것이다. 그것은 승자와 패자의 차이이다. 그가 승자이든 패자이든 간에 다른 사람들이 그를 신뢰할지 여부를 결정하기 때문에 사람의 삶의 과정뿐만 아니라 그 결과에 있어서 가장 중요하다.

재미있는 외설

달갑지 않은 음란물 대부분의 경우 성폭행이며 비난 받기 쉽다는 데 동의하는 사람들이 많다.[5] 그러나 두 가지 상황이 있는데, 그 이유는 단지 그 외설로 인해 효과적일 수 있으며, 그것들은 유혹과 재미로 구성되어 있다. 유혹할 때, 음란은 설득하는 것으로 사용될 수 있다.

그렇다면 아마도 로버트 베이든 파월경 Sir Baden-Powell 의 현실에 바탕을 둔 이상주의에 기반한 미국의 보이 스카우트가 수여하는 세일즈맨 공훈 배지를 받기위해 타락하기도 한다. 그것은 자연의 아름다움을 해치는 것처럼 편하게 돈을 버는 만드는 기술과 같다.*

재밌는 음란물은 부패에 대한 풍자이며, 풍자는 국민과 거대한 인간관계를 개선해주는 외과수술과 같은 웃음이다. 따라서 재미에 대한 외설은 인생을 덜 외설적으로 만든다. 라블레 Rabelais 는 대부분의 작가들보다 더 과학적이다. 그의 작품 중 내가 가장 좋아하는 책(토마스 어커트경 Sir Thomas Urquhart 의 번역본)이며 다음과 같다.

> 한순간의 기쁨이 슬픔을 이겨낸다.
> 왜냐하면 웃는 것은 그 남자에게 바람직하기 때문이다.

---

* Amaryllis는 유머의 방법으로 음담을 성공적으로 사용하는 남성에 대해 말한다. 가능성이 있는 여성을 만난 후 가능한 한 빨리, 그는 명백한 언어로 그녀에게 보통 외설스러운 제안 이상의 것을 만든다. 그는 일부 여성들의 호의를 얻었고 많은 다른 사람들의 존경심을 잃어버렸다. 따라서 특이하면서 음란한 말의 타락한 힘을 긍정적으로 또한 부정적으로 보여준다.

하지만 풍자는 저항적인 외설과는 다르다. "나는 이 외설스러운 단어들을 말할 수 있다. 당신이 완고한 사람인지, 또는 나를 사랑하는지를 너의 얼굴 표정을 보고 알 수 있다."

마찬가지로, 사실상 그 당시의 방탕자들에게는 피할 수 없고 치료가 불가능한 임질과 천연두, 매독에 걸린 환자 회복을 위한 해학적인 시들은 동일한 주제를 다룬 현대 작가들의 자기연민적인 투덜대는 말들과는 다르다. 외설은 그것들을 말하는 사람 또는 그것들을 들은 사람에 의해 심각하게 받아들여질 때 주로 불쾌하다. 재미있는 말을 하면서 노인들 얼굴에 내뱉지 않으면, 읽는 사람이나 듣는 사람은 여흥을 즐기든가 아니면 다른 것을 찾으면서 "나는 즐겁지가 않다."라고 말할 수 있다.

말장난, 농담, 5행 희시는 음란물을 즐기는 가장 좋은 방법이다. 불행하게도, 여섯 개의 주요 외설 단어들에 의해 만들어질 수 있는 가능성은 제한되어 있고, 그것들은 모두 오래 전에 만들어진 것이다.

외설스러운 농담의 수는 더 많지만, 그들 대부분은 은밀한 다락방에서 나온다. 지난 1백억 명의 대학생들이 지난 100년 동안 100,000개의 주점에서 1천억 시간을 소비했기 때문이다.[6] 오늘날 창의성을 발휘할 수 있도록 개방되어 있는 주요 분야는 5행 희시 이다. 음란물과 검열을 조롱하는 가장 재미있는 방법 중 하나는 진짜 대신에 가짜 단어를 사용하는 것이다. 공식적인 섹스 매뉴얼을 본 후에,[7] 그것은 잘못된 구역, 활화산, 과다 사용에 대해 모든 것을 말해 준다. 활화산과 과다 노출된 물질은 향료통 바로 위에 위치한 작은 타원형 모양의 물체이다. 물론 아늑한 남성의 힘은 침묵을 깨뜨려야 한다. 그러나 트윅스 제임슨 Twiggs Jameson 의 소설인 '빌리와 베티 Billy and Betty'는 제임슨의 단어가 원본에 더 가까운 소리를 내고 실제 연인들이 사용하는 것이 아주 재미있기 때문에 훨씬 더 좋은 어휘를 가지고 있다.

예를 들어, 클래밍 clamming 을 위한 파트너를 찾을 수 없는 사람들은 대신에 항상 자동화시킬 수 있다. 제임슨은 빈 푸다쿠스 pudarkus 또는 완전한 글랜더 glander 를 가지고 있는지 여부에 관계없이 그 방법을 마무리하는 방법을 예제로 설명한다.

외설과 사랑

아마도 음란을 위한 완벽한 기회는 성행위를 하는 것이다.[9] 이것이 바로 1차적 장면이다. 그래서 적어도 성적 유형의 1차적인 이미지가 여기에서 가치를 지닌다. 이것은 유혹이나 착취를 포함하지 않는다. 이것은 이미 양 당사자가 성행위를 하기로 동의를 한 것을 의미하며, 그 이상의 것은 서로의 즐거움을 높이는 데 적극적으로 관심이 있는 것이다. 자극을 일으키는 1차적 이미지는 더 이상 필요하지 않지만, 어떤 사람들에게는 꽃이 만발한다. 안녕하세요, 그들이 강화시키고, 그들을 자유케 하는 감각들, 즉 눈, 소리, 촉감, 향기, 미각, 그리고 홍조가 서로에게 확산되는 따뜻한 느낌을 주는 수많은 감각들을 강화한다. 이것은 다음 시에서 보이듯이 모욕하는 것과 모독하는 것과는 정반대이다.

차이점

그녀는 "커프스!"라고 말했다. 그 다음 빨간색을 보았다.
그가 나가서, 대신 찾았을 때
그가 차를 마시기 위해 데려간 여자,
누가 나중에 말했다, "오, 나의 욕망!"

초급 성교육

여기서 다루는 우리의 목적은 진지하다. 성교육이나 심지어 자극. 우리는 일부 전철 어구를 포함하여 선호하는 어휘에 동의했으며 가능한 한 외설을 피하기로 동의했다. 재미를 피할 이유가 없다는 데 동의하자. 그리고 그 다음에 우리는 주요 주제에 대한 다양한 접근법을 고려해 보자.

"성교육"에 관해 가장 귀찮은 질문은 "어떻게 자녀에게 성관계를 설명해야 하나?"이다. 이것이 귀찮은 이유는 오히려 쓸데없는 질문이며 "당신의 자녀들에게 어떻게 역사(또는 기하학, 요리)를 설명합니까?"보다 의미가 없기 때문이다. 역사나 기하학을 "설명"하기 위해 수년간 이루어진 가르침과 숙제, 심지어는 극소수의 어린이들조차도, 그 문제는 모든 교사가 아니라, 정말로 그들을 이해하는 데 노력해야 한다. 많은 부모들이 결국 자신들에게(또는 서로에게) 말한다: "그래서 당신은 자녀들에게 섹스를 어떻게 설명해야 할지 모르겠다!" 혹은 심지어 더 나쁜 것은 "하! 나는 자식들에게 성을 어떻게 설명하는지 아는 부모다!" 정말로 잘못된 것은 부모님이 아니라, "설명"할 수 있는 "섹스" 같은 것이 실제로 있다는 것이다. "설명할 수 있는 조리법"이라고 불리는 것 이상의 무언가가 있는 것은 아니다(라루스는 시도조차 하지 않았으며 단지 역사 지식만을 제공했다). 냄비의 열과 냄새에 대해 이야기하는 것은 도움이 되겠지만, 가스 배관의 그림을 그리거나 독버섯에 대한 경고로 좋은 요리는 할 수 없다. 당신의 아들이나 딸을 제쳐 두는 것과 같은 것은 없다. "나는 이제 섹스를 설명하겠다."라고 하면서 아들이나 딸을 옆으로 데리고 "나는 이제 너희들에게 섹스를 설명하겠다. ABC + DEF = G. 질문이 있나?" "잘 자라! 잠잘 시간이구나!"라고 말할 수는 없다.

어린 아이들의 경우, 보통 그들이 묻는 첫 번째 질문은 아기가 어디서 왔는지이다. 아무도 그 사실에 대한 답을 알지 못하기 때문에 대부분의 부모들은 커핑에 대해 설명해야 한다고 생각한다. 그들은 친절한 이웃들에게 전화를 걸어 이 문제를 회피하거나, 혹은 말함으로써 그 문제에 직면한다. "남자는 여자에게 씨앗을 심어 준단다. 그리고 그렇게 아기들이 만들어진단다." 대부분의 경우 부모님은 기분이 좋지 않거나 그가 옳은 답이 아니라는 것을 알고 있기 때문에 그가 말하는 것처럼 보이기도 한다. 대부분의 경우 부모는 즐겁게 보이거나 가만히 침묵을 지킨다. 부분적으로는 그것이 옳은 답이 아니라는 것을 알고 누군가가 그것이 무엇인지를 알려주기를 바라기 때문이다. 아이는 그런 지식을 듣는 대신 왜 아버지는 기분 좋은 표정을 짓거나 가만히 침묵을 하고 있지? 라고 자신에게 정말로 중요한 질문을 던진다. 일부 아이들은 그것에 대해 훨씬 자연스럽고 실제로 그것을 설명해 준다. 설령 그들이 그것을 잘못 설명하거나, 학생들 중 일부가 부모님 사이에 그런 일이 없다고 하더라도, 그것들은 모두 자극적이며 유익한 공부였다는 느낌을 갖지 않을 것이다. 모두가 진지하고, 사려 깊고, 논쟁을 좋아하며, 어느 누구도 즐겁거나 가만히 침묵을 지키지 못한다.

3살에서 11살 정도의 어린이 성교육은 이 정도선에서는 괜찮다. 12세에서 20세 사이의 중등청소년 성교육은 별로 좋아 보이지 않는다.

중급 성교육

중급 성교육은 종종 책과 강의 형태로 제공된다. 내가 생각하기에 모든 개인들은 세 사람의 각기 다른 사람이라고 생각한다. 비판적이거나, 감상적이거나, 양육적인 부모, 이성적이고 사실적인 어른, 순응적이며, 반항적이며, 자발적인 어린이.[9] 성에 관한 책과 강의는 부모, 어른 또는 어린이에 따라 분류될 수 있다. 각 책이나 강의는 주제에 대한 기본적인 태도를 가지고 있으며, 이것들 대부분은 5가지 강의수업 중 하나에 해당된다.

1. 섹스는 거대한 마법사이다. 신혼 방은 침대 밑 쇠사슬로 묶여 있지만 적당한 장소이다. 하지만 만약 당신이 다른 곳으로 뛰어 들어 간다면, 조심하라, 그렇지 않으면 당신은 아래로 끌려 들어갈 것이다. 여러분이 조심해야 할 것은 이성에게 주어지는 것인데, 만약 여러분이 그들에게 약간의 여유를 준다면, 여러분을 속일 것이다.

   이러한 위험은 와일드 Wilde 라는 젊은 아가씨에 관한 5행 희시 limerick 에서 가장 잘 요약되었으며, 모든 사람들이 이 괴물에 대해 필요한 모든 것을 알고 있었다.

와일드라는 이름을 가진 젊은 여자가 있다.
순결을 간직한 여성
예수를 생각하며,
성병에 걸리면
그리고 원치 않는 아이를 갖게 된다.

어머니가 알고 있지만, 이 대왕오징어는 아버지가 만든 것이다.[10]

2. 섹스는 천사들의 선물이다. 그것은 세속적인 생각에 의해 신성시되지 않고 호색적인 생각에 현혹되어서는 안 되는 아름다우면서 신성한 것이다. '천사들'은 양육적인 부모에 의해 만들어졌다. 억압적인 부모는 그것들에 대해 알고 계시지만, 그는 그들을 개인적으로 만난 적이 없기 때문에 좀 미심쩍어한다.[11]

3. 섹스는 기계 공학과 같은 일종의 조립 라인인데, 한쪽 끝에는 자연물이 들어가고 다른 하나에서는 아이들이 나온다. 또는 이전 섹션에서 설명한 대로 조립라인에 다시 투입될 수도 있다: 부품 A를 쇠사슬 기어 B에 삽입하고 축받이 C를 고정한다. 서둘러라! 크리스마스 아침에 아기가 태어날 거라고 말했다. 이것은 특정한 사실들을 올바른 어른 방식으로 표현하는 합리적인 접근법이지만, 그것은 그다지 고무적이지 않다.
그것은 어느 정도 진실한 것일지도 모르지만, 삶을 나아지게 하는 것과 같은 그런류의 진실이 아니다.[12]

4. 섹스는 음탕한 것이다. 이것은 반항적인 어린이가 어떤 연령대의 사람에게서 우위를 차지할 때 취해지는 접근법이다(청소년기와 40세 이상). 모든 규칙들과 금지사항들은 나에게 아무런 의미가 없다. 나는 내 용기를 발산하고, 순수한 앵글로 색슨족 단어를 사용하며, 그것은

내가 자유롭다는 것을 증명한다. 다음의 세 가지가 잘못되었다. (a) 그 말은 앵글로 색슨어가 아니다. (b) 그가 자유임을 증명하지는 않는다. (c) 작동하지 않는다. 10년이 지난 지금, 이 사람들은 주변 사람들보다 더 행복하지 않다. 사드 후작이 좋은 예이다.[13)]

5. 섹스는 재밌다. 섹스가 재미있다고 생각하는 사람들은 대개 별로 이야기하지 않는다. 그것 "재미있었어." 혹은 "와우!"를 제외하고는 재미에 관해 별로 할 말이 없다. 이것은 위에 있는 아이들과 같은 접근법이지만, 확실히 더 사랑스럽고 자발적인 어린이이다.[14)]

고급 성교육

고급 성교육은 유머가 없는 대학생, 여자 상인, 인도의 라자 rajahs 와 마하라자 maharajahs, 아라비아의 노예 주인들에게 주로 기울어져 있지만, 많은 일반 사람들도 그것으로부터 혜택을 얻을 수 있다. 당신이 당신 자신의 사진을 그리는 것을 좋아하는지 또는 각양각색의 그림을 넣을지 알려주는 번호 매김 된 부분을 선호하는지 여부에 달려 있다.

주요한 고급 성교육을 위한 주요 교재는 힌두교의 창시자이며 또는 크래프티 섹스학교 Crafty, school of sex 인 바차야나 Vatsayana 의 카마 수트라 Kama Sutra 이다.[15)] 그것은 기원전 677년에서 시작한다. 또는 350 A.D. 자매편인 칼야나말라 Kalyanamalla 의 아난가 랑가 Ananga Ranga 는 약 1500년에 쓰였다.[16)] 이 두 가지 모두 키스, 만지기, 숙련된 커핑, 적당한 장소에 이빨과 손톱자국 남기기, 이웃의 아내 속이기, 자신의 양심을 달래면서 섬세하고 신비로운 방법을 제공한다. 그들은 의심할 여지없이 교훈적이지만, 그들은 또한 약탈적이고, 창조적이며, 기술적 기교와 가끔 비뚤어짐 면에서 열정과 창조성을 대체한다.

친구인 홀스레이 박사 Dr. Horseley 가 말하기를, "물기와 긁기와 매춘의 세부

사항을 배우는 데 특별한 스릴이 있을 수 있다. 그러나 책을 컴퓨터에서 꺼내는 것보다 스스로 생각하는 것이 더 재미있다. 마치 컴퓨터를 통해 그녀를 데려오는 것이 아니라 자신의 아내를 찾는 것이 더 재미있기 때문이다." 반면에, 만약 당신이 매춘부들과 술집에서 돈을 빼내기 위해 사용하는 방법을 알고 싶다면, "당신은 당신의 친근한 동네 매춘부나 정부로부터 배우려고 애쓰는 것보다 확실히 이 책들을 읽는 것이 더 낫다. 과거의 그 방법들이 지금과 같은 방식이기 때문이다."라고 말한다.

"아무 말도 하지 마세요."라는 말에 아마릴리스가 동의한다. 그 말을 들으니 처녀성을 잃은 처녀들이 하는 말처럼, 그것은 내가 사랑했던 '사랑하는 사람들'이라는 노래의 기원이다.

그러나 이러한 책들은 인내심과 온유함, 특히 어린 신부들에게 권할 만한 덕목들을 지니고 있다.

고색창연한 녹청이 있는 카마-수트라 Kama-Sutra 옆에는 1400년대 아라비아 유파의 대변인인 샤이크 네프자위 Shaykh Nefzawi 의 '향기가 있는 정원 Perfumed Garden'이 있다.[17] 그의 책은 여성의 기만과 배신에 대한 경고, 다양한 성병에 대한 처방(적은 수의 회원을 훌륭하게 만들기 위한 처방 포함)을 포함하여, 건강한 부부를 위한 바른 자세를 제공하는 실용적인 안내서이다. 그 밖에도, 그는 뚱뚱한 커플, 작은 남자와 키가 큰 여자, 그리고 다양한 기형으로 고통 받는 사람들의 특별한 경우를 위한 특별한 자세를 설명했다. 그는 인도인의 뛰어난 지식과 재주에 대해 경의를 표한다. 특히 그녀의 발바닥에 기름 램프를 올리고 모든 과정 내내 불타 오르게 할 수는 있지만 그들의 일상생활 중 많은 부분이 기쁨보다는 고통을 더해 준다고 느낀다.

네프자위 Nefzawi 에 관한 많은 부분이 아직 번역되지 않았고, 불행하게도 많이 남아 있다. 이것은 의심할 여지없이, 네 살부터 열 살까지의 노예 소년들의 운명에 약간의 희망의 빛을 던질 것이다. 이들은 여전히 사하라 사막에서 아라비아 반도에 걸쳐서 계획한 대로 수입된다[18](나는 두 살짜리 소년이 스페인 사하라 지방에서 노예 예술 교육을 받은 것을 보아왔다).

여기서 언급할 만한 가치 있는 책이 있다. 그것은 531 카마-수트라 Kama-

Sutra 의 아난가 랑가 Ananga Ranga 보다 더 많은 책을 묘사한 조지프 웨컬 Joseph Weckerle 의 '황금 책'이다. '향기나는 정원'은 이러한 점들을 합쳐 보면, 이 작품들을 쓸모없게 만들었고, 이미도 베하리스탄 Beharistan, 굴리스탄 The Gulistan, 그리고 7장의 7가지 성 설명서이기도 했다. 웨컬조차도 유럽의 경험주의자에 불과했다. 현대적인 미국 컴퓨터 방법들을 사용하여, 대략 3,780여 개의 성 자세들이 있다는 것을 알 수 있다.[19] 이러한 정교한 접근 방식은 거의 바차야나 Vatsayana 를 원시적인, 성의 할머니 모세 Moses 로 보이지만 실제로 그렇지는 않다.

하지만 인도 India, 아라비아 Arabia, 비엔나 Vienna 의 성적 장소는 괜찮다. 건전하고 건강한 미국 성인들의 성교육을 고려하기 전에, 학교에서 성교육에 관한 한 미국 성인들을 가르치고 있다. 그것에 노출된 모든 세대가 성장할 수 있을 때까지 그것의 영향을 판단하는 데는 약 20년이 걸릴 것이다. 가장 중요한 점은 훈제 청어를 어깨너머로 바라보는 것처럼 일부 탈진된 운영위원들이 불감증 있는 사람들에게 성교육을 해서는 안 된다는 것이다. 이런 상황에서 섹스는 유머와 같다. 만약 유머 감각이 있다면, 그들은 적어도 한 번이라도 웃었던 사람들에게만 주어져야 하고, 그것을 즐겨야 한다.

미국에서의 성인 성교육

미국은, '전쟁이 아니라, 사랑을 하라.'라는 명령을 진지하게 받아들였다. 어떠한 연방 정부나 주 보조금 없이, 연구가 정부의 지원과 독립적으로 이루어진 몇 안 되는 분야 중 하나이며 순수한 미국인들의 독창성에 의한 '사랑 만들기'의 몇몇 원주민 학교를 진화시켰다.

사회학 또는 스톱워치 학교 Stopwatch School 의 가장 정확한 슬로건은 "24-40 또는 싸움", 즉 최신 설문조사에서 나타난 오르가슴 시간은 24분 40초, 그것은 '일요신문'에서[20] 사회학자들에 의해 인용되어 결정된 평균 시간이다. 이 학교의 몇몇 제자들은 아주 많은 차이점이 있다는 것을 암시한다. 비록 그들이 변화에 대해 입에 발린 말을 하지만, 이 학교의 일부 제자들은 많이 달라지는 사람은 패자, 멍청이, 공산주의자 또는 모두 3명이라고 말한다.

다음은 표준 브랜드 스쿨 Standard Brands School 의 여성 저널 Women's Journal of Standard Brands School 이다. 다음은 예의 바른 중류층 음란물에 대한 적절한 방법을 제시하는 '표준 브랜드 학교'라는 여성 잡지이다. 당신은 화가 나 있는 애인의 기분을 누그러뜨리고 나서 침대에 누워 몸을 따뜻하게 한다.[21] 당신이 그 일을 하고 나면, 당신은 그를 섬길 수 있고, 당신이 옳다고 생각하는 것처럼 그를 섬길 수 있다. 다루는 방법은 그 부분에 들어가지 않는다.

그렇다면 정신 분석학 또는 성관련 단체가 있다. 이것은 국제 표준 성관련단체 임원이 공식적으로 인정한 것이다.[22] 이것은 프로이트가 의미하는 방식이 아니다.* 그러나 그렇게 해서 밝혀낸 방식이다. 이 단체는 비교 오르가슴 스쿨의 창립자인 대중 커뮤니케이션 운동과의 치열한 경쟁의 대상이다. 당신들은 오르가슴 분야에서 대인 관계 상호 작용에 대해 어떻게 생각하고 있는가?

이것은 "표준 측정기, 표준 킬로그램, 그리고 현재 사용되지 않는 표준 측정시설 옆 미국 표준 관리국의 산하에 있는 표준 오르가슴과 일치하는 것이 있는가?"[23] 라고 물어 보는 정중한 방법이다. 이 사람들을 위해, 표준 오르가슴은 성배로 대체하고, 많은 커플들은 그것을 추구하는 그들의 삶을 보내고, "하하 호호! 소리치면서 우리에게서 다시 슬그머니 떠났다!"

성 표준 어휘

이상적으로 완전한 성 어휘는 네 단어로 구성되어있다. 일종의 컨설턴트 역할을 하는 성격의 부모 또는 도덕적 측면은 "예"와 "아니오"를 필요로

* 실제로 프로이트의 가장 유능한 초기 추종자 중 한 명은 그러한 판단을 명백히 거부하고 있다. (Karl Abraham, Collected Papers, Hogarth Press, London, 1948, p.413).

한다. 합리적이고 책임감 있는 성인 기관, 다른 사람들과 계약 및 약속을 설정하는 기관은 또한 "예"와 "아니오"가 필요하다. 어린이, 또는 본능적인 면, 실제로 여행을 떠나는 부분은 자신의 반응을 표현할 단어가 하나뿐이다. "와우!" 그러나 부모 또는 어른이 판단에서 오류를 범한 경우 드물게 어린이는 "어!"가 필요할 수도 있다. 이 네 가지를 넘어서는 것, 예, 아니오, 와우, 그리고 우, 누군가가 곤경에 빠졌음을 의미한다. "아름다운!" 예비로 보관할 수 있다. 왜 사람들이 "와우!"라고 말할 수 있는지 이해하지 못하는 사람들이 있다. 그리고 "아름다운!" 그러나 그 비밀을 아는 사람들에게는 말할 것도 없기 때문에* 삶이 "예"와 "와우"이며 누구도 "아니요", "오우(혹은 어)"이다.

따라서 성에 대해 이야기할 때 발생하는 몇 가지 문제를 조사하고 그 중 일부에 대한 해결책을 찾은 다음 그것에 대해 이야기하고 우리가 전임자보다 더 나은 결과를 보일지 알아본다. 농담으로 한 진실한 말이 많을 뿐만 아니라 진실은 진지하게 진술된 농담일 수도 있다.

각주와 참고문헌

1) Stone, Leo: "On the Principal Obscene Word of the English Language." International Journal of Psychoanalysis 35:30-56, 1954.
2) E.g., Partridge, E.: A Dictionary of the Underworld. Bonanza Books, New York, 1961.
3) Berne, E.: "Primal Images and Primal Judgments." Psychiatric Quarterly 29:634-658, 1955.
4) Cf. Ferenczi, S.: "On Obscene Words." In Sex in Psychoanalysis, Richard G. Badger, Boston, 1916.
5) Freud, S.: Wit and Its Relation to the Unconscious. In The Basic Writings of Sigmund Freud. Modern Library, New York, 1938, pp. 692-696.

* "와우!"에 대한 말이 최근에 영어 사용으로 빈번해졌고, 프랑스 인들은 오랫동안 우라라(Ooh-la-la!)라는 형태로 그 동등한 의미로 사용해왔다.

6) Legman, G.: Rationale of the Dirty Joke. Grove Press, New York, 1968.
7) Sussman, G.: The Official Sex Manual, op. cit.
8) Symposium: "What Is the Significance of crude Language During Sex Relations?" Human Sexuality 3:8-14, August, 1969.
9) Berne, E.: Transactional Analysis in Psychotherapy. Grove Press, New York, 1961.
10) The most horrifying description of sex as a Giant Squid is the very scholarly and very morbid work of Dr. Julius Rosenbaum, The Plague of Lust. Frederick Publications, Dallas, 1955.
11) One of the most popular sex manuals is also one of the most sentimental. Van de Velde, T. H.: Ideal Marriage (revised edition). Random House, New York, 1965.
12) The latest addition to this approach is the serious and well-documented clinical study of W. H. Masters and V. E. Johnson, Human Sexual Response. Little, Brown and Company, Boston, 1966.
13) The Marquis de Sade is still the unsurpassed masthead of such literature. De Sade, D. A. F.: Selected Works. Grove Press, New York, 1966.
14) Legman's book, referred to above, is the most worthy example of the Sex Is Fun approach. It is interesting to contrast Legman's use of his broad and painstaking scholarship with Rosenbaum's misuse of his wide knowledge of the classics.
15) Kama-Sutra of Vatsayana. Translated by S. K. Mukherji, K.C. Acharya oriental Agency, Calcutta, 1945.
16) Ananga Ranga of Kalyanamalla. Translated by T. Ray. Citadel Press, New York, 1964.
17) Perfumed Garden of Shaykh Nefzawi. Translated by Sir Richard Burton. G. P. Putnam's Sons, New York, 1964.
18) O'Callaghan, S.: The Slave Trade Today. Crown Publishers, New York, 1961. Includes the debate on this subject in the House of Lords (Hansard) Thursday, July 14, 1960. Burton has a long essay on the history of pederasty in Arabian countries and other regions of what he calls the Sotadic or pederastic zone (so called after Sotades, a scurrilous but rhythmic poet of ancient Greece). R. F. Burton: Thousand Nights and a Night. Privately printed for the Burton Club, n.d., vol. 10 (probably 1886), pp. 205-254. There was even a hope among the debauched elements in Arabia that they would be supplied with "wuldan" or beautiful boys in Paradise if they prayed regularly. In general, it appears from their literature and commerce that male Arabs regard their sexual partners as "supplies" rather than as people. For

some more recent bloody examples, see Musk, Hashish and Blood, by Hector France (Printed for subscribers only, London & Paris, 1900).

19) Legman, G.: Oragenitalism. Julian Press, New York, 1969. It is hard to believe that anyone could write a monograph of 300 pages on this subject without being trivial, repetitive, or lubricious, but Legman has done it. For those who are interested, and are married, over 21, and live in a state where it is not a criminal offense (and have written permission from their parents?), this is probably the best book on the subject, although I should say it is the only one I have looked through (because the publisher sent me a copy), so I may be doing some other author an injustice. I have not seen Weckerle's book in German, and it has not yet been published in English.

20) Kinsey and his associates are the founders of the stopwatch school. (Kinsey, A. C., Pomeroy, W. B., and Martin, C. E.: Sexual Behavior in the Human Male. W. B. Saunders Company, Philadelphia, 1948, pp. 178-179.) This has been refined by Masters and Johnson by introducing tenths of a second in some of their measurements. Such measurements are useful to professionally trained people who can evaluate them properly, but they are easy for laymen, and even for non-medical social scientists, to misapply and misconstrue.

21) Almost every woman's magazine gives recipes for sex in the same tone as it gives recipes for apple pudding, except that they are less explicit and are surrounded by a halo of hush instead of mush.

22) Masters and Johnson claim, and have movies purporting to support it, that there is no separation between clitoral and vaginal orgasms as psychoanalysts have maintained.

23) There are now in this country a large number of organizations which promote "encounter groups" and "marathons" where orgasms are freely discussed and compared in the vocabulary peculiar to such groups, a classical example of which I have given in the text. Compare Maizlish, I. L.: "The orgasm Game." Transactional Analysis Bulletin 4:75, October, 1965. Also Hartogs, R., and Fantel, H.: Four-Letter Word Games: The Psychology of Obscenity. M. Evans & Company, New York, 1967. These authors give further bibliography on the subject.

제 I 부

‘성’과 ‘성’기관들

General Considerations

1

필요한 '성'

WHY SEX IS NECESSARY

서론

생명은 노끈형, 고리형 및 나선형으로 형성된 복잡한 화학물질 결합체이다. 생명체의 가장 중요한 것은 생존, 즉 외부로부터의 침입을 막고, 노끈형, 고리형 및 나선형이 함께 작동하도록 하는 것이다. 불행히도 모든 생물은 위험에 노출되어 있다. 그들이 위험을 겪고 살아갈 때 머지않아 쇠퇴할 것이다. 그러면 노끈형, 고리형 및 나선형들은 활기를 잃고 유기체는 점진적으로 죽는다. 따라서 생명체들은 개체로서 영원히 살 수 없으며 생존을 위해서는 스스로 번식해야 한다. 그들이 모든 위험을 충분히 극복하지 못한다면, 그 종은 결국 공룡이나 도도새와 같이 멸종될 것이다. 그래서 어떠한 개체든, 즉 그 "종"이 할 수 있는 가장 중요한 것은 번식이다.*

'성행위'가 번식을 하는 가장 좋은 방법 중 하나라는 것이 잘 알려져 있으므로 생존하기 위해서 성행위는 성욕이 있는 유기체의 삶에서 가장 중요하다. 실제로 거미와 같은 일부 동물들은 그것을 위해, 자신의 목숨을 기꺼이 희생하기도 한다. 대부분의 사람들은 자제하려고 시도하고, 일부 인간들은 그렇게 하기도 한다. 따라서 '성'은 생존의 수단이다. 그것은 개체의 생존을 위해 필요하며, '성'은 그 개체의 유전자의 생존을 위해 필요하다. 사람은 반드시 죽는다. 그러나 유전자가 다음 세대에서 다른 몸으로 전달되면 영원히 살 수 있다. 유전자는 끝이 없는 생물학적 릴레이 경주에서 한 사람에게서 다음 사람으로 이어가는 배턴 터치와 같다. 그러나

---

* EW : 모든 사람? 오늘은 믿을 수가 없어.
  EB : 바람직하지 않은 경우에도 여전히 중요하다.

시인이 말했듯이, 그것은 때로는 용두사미로 끝날 수도 있으며, 때로는 폭발적으로 증가하는 위협의 조짐도 있다.

‘성’은 무엇인가?

‘성’은 진화와 적자생존의 결과이며, 인간은 맨 상층부에 있다. 사람이 누구보다 더 재미있으며, 적어도 인간에게는 섹스가 최고다. 그래서 우리 모두는 인류의 구성원으로서 그것을 자랑스러워해야 한다. 그렇지 못한 사람은 애당초 과거 원시의 해파리로 돌아가야 한다. ‘성’ 이전에는 이미 동물계에서는 두 가지 다른 번식 방법이 있었거나, 또는 동물계에 이미 존재해 있었던 것이다. 적어도 우리들이 가장 하등하다고 생각하고, 지금까지는 그 이론에 반대하지 않는, 가장 하등한 유기체들은 2분열에 의해 번식한다. 이들은 표피(피막)가 아주 커질 때까지 계속 먹는 단세포 원생동물이다. 그런 후 그들은 산산이 분열되고, 전에 한 개였던 것이 두 개가 된다. 이것은 “야! 대단한데!”라기보다는 “여기 또 시작이군!” 또는 심지어 “왜 항상 이런 일이 일어나지?”와 같이 지루한 여정처럼 들린다. 두 개의 딸세포는 모세포와 같은 고리형과 나선형으로 만들어져 그다지 독창적일 가능성이 없기 때문에 그것은 확실히 단조롭다. 더 나쁜 것은, 모든 세포가 동일하기 때문에, 그 중 하나를 파괴하는 외부 환경에서의 전반적인 변화가 그들 모두를 파괴할 가능성이 있다는 것이다.

교합은 진화의 일부분이다. 교합하기 위해서는 둘이 필요하며, 둘 다 같은 종의 단세포 유기체이어야 한다. 그들이 분리 전까지 서로 바싹 달라붙어 고리형과 나선형을 교환한다. 결과적으로, 딸세포들은 혼합하여 각기 다른 부모세포가 된다. 이것은 주변 환경의 변화로 인해 일부가 죽을 수 있기 때문에, 생존에 도움이 되기도 하지만, 특이한 다른 것들은 살아갈 것이다. 그러한 유기체들 중에는 어떠한 수컷도 암컷도 존재하지 않으며, 적어도 그들을 구별하기는 어렵다. 인간에게 더 적합한 것은 짝짓기인데,

동물들은 두 성별로 나뉘어 있다. 어떤 식으로든 수컷은 정액으로 암컷으로 만들고 수정란을 수정시킨다. 정자는 다양한 유전자들을 많이 포함하고 있기 때문에, 난자들도 마찬가지이며, 짝들과의 교류 과정에서 많은 다양한 조합이 가능하다. 따라서 일란성 쌍둥이의 경우를 제외하고, 각각의 자손은 다른 것들과 다르며 그들 중 몇몇은 아름다운 지구에서 어떠한 변화에도 살아남을 수 있을 것이라는 가능성을 높여 준다. 물고기처럼 두 가지 성별로 나누어져 있지만 암컷이 물속에 알을 낳고 수컷이 난자 대신에 정자를 배출하기 때문에 교미하지 않는 동물도 있다. 달팽이는 아마 자웅동체이고 양끝이 동시에 교미하기 때문에 사람을 제외하고 어느 것들보다 더 재미있다. 짝짓기는 교미와 동일하지만 좀 더 낭만적으로 들린다. 짝짓기는 조류 관찰자, 학교 선생님, 애완동물 애호가가 사용하는 단어이다. 그것은 교미하는 동물들이 그들의 짝을 아주 조심스럽게 선택하고 진심으로 그들끼리는 사랑한다고 생각되지만 이것은 반드시 사실이 아니다라는 것을 의미하기도 한다.

인간 결합은 남녀의 결합이라고 불리며, 이미 언급했듯이 주로 성직자가 사용하는 문구이다. 그것은 동물의 짝짓기보다 더 아름답게 만드는 영적인 요소가 존재함을 의미하지만, 이것 또한 반드시 사실일 수는 없다. 그럼에도 불구하고 그러한 결합은 대개 축복받는 것으로, 특히 자손을 낳는 경우에 그러하다. 위의 모든 단어에서, 모든 과정의 목적은 번식이라는 느낌이 들지만, 지금까지 인간에 관한 한 항상 사실인 것은 아니다. 인간은 생물학적 목적과 성의 쾌락을 분리함으로써 큰 도약을 했으며 번식 없이 성관계를 가질 수 있으며, 성행위 없이 번식을 할 수 있다고 알려진 유일한 생명체이다.

우리가 지금까지 말할 수 있는 것은 성행위 번식이 2분열과 접합을 초월한다는 것이다. 그것은 외부 세계의 변화하는 조건 하에서, 생존을 위한 더 큰 기회를 제공하면서 자손의 다양성을 많이 제공하기 위해 유전자를 혼합하는 방법이다. '성' 대상을 찾는 유기체는 덜 매혹적인 번식방법에 만족하는 것보다, 훨씬 더 위험한 곳에서 위험을 택하는 경향이 있다.

그리고 마음을 끄는 섹스가 더 많을수록 유기체를 찾아다니며, 멀어질수록 위험성이 커진다. 그러므로 생물학적 관점에서 볼 때 성관계와 쾌락은 다양한 상황에 처한 다양한 종류의 유기체를 생산하고 더 적응력이 있고 모험적인 형태의 삶을 진화시키는 훌륭한 수단이다.

일반적 의미의 '성'

내가 지금까지 해 온 설명이 호기심 있는 달팽이 같은 인간을 만족시켜 줄는지는 모른다, 안타깝고, 사려있는 설명으로 피해 갈 수 있지만, 일상생활에서 남성과 여성이 겪는 어려움을 이해하는 데는 그다지 도움이 되지 않는다. 여기서 '성'이 인간의 삶에 관한 것이고, 그것이 거의 모든 사람들에게 어떤 것일지, 그리고 거의 모든 사람들이 무엇을 할 수 있는지에 관한 것이다.

첫째, 그것은 수정에 관한 것이다. 떨리는 정자가 비옥한 난자에 들어가는 것은 새 생명이 두근거리는 꽃밭으로 날아 들어가는 것이다. 그러나 그것은 성행위 없이 인공 수정에 의해 가능하다(이런 식으로 칠면조를 며칠간 물로 적시고 털을 뽑아서 먹을 뿐 아니라 부정한 방법으로 세척하여 파는 직업이 있다는 것을 알고 있는가?).

둘째, 임신에 관한 것인데 성적인 매력과 관계없이 그것은 새 생명을 잉태할 여성의 필요를 만족시키기 위해, 남자는 여자를 만족시키고, 남자의 몸을 통하여 여자의 몸과 삶을 바꿀는지 모른다.

셋째로, '성'에 대해 이야기하는 사람들에게 그것은 의무일 수 있다. 그리고 다음 것들이 그들이 말하는 것이다. 남편을 위해 자녀를 낳을 여성의 의무, 그리고 남편이 아내에게 자녀를 줄 의무가 있다. 남편의 욕망에 순종하는 아내의 의무, 그리고 그녀의 처녀성을 남편에게 제공하는 의무, 그리고 요즘에는 여성이 남성에게 오르가슴을 주어야 할 의무/남성이 여성에게 오르가슴을 주어야 할 의무가 있다.

넷째, 그것은 의식에 관한 것일 수 있다. 아침에 하는 성관계 의식, 또는 밤에 하는 성관계 의식, 기념일마다 하는 성관계 의식, 성탄절에 하는 성관계 의식이 있을 수 있다.

다섯째, 편안함에 관한 것일 수 있다. 그것은 긴장감, 불편함, 고통까지도 일으키는 억압된 긴장감에서 벗어나게 한다. 그러나 그 사람이 그런 해방감을 내켜 하지 않으며 그 해방감을 가치 없는 자기 방종으로 간주할지라도, 시간이 지나면서 그는 해방감을 얻는 것이 정당하다고 느낀다. 그렇지 않으면 그는 고결함과 거룩함 속에서 몸부림친다. 그런 사람들에게도 '성' 배출구를 통해 편안함을 얻는다. 배출구가 사람이 대상인 경우, 그는 배출구로 사람을 사용하는 것에 대한 죄책감을 느낀다. 여자를 한 인간으로서 간주하지 않는다면, 그는 인간성 상실에 대해 수치심을 느낀다. 편안함을 위해 다른 사람을 필요로 하지 않는다면-"모든 남자는 자기 아내를 통해 또는 신혼여행 때 편안함을 받는다."-그렇다면 그는 인간으로부터의 고립, 외로움, 실망과 함께 은밀한 자위에 대해 환희를 느낀다. 왜냐하면 이것은 성격과 환경에 의해 많은 사람들에게 강요된 최초의 원죄중 하나이기 때문이다.

여섯째, 성관계는 생리적 재조정일 수 있으며, 상호 간의 행복감이 보장된 약속이다.

일곱째, 그것은 오르가슴을 기대하면서, 끊임없이 그리고 열심히 추구하는 것이 즐거울 수 있다.

여덟째, 산타클로스 또는 죽음을 기다리는 동안 시간을 보내는 방식이 기도 하며 상호 간의 기분전환일 수 있다.

아홉째, 그것은 유혹과 참음, 말다툼과 화해의 장이 될 수 있으며, 침대는 남녀 사이에서 알려진 심리적 게임을 위한 경기장으로 사용될 수 있다.

열째, 합치와 이해를 위하여, 다른 약속들은 잊고 새로운 약속을 하기 위한, 두 사람의 만남을 통해 더 가까이하며 그들 사이에 세워진 벽을 자연스럽게 조심스럽게 가까이하기 위한 수단이 될 수 있다.

열한째, 그것은 삶의 세상 풍파나 항상 괴롭히는 잡념들이 주는 지루함에 세월을 허비하지 않고, 친밀과 애착, 영원히 견딜 수 있는 결합 안에서 뜨거운 열정으로 맺어진 두 육체의 결합일 수 있다.

열둘째, 성관계는 사랑의 종착지이며, 새로운 표현이 될 수 있고, 그것의 자연스런 산물의 절정인 수정에 이른다.*

어쨌든, 약간의 좌절과 더불어, "섹스는 무엇인가?"라는 질문을 종종 한다. 일반적으로 그것은 두 가지를 의미한다. 첫째, "왜 그것을 그렇게 몹시 갈망하나?" 답은, 우리가 그렇게 만들어졌다는 것이다. 우리 모두는 강장동물로 출발했으며 인간으로 진화하는 데 수백만 년이 걸렸음을 기억하라. 그것을 더 강하고 더 정력 있게 원했던 유기체는 대체로 더 많은 자손을 남겼고, 그래서 그들의 '종'은 그렇지 않은 것보다 더 잘 살아남았다. 그래서 우리가 그것에 관해 혼동하는 것을 제외하고는, 가능한 한 그것을 열심히 하려고 노력하고 있다. 그리고 다양한 사람들이 우리가 그렇게 유지하도록 돕고 있다. 많은 사람들을 괴롭히는 두 번째 요점은 무엇인가? "내가 언제 해야 하는 건가?" 답은, 당신이 준비가 되었을 때 하는 것이다. 당신이 기꺼이 사귀며 필요한 대가를 치르려고, 함께 오는 경우에 너는 약간의 '성'을 얻을 수 있다. 그런 다음 몇 가지 결과에 직면해야 할 수도 있다. 그것은 육체적, 정신적, 도덕적 문제일 것이며, 아마도 자신과 부모님의 배반일 것이다. 그래서 시간이 무르익을 때까지 기다리는 것이 더 나을 수도 있다. 한편으로 어떤 면에서는 기다리는 것이 초라한 삶의 방식이며, 자연을 거스르는 것이기도 하다. 그러나-각자는 그 자신의 욕망을 채울 수 있거나 그것 모두를 버릴 수 있다.

---

* EW : 당신의 생각은 인간은 절대적으로 그들이 아이들을 가질 필요가 있다고 느껴야하고 그렇지 않다면 그들의 기본적인 생물학적 욕망을 부정한다. 우리는 실제로 아이들을 원하는 것이 생물학적이라고 추론 할 수 있다. 우리가 말할 수 있는 모든 사실은 갈망이나 필요가 성교를 위한 것임을 말하고 있다.

EB : 아, 그래서!

'성'의 목적

성행위는 그 자체로 끝남으로써 목적을 이룬다. 이 목적들에는 두 종류가 있다. 자연의 작용으로 수십억 년 동안 진화된 것들과, 인간의 마음의 작용으로 수만 년 전에 진화된 것들이다. 자연의 관점에서 볼 때 우리 몸은 생산적일 때를 제외하고는 무의미하다. 우리는 아주 작은 행성에 살고 있다. -목성은 지구보다 1,300배나 크다- 다른 천체에 대한 우리의 가장 큰 특징은 걷는 사람들이 살고 있다는 것이다. 사람이 살도록 머무르려면 우리가 죽는 것보다 더 빨리 번식해야 한다. 그러므로 성행위에 대한 어떤 목적, 즉, 가장 중요하면서도 포괄적인 목적은 종의 생존이며 근친결혼을 뛰어넘는 변화를 통한 지속적인 진화-그리고 자연도태를 통한 진보 그 이상인 것이다. 그러므로 이 점에서 우리의 몸은 정자와 난자를 지니고 있으며 그 자체가 그다지 중요치 않은 것은 아니다. 우주에 대한 우리의 유일한 의무는, 우리가 우리 자신의 '종'을 번식시킬 수 있도록 결혼적령기까지 생존하는 것이다. 정자와 난자의 유일한 기능은 차례로 그들이 포함하고 있는 유전자에 대한 매개물과 외피(겉껍질)를 형성하는 것이다. 즉, 우주를 떠다니는 암석 덩어리와 다르게 지구를 형성하는 수수께끼는 한줌의 인간 유전자이다 그래서 나는 이것을 사실상 전 인간에 대한 모든 유전자가 당신의 손바닥에 있다고 말하고 싶다. 그래서 정자와 난자는 이 유전자들을 위해서만 존재하며, 우리 몸은 정자와 난자를 위해 존재한다. 그것이 그들의 거룩한 사명이다. 우주라는 웅대한 작품에서, 우리는 창조자의 위대한 행운인 그분의 편지 계획을 담고 있는 우편낭이지만 우리는 그분의 목적을 결코 알지 못한다. 어떤 다른 우편낭보다도 그 우편낭이 가지고 있는 소식과 명제를 우리는 알지 못한다. 성행위는 이 위대한 프로젝트를 추진하는 연료이다. 성행위를 하지 않으면 정체되어 부서져 버리고 말라 버릴 뼈만 남는다. 모든 인간의 삶은 이러한 생산과정에서 우리가 준비하는 일부분으로 보일 수 있고, 생산되는 것을 양육 한 다음, 차세대로 이어질 때 사라져 버릴 것이다. 다행히도, 많은 사람들은 자기들의 할 일을 다 한 후에도 여전히 성행위를 즐길 수 있다. 번식치 못하는 사람들은, 계획과 재능을 통해 자기들이 놓친 것을 채우고자 거대한 황홀감 속에서 여전히 이리저리 방황하고 있다. 이 보기 드문 계획을 수행하는 걸 돕기 위해, 자연은 우리에게 이상하고 놀라운 비용을 제공한다. 오르가슴은 아기를 낳기 위한 대가이다.* 엄청난 관용으로, 자연은 우리가 좋아하는 만큼의 쾌락을 주고, 생산하지 못하면 다시 돌려 줄 것을 요구하지도 않는다. 또한 자연은 우리가 생산하기에 너무 늙으면 우리를 자유롭게 폐기처분한다. 우리가 피임법으로 자연을 속일 수 있는 조치를 취해도 그녀는 우리를 처벌하지도 않는다. 신앙인들에게 이 모든 것들은 하나님의 무한한 자비의 손길임에 틀림없다. 그러나 예외는 있다. 두려운 질병이 무작위로 닥쳤을 때이다. 반면에, 이 선물들을 완전히 거부하는 사람들에게는, 부러움이 서서히 사라지고 딱딱한 돌로 변한다. 그들의 '성'을 불감증 상태로 만드는 것은 그들의 뇌를 굳어지게 만드는 것과 똑같다. 섹스의 파생물은 남자들은 집을 짓고, 여자들은 그것들을 꾸미는 둥지를 만들며, 그리고, 이와 같이 아이들도 자신의 차례를 기다리는 동안 쾌적한 안락함을 제공한다. 그리고 다행히도 남성과 여성은 서로에게 애착을 갖게 되어 이러한 집들을 계속 유지할 수 있다. 이것이 아무것도 방해하지 않고 일어나기 위해서는 '성'적 회로가 신체의 화학 물질과 신경계통의 배선에 배치되고, 적어도 그렇게 되어야 한다. 자연에 대해 많은 것, 그리고 바다에서 형성된 최초의 원시 유전자에서부터 인간 사회에 이르기까지 진화하는 과정에서 자연이 생산한 것들은 위대한 사회를 형성함으로써 서로 살아남는 데 도움이 됐다. 그러나 우리는 단순히 종자(씨) 운반자가 되는 데 만족하지 않으며, '성'과 그 가능성을 보다 복잡하고 더 미세한 것으로 만들었다. 첫째로, 우리의 불멸성은 성행위로부터 온다. 가정과 사업, 농장과 공장, 서적과 그림, 그리고 마음과 손을 함께 모아 우리 아이들에게 모든 것들을

* EW : 이것은 남성의 아이디어이다.
EB : 어떤 여성들도 그것을 가지고 있다. 괜찮은가?

전해야 할 것이다. 셸리는 우리에게 오지만디아스의 모든 기념비가 어떻게 먼지처럼 부서졌는지를 말했다. 엉성하면서 불그레한 얼굴을 한 목사들은 매주 일요일에 강단에서 그것을 외친다. 우리는 우리의 개인적인 표식이 불타거나 빼앗기는 모든 것들을 우리 시대의 두려운 말로 그것을 보게 한다. 압제자들의 탱크들이 다가오고, 우리가 만든 것과 우리에게 소중한 것들을 피괴할 것이다. 그러나 우리의 마지막 희망은 우리의 성품을 가진 우리의 자녀들이 살아남을 것이며, 자손들은 성관계를 통해 우리의 기억을 갖게 될 것이고, 미래의 우리의 자손들은 종족의 창립자인 우리를 전설로 들을 것이다.

두 번째는 우리가 이미 언급한보다 더 즉각적인 진전이다. 순수한 만족감을 주는 것으로, 모든 나라에서 그것은 축구, 볼링, 혹은 텔레비전보다 더 인기 있는 스포츠이다. 언제나 준비되어있는 가난한 사람들의 마지막 수단, 그리고 부유한 사람들이 추구하는 기쁨이다. 그것은 즐거운 시간을 주거나, 그렇지 않으면 지루하고 따분한 시간이 되기도 한다. 어떤 이들은 마지막 한 방울의 기쁨을 얻기 위해 희귀한 약초나 풀같이 그것을 가꾼다. 그것은 우리가 생명을 연장할 수 있는 방법을 열망하는 애착을 형성하는 것이다. 그것은 우리를 우주의 유일한 고독 속에 있는 유일한 희망인 사람과 결합 시킨다. 그리고 서로의 영적 성취를 찾는 사람들에게, 그것은 신비한 1차적 친교의 형태이다. 위에서 언급한 내용을 요약하면, 섹스는 모든 종류의 가장 활발한 교류모형이다. 그것은 포용과 말다툼, 유혹과 참음, 작업과 장난을 의미한다. 게다가, 그것은 행복과 일에 대한 조력자이며, 모든 종류의 약의 대용품이자 많은 종류의 병에 대한 치료자이다. 그것은 재미, 즐거움, 그리고 황홀을 위한 것이다. 그것은 낭만, 감사, 그리고 사랑의 끈으로 사람들을 결속시킨다. 그리고 그것은 아이들을 낳게 한다. 인간의 삶과 인간을 사랑하는 모든 것, 그것이 무엇이든 간에, 그것이 모든 것의 목적이다.

'성'과 과학

우리는 무엇을 대가로 그것을 했는가? 대부분의 경우, 지금까지 두려움, 경멸, 혐오, 거절 등이 있었다. 그 다양성을 말해주는 설문조사가 많이 있었고, 인류학자들이 법규를 연구하기 위한 많은 여정이 있었지만, 자주 그것은 반증만 있을 뿐이었다. 거의 과학은 없었고, 많은 사람들의 분노나 주장의 외침만 있었다. 내가 말한 대부분의 것들은 어림짐작, 직관, 그리고 엄격한 통계적 평가를 거치지 않은 보고서에서 왔다. 치료법이 눈앞에 다가왔다. 좋은 섹스가 더 건강에 좋다는 말을 하자. 이것은 쉽게 테스트할 수 있고, 다음과 같은 조사가 있다. 많은 대학생들이 정기적으로 성관계를 갖는다는 것은 잘 알려져 있다. 일부 또 다른 학생들은 불규칙한 성행위를 하고 있으며 그 다음 세 번째 학생들은 자위행위만 하고, 나머지 학생들은 성행위를 거의 않는 층이다. 2,000명의 남성과 2,000명의 여성, 총 4,000명의 자원 봉사자가 있었는데 각 4개의 범주 500명을 얻는 데 거의 어려움이 없었다(유일한 문제는 전혀 성관계를 갖지 않은 1,000명을 찾아내는 것일지도 모른다). 더 나은 성이 건강에 더 좋은 것인지 더 나쁜 것인지를 알아내기 위해서는 개인과 의료계 모두에게 가치가 있게 하기 위하여 4년 동안 대학에서 각각의 학생들의 '성' 기록과 건강 기록을 비교할 필요가 있다. 그것은 한 명의 근면한 연구원이 쉽게 다룰 수 있는 저렴한 프로젝트일 수 있다(하루에 40회 면접을 하고 나머지 시간은 카드를 분류하고 표를 만드는 것이다). 게으른 연구원에게는 조수와 컴퓨터가 필요하여, 보다 비싸고 인상적인 프로젝트를 만들 수 있을 것이다. 어쨌든, 그것은 꽤 실용적이고 실현 가능하다. 하지만 내가 아는 한 아무도 해낸 적이 없다. 덧붙여 말하면, 납세자가 연간 10만 달러의 세금을 납부하면 연간 연구 기여도는 1센트에 불과하다. 나는 그가 중요한 과학적 프로젝트에 이러한 작은 기여를 아끼지 않아야 한다고 생각한다. 다른 한편으로는 연구를 방해하기 위해 그를 속여야 한다고도 생각하지 않는다.

'성'과 종교

종교인들을 성행위만큼 또는 최소한 무질서한 성행위만큼 긴장되게 만드는 것은 아무것도 없다. 각 종교마다 자체 규정이 있기 때문에 서로 다른 교회에 가는 사람들은 특이한 문제에 대해 긴장감을 느낀다. 그러나 그들의 기본적인 태도는, 성행위는 종교의 관심사이며 그것이 언제 신성하고 불경스런지를 결정하기 위해 성직자, 장로 또는 심령사들에게 결정을 맡긴다. 지배층에 속한 이런 사람들은 대개 그들이 만든 규칙들은 젊은 사람들보다는 나이 든 사람들을, 사병보다는 장교들을 선호하는 것들이다. 종교적이든 아니든, 어떤 의미에서 모든 '성'을 신성한 것으로 여기는 사람들이 있으며, 모든 사람은 성스러운 것들을 위한 비밀스런 장소를 가져야 한다고 생각한다. 만약 그렇지 않다면, 그의 마음은 먼지이고 이미 죽음으로 향하고 있다. 다른 반대편은 모든 '성'을 불경스러운 것으로 간주하는 사람들이다. 여기에는 광신자와 같은 근본주의자들이 포함되어 있는데, 그들은 신앙서약을 충실히 지키기 위해 스스로를 거세하곤 했던 스콥트스키 Skoptzkies 러시아인들과 같은 사람들을 포함한다. 다소 특이한 것은, 다른 사람들이 신성하게 여기는 것에 대해, 불경스러운 것들을 하는 사람들이다. 이들은 마녀 같은 사이비 종교들로 구성될 수도 있고, 단지 운동복을 입고 공공장소에서 짝을 지어 행진할 수도 있다.

어떤 관점에서 볼 때,* 섹스는 솔직하거나 부정직하다. 그것은 양자 간의 "계약" 또는 "이해"에 달려있다. 만약 그들이 그것에 대해 명확하게 이해하고 지킨다면, 그것은 솔직하다. 하지만 '성'적 타락, 착취, 기만, 혹은 숨겨진 동기와 관련이 있다면, 그것은 부정직한 것이다. 따라서 분명한 이해를 하고 있는 것처럼 보일지라도, '성'적 타락으로 인해 약점을 이용하는 것은 잘못된 것이다. 예를 들어, 사탕에 대한 대가로 아이에게서 성관계를 얻는 것은 타락이다. 비록 그 아이가 동의할지라도, 그 아이는 '성'을

* 이것은 교류분석을 나타낸다.

착취당하고 있는 것이다. 그 아이는 자신이 무엇을 하고 있는지 그리고 어떤 결과를 초래하는지를 모른다. 이 판단은 단순한 동의만으로는 충분치 않은 계약으로 법적인 책임이 뒤따른다. 그것은 반드시 "고지" 동의를 받아야 한다. "교류 분석"을 이해하고 행하는 성직자들은 신성한 섹스와 불경스런 섹스를 구별하는 동시에 정직한 '성'과 비뚤어진 '성'을 구별한다. 이 둘을 함께 모으려고 할 때, 비뚤어진 모든 섹스는 불경스러운 것이라고 불릴 가능성이 있다. 반면에, 모든 정직한 '성'이 신성한 것으로 간주되는 것은 아니며, 두 가지 접근법이 서로 다른 것이다.

신성함과 엄숙함을 동일시하는 경향이 강하다. 만약 그것이 재미있다면, 그것은 성스럽지 않을 수도 있고, 누군가가 웃는다면, 그것을 비웃는 것이다. 나는 이러한 태도가 옳다고 생각하지는 않는다. 만약 성관계가 신성시되고, 기쁨과 즐거움이 똑같이 행복하고 인간적 감정이면 역시 신성한 것이다.

일부 문명화된 나라에서는, 다른 곳에서와 마찬가지로 성행위는 종종 인간의 삶보다 더 신성하다. 따라서 텍사스에 사는 사람들은 심지어 비폭력적인 성범죄에 합법적으로 사망할 수 있다. 확대 해석하자면, 전쟁에서 권위 있는 사람이 그런 말을 한다면 가능한 한 많은 사람들을 죽이는 것은 당연하다고 생각할 수도 있다. 하지만 '성'적인 기쁨을 드러내 놓고 표출을 할 수 있는 사람은 아무도 없다.

인간의 삶에서 "성행위보다 더 나은 죽음"이라는 미국 교도소 표어 속에서 가장 잘못된 내용을 발견한다. 20만 명의 주/연방 교도소 수감자들이 정상적인 성관계를 완전히 박탈당했다. 따라서 격렬하고 활기찬 대부분의 남성과 여성들은 그들의 감정적 표현을 위해 동성애와 살인을 저지른다. 그러나 지금까지 어느 누구도 결혼한 사람들이 법적인 아내와 함께 예의를 갖춰 즐거움을 가질 기회를 줄 것을 감히 말하지 못했다. 요즘은 이것에 대한 예외적인 경우까지 생겼다.

2

성행위

THE SEXUAL ACT

남성 및 여성 생식기

남성의 생식기는 여성보다 덜 복잡하다. 여성의 둥근 엉덩이와 가슴, 그리고 허리 뒷부분에 있는 4개의 오목한 곳을 포함한 뒤태는 여성에게 자부심이 되며, 예로부터 많은 예술가들에게 사랑받아왔다. 실제로, 이 매혹적인 선을 그리는 여성의 뒤태는 자연에서 가장 아름다운 구조물 중 하나이며, 따뜻함과 종족 번식이라는 인간의 가장 깊은 본성을 자극한다. 이전에 당신이 이 지구상의 가장 유망하고 아름다운 이 계곡을 제대로 보지 않으셨다면, 나는 당신이 그 아름다움에 주목하길 추천한다. 순수한 아름다움을 즐기기 위한 대상으로서 가슴, 엉덩이, 허벅지 사이 계곡에 의해 야기된 과장된 열정에서 자유롭고, 탁월하다.

남성의 음낭은 2개의 고환으로 이루어져 있다. 각각 고환, 부고환, 수정관, 저정낭, 사정관을 거쳐 전립선에 연결되어 정액을 생식기를 통해 사정한다. 여성은 난소에서 난자를 사과처럼 나팔관의 입구 근처에 내려놓고, 부드러운 난관은 난자를 자궁 또는 자궁 아래로 옮긴다. 이후 자궁은 태어난 태아를 기르며 성장시킨다. 다른 쪽 끝 질은 음경이 힘이 가해지도록 윤활하는 액을 분비하여 정액이 자궁 안에 있는 목적지를 향해 갈 수 있도록 짜내고 압력을 일으키는 근육이 있다. 또한 그 입구 바로 위 클리토리스(음핵)는 궁극적인 절정에 이르는 정교한 자극을 위한 특별한 신경과 함께 설계된 기관이다. 즉, 남성은 절묘하게 소형화된 2개의 정자(세포) 공장과 이를 배송하기 위한 멋진 시스템이 구축되어 있으며, 여성은 우주에서 가장 아름답게 지어진 인큐베이터에서 태아(수정란)를 부드럽게 끌어안고 키울 수 있는 시설을 갖추고 있다.

그러나 누군가가 말했듯이, 남성은 시각적 자극에 약하고 여성은 분위기에 약하기 때문에 심리적 문제가 발생한다. 이렇게 남성은 시각이나 촉각적인 자극에 의해 흥분하지만, 여성은 배려 받고 기분 좋은 말에 의해 유혹될 수 있다. 그것은 세련된 멋은 없지만 코와 시각에 자극적인 길가 음식과 우아하고 격식 있는 카페에서의 커피 한잔과의 차이와 유사하다.

시작

지그문트 프로이트 Sigmund Freud 는 70년 전 성인 대부분의 꿈이 '성'적인 것을 다루고 에로틱한 소망을 표출한다고 말했다. 그는 꿈의 심리학을 연구함으로써 이러한 주장을 폈지만, 구체적인 증거는 없었다.[1] 의료계의 남성을 포함한 많은 사람들이 이 아이디어가 희박하거나 불쾌하거나 혐오스럽다고까지 생각했지만 프로이트는 주장을 굽히지 않았고, 구체적인 증거도 나왔다. 수면에 대한 연구는 거의 모든 꿈을 보여주며 적어도 남성에게는 발기가 있거나 발기가 동반된다.[2] 아마 증명하긴 더 어렵겠지만 여성의 경우도 마찬가지일 것이다. 이것은 그들이 자고 있는 동안 남녀 모두에서 많은 성적인 활동이 일어나고, 발기가 밤 90분마다 일어난다는 것이며, 모든 사람들이 그 사실을 알지 못한 채로 수년 동안 혹은 일생 동안 계속 될 수 있다는 것을 의미한다.

깨어있는 동안 남성의 성행위는 발기로 시작된다. 발기가 없으면 섹스도 없다. 음경은 대단히 주의 깊은 설계자에 의해 디자인되었다. 일 년 내내 혈액의 유입과 유출이 막히지 않는 한 원활하고 방해받지 않고 흐른다. 그러나 발기가 시작되면 작은 공간에 혈액이 채워지고 이 조직은 스펀지처럼 혈액 흡수해 조금씩 더 커지기 시작한다. 혈액이 계속 쌓이면서 팽창하고, 발기가 시작될 때까지 모든 공간을 채운다. 그리고 곧 음경 전체가 단단해진다.

발기가 되기 위해 남성 생식기 내부에서 일어나는 것에 관해서는 두 가지 이론이 있다. 혈액은 동맥에 의해 들어오고 정맥을 통해 흘러나온다. 첫 번째 이론은 동맥이 더 넓어져서 혈액이 혈관으로 빠져나가는 것보다 빨리 많이 들어오는 것이다. 다른 하나는 가장 큰 정맥이 몸 안으로 들어가기 직전에 막혀서 혈액이 모이게 된다는 것이다.

더 합리적으로 보이는 두 번째 이론을 우선 생각해보자. 가장 큰 정맥이 막혀있는 경우, 혈액의 압력이 장애물을 극복하거나 다른 작은 정맥을 통과하는 통로를 우회하기까지 혈액이 빠져 나올 수 없다. 이 큰 정맥은 얇은 벽의 유연한 고무 튜브와 같은 모양이다. 음경에서 혈액 출구의 가까이에 근육이 있어서 마치 댐처럼 혈관(정맥)을 막는 경우에, 피는 보통 때와 같이 흘러나올 수 없다. 혈액은 댐 뒤에 쌓이고 음경은 그만큼 팽창한다. 결국 남자가 더 흥분할수록, 그의 생식기는 점점 더 커진다. 부풀려져서 위로 솟을 수도 있다. 그리고 혈액이 빠져나갈 곳이 없이 계속 쌓이고 커지면 곧 파열될 것처럼 느낄 수도 있지만, 그럴 위험은 없다. 파열이 되기 전에 혈액은 다른 작은 정맥을 통해 항상 강제로 움직일 수 있다. 자연은 음경에 대한 혈액의 압력이 아무리 강해져도 파열되지 않도록 안전장치를 설치해 두었다.

발기가 가능하게 하는 작은 근육은 해부학자에게 '음경 압축기(음경 뒤쪽에 위치한 정맥의 압축기)'라 불리며 당신이 볼 수 없도록 안쪽에 가려져 있다! 간단히 '휴스턴의 근육'이라고도 한다. 발기가 이 근육에 의존한다는 것이 사실이라면 대부분의 출산은 그것에 달려 있다. 휴스턴의 근육은 올바른 종류의 전기 자극이 오른쪽 신경을 따라 가면 항상 줄어들지만, 그렇지 않으면 작동하지 않고 유지된다. 진화 과정에서 자연 선택을 통해, 이 근육과 신경은 가장 만족할만한 신체 기관 중 하나이다. 가장 힘든 사용 조건에서도 오일링이나 부품 교체 없이 80년 동안 완벽하게 작동할 수 있다.

발기의 거의 모든 어려움은 항공기 기체 결함이 아닌 조종사, 즉 사람의 정신(마음)에 의한 것이다. 음경에 대한 충동은 두뇌에서 내려 보내고 신호가 녹색으로 깜박이고 모든 시스템이 Go일 때 손가락에 버튼을 올려

놓아야 하는 내면의 사람이 있다. 그러나 피곤하거나, 두려워하거나, 혼란스럽거나, 화가 나면 빛이 녹색일 때에도 압력을 풀거나 버튼을 놓을 수 있다. 초기화 버튼 또는 자동 꺼짐이 시작되면 작동 시스템은 꺼지고 불능 상태가 된다. 내면 사람도 당연히 그 사람의 무의식 속 그 자신이다. 만약 두려움에 떠는 겁쟁이가 되어버리는 동시에 모든 배선에서 작동음이 들리고 외부로부터 많은 자극이 들어올지라도 발기가 되지 않는다.

흥미롭게도, 휴스턴 근육의 존재는 의료 종사자를 포함한 많은 사람들에게 알려져 있지 않다. 그것은 그레이 아나토미 Grey's Anatomy * 에서도 이름이 언급되어 있지 않기 때문에 대부분의 의대생 또한 이것에 대해 듣지 못하고 의대를 졸업한다. 그러나 이 설명이 옳다면 인류의 존재와 그 가장 황홀한 순간이 무시된 작은 근육조직에 의존하고 있으며, 물리적 법칙에 의해 짧고 부드러운 기관을 길고 단단한 기관으로 바꾸도록 멋지게 설정되어 있다.

발기에 대한 이러한 소위 "고무 밴드"이론이 전적으로 잘못되었다는 것을 증명하기 위한 동물 실험이나 인간 실험은 없지만, 그것이 완전히 옳지도 않다는 것을 보여주는 몇 가지 실험 결과도 있다.[3] 사실, 어떤 남성이라도 스스로 실험해 볼 수 있다. 만약 발기가 단순히 음경의 정맥이 압박된 결과라면, 매우 높은 압력이 아니고서는 혈액이 빠져나올 수 없기 때문에 동맥을 막지 않고 정맥을 압박해야만 한다. 일반적인 고무 밴드(휴스턴의 근육)가 음경 주위에 단단히 붙어있는 것을 발견하는 것은 쉽지 않으며 아마도 혈액 순환을 완전히 막지 않고 정맥을 압박했을 가능성이 크다. 그러나 비록 5분에서 10분 정도 놔둘지라도, 지속될 만큼 혈액이 모일 만큼 시간이 남아 있다면, 발기 부전은 생기지 않을 것이다.[4] 유감스럽게도, 만약 그것이 효과가 있었다면, 그것은 훌륭한 발기 부전 치료법이 될 것이고, 많은 사람들의 좌절과 불행은 피할 수 있었을 것이다.

이러한 자가 실험에는 결함이 있으며, 경험이 풍부한 연구자에게 완전히 납득되지는 않을지도 모르지만, 가장 단순한 형태의 '고무 밴드'이론에는

---

* 미국 대형병원을 무대로 방영되는 유명 의료드라마

심각한 의문이 제기될 수 있다.

이 때문에 동맥이 확장되어 너무 많은 혈액이 쏟아져 들어와 정맥으로 간단히 빠져 나갈 수 없다는 두 번째 이론이 더 가능성 높은 것으로 보인다. 그러나 동맥을 인위적으로 확장할 수 있는 방법이 없기 때문에 정력(효력)은 자연과 정신의학의 손에 맡겨야 한다. 요힘빈 yohimbine 이라고 하는 약이 있는데, 그 약은 서아프리카 요힘베 나무에서 유래한 것으로 한때 음경 동맥을 확장시킨다고 알려졌지만 실제 시도하고 도움 받은 사람은 거의 없다. 민간에서 가장 인기 있는 보양제(최음제)*들은 위험하거나 치명적일 수 있는 염증을 일으키는 경우가 왕왕 있다.

우리는 휴스턴의 근육과 그 훌륭한 메커니즘을 완전히 포기할 필요가 없다. 왜냐하면 인간은 두 가지 효과가 복합되어야 최상의 발기가 될 수 있기 때문이다. 동맥의 팽창으로 인해 혈액의 흐름이 증가하고 혈관의 일부가 수축하면 음경은 두 혈관 사이에 가장 큰 강직도에 도달하게 된다.

여자에게는 상황이 더 복잡하다. 성적 흥분은 질액의 분비에서 시작되며 몇 초가 걸릴 수 있다. 그녀가 사랑하기로 한 후, 몇 분 후에 클리토리스가 팽창된다. 아무도 그 일이 어떻게 일어날지 아무도 모르지만 남성과 여성에게 휴스턴의 근육이 없다고 추측할 이유는 없다. 왜냐하면 해부학자들은 남성의 음경에 있는 것과 비슷한 근육 섬유가 클리토리스에 있다고 동의하기 때문이다. 흥분되어 동맥으로 혈액이 쏟아 들어오는 동시에 쌓여서 클리토리스를 더 크고 단단하게 만든다. 그러나 클리토리스(음핵)는 또한 위쪽으로 당겨지며 시야에서 사라질 수 있다. 욕망이 극에 달한 여성의 경우, 자궁 경부는 너무 크게 부풀어 오르고 맥동이 요동쳐서 아마릴리스가 말했듯이 "질에서 채워달라고 긴급한 신호를 보내고 있다."

---

* 파킨슨증이나 마비 치료에 사용되는 도파(Dopa [dihydroxyphenylalanine])는 이 질병으로 고통받는 사람들에게 치료제이자 발기제로 알려져 있지만 부작용이 심하기 때문에 발기제(보양제)로는 어울리지 않는다. 그리고 최근에는 비아그라를 포함한 다양하고 비교적 훌륭한 발기부전 치료제가 다수 개발되었다.

남성의 성 능력

남성의 성 능력(기능)에는 세 가지 요소가 있다. 강직도, 정력(삽입반복 능력), 사정력. 강직도는 음경 발기 시의 단단함, 정력은 그의 음경 펌프질에 대한 열정, 그리고 사정 정액의 사정량과 속도로 보인다.

강직도 혹은 발기에는 몇 단계가 있다. 처음에는 음경이 약간 커지고 몸에서 약간 떨어져 있다. 일반적인 상황에서, 발기된 사람은 자신 스스로 거의 알지 못할 수도 있다. 발기는 대개 주변 사람들이 알아차릴 수 없기 때문에 곤란을 겪지 않을 것이다. 이 조건은 다음과 같은 뉴스에서처럼 "관능미 폭발"이라고 표현할 수도 있다. "아마릴리스는 섹시한 미니스커트로 방에 들어서면서 남자들 사이에서 섹시미를 자랑했다." 이 시점에서 대부분의 여성들이 여성복 광고 기사에서 나오는 것처럼 "옷을 잘 차려 입은 것"과 "옷을 잘 차려 입지 않은 것"의 차이점은 알지만 "보기 좋게 옷을 입는 것" 또는 "멋스런 옷을 입는 것"과 "남자들이 섹시함을 느끼는 옷차림"의 차이는 여성 소수만이 알고 있다.

두 번째 단계에서 음경은 길고 딱딱하지만 손으로 굽히거나 무언가 앞에 막혀 있다면 여전히 구부러질 것이다. 그렇기 때문에 상대 파트너가 준비되어 있고 잘 윤활되어 있지 않다면 삽입할 수 없으며 굽혀질 것이다.

바로 이 주제에 대한 영국의 유명한 오행시가 있다.

> 켄트에 청년이 있었다.
> 중간에 있는 다리가 구부러졌다.
> 자기 문제를 해결하려
> 그는 그것을 두 배로 밀어 넣었다.
> 그리고 (정상적 관계에서 삽입하여 사정이) 오는 대신에, 그는 가버렸다
> (바깥에 사정하고 말았다).

영국인의 구부러진 음경의 명예를 위해, 사실 그러한 언급은 "겸손한 음경"이라고 말하는 것이 더 적절하지만, 그 상태에서 성행위를 계속할지 말지에 대한 어느 정도 의심이 존재하는 것이 일반적이기 때문에 켄티지 저주라고 불린다. 그 남자는 여자에게 유혹당하거나 자신의 능력을 증명하려는 욕망을 가지고 있을지도 모른다. 그러나 홀스레이 박사Dr. Horseley가 주장하는 것처럼 "인 페노 페리타스in peno veritas*"는 여전히 설득력이 없다. 그것은 말싸움 이후 생겨나거나, 또는 행동의 즉각적인 결과, 또는 미래가 가져올 수 있는 어떤 것, 또는 이성을 향한 그의 태도에서 군건하지 않음의 문제일 수 있다. 간단히 말해서, 그때 성행위를 저지르는 것에 대해 약간의 두려움이나 주저함이 있을 수 있으며, 그는 기꺼이 모른 척 할 수 있다. 그러나 그의 더 민감한 무의식 아래 내면의 사람의 통제 하에 있는 그의 생식기는 그렇게 쉽게 다독거릴 수 없으며, 이미 신체적으로 충분한 조건에도 불구하고 성행위를 할 수 없을 수 있다.

세 번째 단계에서, 음경은 크기는 최대가 되지만 완전한 상태에 이르지 않았다! 그것은 꽉 채워져 있고, 단단하며, 준비되어 있지만, 때때로 상대방이 완전히 준비가 되기 전에 너무 빨리 헐떡거리고 사정해 버린다. 이것은 흔히 "조루"로 알려져 있다. 네 번째 단계에서, 그 남자는 뒤를 돌아보지 않고 돌진만 하는 유니콘 같아서 단단하고 준비가 되어있을 뿐만 아니라, 너무 부풀고 열망에 가득 차 있어서 그의 정력의 전부를 쏟아 붓거나 터뜨려야 한다고 생각한다. 즉각적인 성행위 시작을 위해 하늘에 비는 것처럼, 때로는 생식기가 위로 향하여 있는 상태다. 그것은 남자가 거의 모든 희생(비용)을 지불하고 나아갈 때 궁극적으로 시작하며 이것은 모든 구애 다툼을 둘러 싼 욕정의 축이며, 로맨스 문학의 실타래가 여기서 시작된다. 일반적으로 이 상태를 "갈망"이라고 한다. 어떤 현상이 발생했

---

* 에스페란토로 의미는 '진실된 노력'이지만, 실제로 나는 "peno"가 올바른 형태가 아니라 의미상 "penis"가 바른 형태라는 것을 안다. 하지만 그것은 더 나은 방식으로 들어맞는다('peno'는 해부학적으로 남성의 성기를 뜻하며 'veritas'는 '진실'을 의미한다. 따라서 'in peno veritas'는 '음경의 진실에 입각하여' 정도로 중의적으로 해석할 수 있다.).

는지를 공식적으로 연구한 의사에게 존경심를 표하며, 일부 음경은 그런 방식으로 되어 있어 귀두가 올라간 특수한 경우를 "페이로니의 자부심"이라고 부른다.[5]

일단 장소가 정해지면, 교회든 건초더미 위든, 거칠게 밀어뜨리려는 강력한 욕망에 빠지게 된다. 일반적인 보통의 남자는 자신이 할 수 있는 만큼 열심히 여성의 질에 음경을 집어넣고 그의 정액을 거기에 넣으려는 압도적인 욕구를 갖게 된다.* 그는 심오한 깊이에 도달하여 그의 힘을 다해 난자를 수정시키기 위해 계속해서 다시 찔러 넣을 것이다. 마치 끝이 멀리 있지 않다는 것을 알기는 하지만 내내 그들을 조금도 떨어뜨려 놓을 수 없는 것처럼 말이다. 이러한 열정은 만약 그의 인간의 본성을 나타내는 진정한 출산 도구인 음경이 발기의 네 번째 단계, 그 가장 완전한 상태에 있을 때 발생할 가능성이 가장 크다. 그러나 그 힘 뒤에 어떤 거짓된 요소가 있다면, 그 동물적 추진력은 힘을 잃어버리고 의식적으로 강화해야 한다. 이것은 남자가 사정을 성행위 자체보다 쾌락에 더 관심이 있다면, 즉 자신이 삽입하는 것을 두려워하거나 자신의 즐거움을 위해 여자를 속이고 있는 경우 가장 흔하게 발생한다. 이러한 경우 그는 그녀의 신음소리를 듣기 위해 가능한 한 오래 지속하려고 시도하거나, 빨리 벗어나려고 가능한 짧게 끝내거나, 혹은 그는 시간을 알고 있으면서도 개의치 않을 수도 있다. 지나치게 빨리 사정하면 그의 자존심이 손상될 것이고, 삽입 펌프질은 너무 빨리 절정에 도달하지 않도록 조절할 수 있다. 그러므로 그는 자신의 속도대로, 명백한 양심과 품위를 유지하면서 적어도 자신의 배우자가 만족할 때까지는 삽입을 지속할 수 있기를 희망한다.

제약 없는 동물적이고 연속적인 빠른 삽입 펌프질의 경우 너무 열중해서 자동적으로 그 자신이 가진 시간이나 상대방의 반응이 어떤지 관심을

---

* 이 문장은 원어에서는 앞서 언급된 외설적인 섹스 매뉴얼 "향수의 정원"에서 나온 단어로 남성의 운동은 dok, 여자의 반응은 haz로 표현된다. 저속한 영어에서는 dok이 던져져 부딪힌다는 의미이고 haz는 갈기 갈기란 의미지만, 운동학적으로는 남자의 골반은 횡축을 중심으로 속도를 올리고, 여자는 수직 또는 생식기 주위를 좌우로 움직이는 것을 뜻한다.

가지지 않는 것이 일반적이지만, 그녀가 자연스럽게 최고조의 순간에 반응한다면 그에게 가장 깊은 만족감을 줄 수 있으며 그때조차도 그는 가장 최선의 상태에서 그의 정액을 목표 장소에 사정하는 자신의 목표를 달성한다. 그러한 집중적이고 거의 무감각한 태도는 여성에게 최고 상태의 흥분과 가장 만족스러운 오르가슴을 가져오는 것임에 틀림없다. 그러한 성행위의 힘은 야만적이지 않고 생물학적이다. 그러나 그녀가 가장 깊고도 가장 순수한 본성에 대해 반응하는 대신에 성행위의 쾌락 그 자체에 관심을 갖게 된다면, 그녀는 그것을 야만스런 욕망으로 간주할 것이며, 그것은 남성에게도 마찬가지이다.

그러나 제한 없는 동물적인 성행위에 대한 기술은 현실적이지 않으며 이상적일 뿐이다. 인류에게 제한 없는 성행위 같은 것은 없다. 모든 사회는 성적인 금지들로 둘러싸여 있으며, 성행위에 대한 금지는 심지어 가장 최고조 흥분의 순간에 흘러나오며 이러한 반응의 순수함을 오염시킨다. 한쪽 끝에는 순종과 초조가 있고, 다른 한 면에는 본능에 대한 반란과 잔인함, 정직하지 못함이 있다. 그러한 사이 어디엔가는 성행위의 자유로운 기능과 진정한 친밀감이 있다. 최선을 다하는 성행위는 지구에서 지상 30,000 피트 위로 날아간 것 같은 쾌락을 줄 수 있으며 흥분한 상태에서 천천히 되돌아온다. 하지만 그보다 적은 성행위도 여전히 성행위의 본래의 목적에 충분할 수 있으며 심지어 극도의 오르가슴에 도달하지 못하고 흥분하다가 만다 해도 성적인 쾌감이 전혀 없는 것보다 더 낫다. 마치 조금 하늘을 날아오르다 말지라도 정자와 난자의 만남을 통한 수정 그 이상을 더 요구할 수는 없으며 그 이상의 모든 쾌락은 사실 수정에 대한 보너스일 따름이다.

우리가 여기서 말하고자 하는 것은 남성 정력의 세 번째 측면이다. 사정력은 사정의 순간에 정액이 피스톤과 같은 전립선 수축에 의해 질 속으로 쏘아지는 힘이다. 확실치는 않아도 오르가슴의 높이, 즉 오르가슴적 여행에서 느낄 수 있는 고도는 사정력의 힘에 달려 있을 가능성이 있다.

따라서 한 쪽에는 불완전한 발기, 억제된 삽입 펌프질, 그리고 낮은 사정력을 가진 남자가 있으며, 다른 극단에서는 자연적으로 정액이 공급되어야 할 곳에 엄청난 힘으로 정액을 숫양처럼 마구 쑤셔 넣을 수 있는 남자가 있다.* 그러나 이러한 다양한 스펙트럼을 따라 어느 곳에 있는 남자든지 여성을 임신시킬 수 있으며 만약 그녀가 적절히 준비된다면 오르가슴을 느끼게 할 수 있다.

이 세 가지 요소 중 가장 의식적으로 조절할 수 있는 요소는 삽입 펌프질이다. 발기는 의지에 의해 통제하기 힘들다. 유머집에서 나오는 "꺼져라, 참깨! 일어나라, 참깨!"처럼 발기를 조정할 수 있는 마법의 주문 또한 음경이 발기하려면 그 자체로는 어떤 것도 작동하지 않으며, 작동하게 하려면 약간의 미끼가 있어야 한다. 가장 자동적인 것은 사정이며 의식적으로 서둘러서는 안 되며 일단 발동되면 몇 초 동안은 연기될 수 있다. 사정력의 힘은 주로 신체적 요인에 달려 있지만, 발기의 유지와 삽입 펌프질은 심리적 요인에 달려 있다.

남성의 성적 능력은 주로 두 명의 여성에 의해 영향을 받는다. 자라는 동안 자신의 남성성과 성 정체성을 격려하거나 낙담시킨 어머니 또는 아마도 손위누이 같은 여성의 반응 방법에 따라 남성을 기운 나도록 격려하거나 혹은 우울하게 하거나 억압하게 된다. 나이 많은 남자는 특별히 그의 배우자에 대해 민감하다. 그녀가 그를 너무 자주 주눅 들게 하면, 그는 자신의 정력을 잃고 중년기로 접어들 수 있다. 이 상태는 점차 더 심해질 수 있지만, 제대로 된 의사를 만난다면 회복될 수 있다.

많은 아내들이 그러는 것처럼 종종 남성의 성적 능력이 일상생활에 반영된다. 그의 음경은 열정적이고, 공격적으로, 그리고 최대의 사정력으로 가득 차 있을 수 있거나 또는 쉽게 구부러지고, 힘과 삽입능력이 부족하며, 목표지점에서 드리블을 놓치거나 시작조차 못할 수도 있다.

---

* EW : "적절하게 준비된" 것은 섹스 매뉴얼에 있는 오래된 아이디어이지만, 그녀의 준비와 그의 발기 원인을 구분하는 것은 어떨까요?

여성의 성 능력

여성과 남성은 서로 보완적이며, 그녀의 힘은 3가지 요소, 즉 풍부함, 힘, 질 수축력으로 말할 수 있다. 풍부함은 질의 윤활로 표현되고, 힘은 반응력으로 나타나고, 질 수축력은 질 근육의 수축으로 나타난다.

질의 윤활은 자연스럽게 음경이 미끄러져 들어가도록 한다. 만약 윤활이 전혀 없으면, 누군가의 피부에 상처가 생길 가능성이 있다. 어떤 여성들은 질 윤활액인 행복 오일이나 기쁨 주스가 넘쳐나게 되면서 오르가슴에 빠져들기도 한다. 때로는 여성이 일반적인 상황에서 약간 또는 심지어 상당히 흥분하여 자신의 성적 능력에 대한 자부심을 가지거나 윤리적인 당혹감을 느끼게 될 수 있다. 남성과 마찬가지로, 그러한 사건은 "섹시미 폭발"이라고 불릴 수도 있다. 그러나 질의 윤활은 항상 여성이 남성에게 반한 것이라는 의미는 아니다.* 그녀는 음경을 받아들일 수는 있지만 그것에 의해 흥분되지는 않는다. 그러나 모든 일이 잘 풀리면, 매우 빠르게 음핵이 팽창하고 질 윤활이 뒤따른다. 질 윤활과 음핵 팽창은 남성의 징력에 해당하므로, 그렇게 하는 것이 적절할 때 남녀 모두에게 "섹시미 폭발"을 적용할 수 있다.

반응력은 생물학적으로 궁극적인 친밀함을 위한 그녀의 몰입 혹은 임신 또는 심리적인 기대에 대한 여성의 반응일 수 있다. 그것은 단순한 쾌락의 메커니즘으로 치부될 수도 있다. 진정한 생물학적 반응력은 자의식이나 계산이거나 가장 큰 쾌락을 얻기 위해 노력하는 것이 아니다. 그것은 그녀가 가능한 한 깊이 들어오는 음경을 원하기 때문에 즉, 무의식적으로 임신 가능성을 높이려고 여자가 하게 되는 일이다. 일부 여성들은 쾌락을 느끼려고 의도적으로 시작하지만 생물학적이고 무의식적 강박성에 의해 자연스럽게 반응하게 된다.

---

* EW : 그 일을 하는 여성에게는 좋은 스포츠라 할 수 있다.
EB : 왜 샐쭉해지지 않을까?

질의 수축력은 삽입운동에 대한 반응이다. 남자의 사정과 일치할 수 있는 오르가슴의 경우, 질은 근육 수축의 물결 속에서 음경을 반복적으로 움켜잡고서 마치 정액을 우유를 마시는 것처럼 반응한다. 남녀 서로가 함께 똑같이 즐거운 느리거나 빠른 리드미컬한 반응의 파동을 전하게 되면, 그녀의 파트너를 통해 음경의 사정의 원동력을 증가시킬 수 있다.

여성의 성욕은 남성과는 다른 특징적인 반응이 반영된다. 그러한 반응은 남성이 그녀에게 접근할 수 있게 만들고 함께 성행위에 이르는 것을 원활하게 한다. 그가 그녀를 향해 오면, 그녀는 앞에 나아가 그를 맞이할 준비를 한다. 그가 목표를 향해 사정할 때, 그녀는 세밀하고 감정적으로 예민한 리듬으로 그에게 반응하고 그에게 최고의 영감을 불어 넣어 준다. 그러한 자연스러운 반응을 피하거나 무시하도록 하는 부모의 양육 하에 자랐다면, 그녀는 성적인 관계뿐만 아니라 남성과의 일반적인 대인관계에서도 어색하거나 불쾌해 할 것이고, 그녀는 감수성이 없고, 반응이 없고, 접근하기 쉽지도 않아 경쟁적으로 보이거나 과소평가를 받을 것이다.*

여성 스펙트럼의 한쪽 끝은 윤활되거나 흥분되지 않고, 속이며, 움직이지 않고, 사정을 수동적으로 받는 여성이다.** 다른 한쪽은 풍부하게 윤활되고 높은 수준의 흥분에 도달하고 그녀가 얻은 만큼 좋은 모든 삽입운동에 반응하며 사정의 마지막을 돕는 것처럼 단단히 쥐어짠다.

* EW : 왜 남성의 성 능력에 관한 섹션의 끝에 유사하지 않은 단어 목록을 넣지 않을까요?

** EW : 왜 그녀를 비난했나요? 어쩌면 그는 네크로필(시체애호자, 시간자)일지도 몰라요. 그리고 다음 문장에서, 당신은 그녀가 모든 것을 할 것으로 기대해요.

EB : 자연 선택에 대해 생각하고 있어요. 경쟁 세계에서 개인의 생존과 선택 및 수정의 기회를 늘리는 것 같은 품목을 골라내고 있어요. 다윈(Darwin)이 여자였다면 다른 결과가 나타났을 거예요.

EW : 재미있는 생각이에요.

오르가슴

인간의 오르가슴은 자연에서 가장 세밀하고 훌륭하게 계획되고 남녀가 함께 가지게 되는 일 중 하나이다. 해부학적으로나 생리적으로 둘 다 모두 진화 과정의 훌륭한 선택이었다는 것을 보여준다. 남자가 여자에게 필요한 것, 여자가 남자에게 필요한 것이 정확히 무엇인지, 그들의 체온, 혈압 및 정액 및 질 분비액의 양은 물리적, 화학적, 근육적으로, 전기적 및 심리적인 두 가지 모두를 포함하는 창조적인 에너지의 폭발적인 방출로 서로에게 최상의 행복을 만드는 바른 방법에서 남녀가 서로 일치한다. 그것이 올바르게 작동한다면, 그들 각각 순수하고 죄책감 없이 오르가슴이 나타날 것이고, 뇌는 스트레스 등 문제에 대해 깨끗이 잊고 새로운 시간을 시작할 준비를 할 것이다. 또는 누군가 말했듯이, 인간이 제정신이 되는 유일한 시간은 성관계 후 10분간이며, 또는 성관계 없이 혼자 보내는 매일 밤에는 이러한 시간이 낭비될 수도 있다.

남성과 여성에게 오르가슴을 가져오는 두 가지 다른 방법이 있다. 남성의 귀두는 음경의 가장 민감한 부분이며 그 부분에 대한 자극은 적절한 시간에 넘 빠르고 오히려 만족스럽지 않은 사정을 유발할 수 있다. 이는 사딕 드 사드의 파트너에 대한 금지 명령을 정당화한다. "기둥을 만지지 말고 뚜껑을 만져라!" 기둥은 덜 민감하고 더 여유로운 즐거움을 선사한다. 가장 관능적인 부분은 남성과 여성의 생식기가 만나는 접점이다. 이 곳은 방아쇠의 영역이다. 오르가슴을 위해서 여자도 마찬가지로, 음핵은 질 내부보다 단단해진다. 음핵 자극은 많은 여성들에 따르면, 오르가슴을 유발할 수 있고, 여기서도 가장 민감한 지점은 음핵의 끝과 질 안이 서로 가깝게 위치하는 지점이라 여겨진다.

남성과 여성 오르가슴 사이에는 멋진 일치감이 있다. 남자의 허리가 움직이며 그의 음경과 정액은 여성의 음부와 음핵의 맥동과 정확히 같은 리듬으로 앞으로 나아간다. 이것은 근육 섬유의 특정 유형의 자동적인 반동 때문이다. 이 상호 반동은 한 파트너의 반사 신경이 둔해질 때까지 반복된다. 어떤 사람들은 성관계 삽입 후 오랜 시간 동안 계속하고 흥분이 확장될 수 있다. 종종 놀라움과 만족스러움에 감탄한다. 일부 파트너는 서로 다른 시간대에 오르가슴을 가지기 때문에 서로 간에 따로 즐거움을 얻을 수 있지만 보통 사람들은 오히려 압도적인 즐거움에 함께 동참한다.

남녀 생식기 근육의 리듬은 서로를 자극하고 각자 생체시계의 타이밍을 강화시킨다. 하나는 전립선에서 사정 경련의 리듬을 결정하고 다른 하나는 음핵에서 자신의 리듬을 조절한다. 질 수축의 리듬, 진화의 경이로움 중 하나는 이 두 시계가 보통 똑같은 속도로 작동한다는 것이다. 즉 한 주기당 4/5초이다. 이러한 남녀 오르가슴 생체알람시계 균형의 바퀴는 척수 중심에서 있으며 마치 해파리나 달팽이 또는 하프 연주 천사처럼 신경 조직의 리듬이 바탕이 된다.

'성'적 심리학

남녀의 성 반응은 내장되어 있거나, 또는 생물학적인 요소가 영향을 미치고 부분적으로는 정신의 집중이나 심리적 요인에 의해 영향을 받는다. 오르가슴이 시작되면 내장된 회로가 이어지고 마음이 풀리지만 그 순간까지 머릿속이나 침대에서의 목소리는 누가, 무엇을, 어떻게, 언제, 왜 생겼는지 등이 강하게 영향을 준다. 그러나 그 목소리보다 더 중요한 것은 마음의 뒤쪽에 있는 숨겨진 그림, 두 당사자의 생식기에 대한 일차적인 이미지로, 그들의 성적인 힘, 사정력이나 삽입능력 등을 발휘하게 한다.

여성에 대한 비슷한 목록과 함께 남성에 대한 심리적 또는 정신적인 영향 요인은 다음과 같다.

1. 그가 섹스에 대해 두려워하는가? 또는 열정적인가? 여기에서 가장 중요한 요소는 어머니의 목소리로 "조심해!" 또는 "어서 해!"
2. 그가 부정직하거나 정직했는지 여부. 이것은 일반적으로 아버지의

목소리나 예를 들어 "제기랄!", "그녀의 투덜거림에 귀를 기울여라!" 또는 "너희 둘 다 즐겁게 지내."

3. 그의 파트너가 반응적인지, 중립적인지 또는 낙심하고 있는지 여부. 그녀의 목소리는 따뜻한지, 부드러운지, 무관심하거나 차갑고 위협적인지 그에게 가르쳐준다. 그녀의 근육은 부드럽고 습기가 많거나 거칠고 건조해질 수 있지만 사랑스럽거나, 긴장하거나, 불안해하며 움직인다.
4. 외부 상황. 특히 모기의 앵앵거림이나 어린이와 그들의 가족을 포함하여 다른 사람들에 의해 방해 받거나 자극받을 가능성
5. 여성 생식기의 일차적 이미지

그가 자신이 가진 상대방 생식기의 일차적 이미지를 파헤치는 데 성공한다면, 그가 예상했던 것과는 상당히 다를 것이다. 따라서 성인이며 온갖 종류의 조건 하에서 이들 기관의 실제 모습을 철저하게 잘 알고 있는 산부인과 의사조차도 그의 내면의 심리가 여전히 그의 음경 또는 그의 몸 선제가 잃을 수 있는 거대한 어두운 밑바닥이 없는 동굴로 질을 표현한다는 것에 대해 놀랄 것이다. 또 다른 예를 들면, 어떤 사람은 거기에 들어간 모든 음경이 피해야 하는 뾰족한 비늘로 가득 찬 좁은 통로로 표현한다. 발기, 삽입운동 및 사정력에 영향을 미치는 그러한 이미지는 부분적으로는 음경이 느끼는 질의 실제 상태에 달려 있다. 느슨한 느낌이 들면 첫 번째 경우는 무서운 동굴로 변하고 두 번째 경우는 안심할 것이다. 그것이 꽉 조인다고 느끼면, 동굴 속 음경은 더 안전하게 느낄 수도 있지만, 함정에 빠짐을 느낀 남자는 놀라서 빨리 빠져 나가고 싶어 할 수도 있다.

거짓말처럼 보일 수도 있지만, 때로는 음경이나 손가락도 보거나 느낄 수 있다. 이것을 '공감[syneshesia]'이라 부르는데, 성인들은 음핵이 정말로 붉은 색을 유지한다는 것을 안다. 그러나 음부의 색은 윤활 정도에 따라 달라질 수 있다. 건조하면 보라색으로 느낄 수 있으며 약간 축축한 경우는 갈색으로 보일 수 있다. 매우 미끄러울 때 밝은 청색을 느낄 수 있다. 이것들은

공통의 감성적인 인상이지만, 각 음경에는 자체의 색상이 있을 수 있다.[6)]

여성은 일차적인 이미지의 음경을 떠올리며, 이는 남성과 비슷한 방식으로 여성의 반응에 영향을 미친다. 그녀의 내면에게, 그것은 너무 깊숙이 뚫어버릴 경도의 뾰족한 덩어리처럼 보일지도 모른다. 또는 그녀를 갈라버릴 날카로운 칼, 혹은 그녀가 잡아당기고 통제하기에 너무 작고 가느다랗고 동그란 것처럼 보인다. 어떤 여성들은 또한 자신의 윤활의 결과인 음경의 미끄러짐에 따라 다른 색 반응을 보일 수 있다.

더 유리한 일차적 이미지도 있다. 남자에게 질은 아늑한 휴식 장소 또는 애무하는 손, 또는 매혹적인 젖꼭지 같은 음핵처럼 보일 수 있다. 여자에게는 그의 음경이 달콤한 츄파춥스 사탕이나 두툼한 소시지 또는 버섯처럼 보일 수 있다. 이러한 이미지는 일반적으로 "무의식"으로 간주되지 않는다. 그러한 이미지들이 떠오를 때 바로 멈출 만큼 예민한 사람들을 쉽게 볼 수 있다. 일차적 이미지가 남성과 여성의 성적 능력에 결정적인 영향을 미칠 수 있기 때문에 이것에 대해 알아야 한다. 오랜 시간 동안 거짓말을 할 필요가 없다. 그러한 이미지들은 모두의 의식 속에 자리 잡은 채 숨어 있다.

성 심리에 관한 많은 진술은 신중한 연구보다는 개인의 취향에 근거한다. 일부 성 심리학자들은 그들 자신이 엄격한 종류의 도덕성을 가지고 있다. 예를 들면, "남성은 그가 여성에게 무엇을 하느냐가 아닌 여성이 남성에게 무엇을 하느냐에 흥분하며, 여성은 그녀가 그에게 무엇을 하느냐가 아닌 남성이 그녀에게 무엇을 하느냐에 흥분된다."[7)] 엄격한 교장 선생님처럼, 그들은 성에 열정적인 여성들과 사치를 사랑하는 남자들에 반대한다. 그들은 모든 종류의 성행위에 관해 인간 존재의 표준을 세우려고 한다. 이것은 아마 모든 다른 종류의 인간들에게 성행위의 표준을 정하려는 의원의 법률과 정책보다 낫지 않다. 아마릴리스는 성행위(섹스)에서 유행이 변한다고 말한다. "피임방식이 완전히 바뀌었어요."라며 "지금까지는 횡격막을 가진 팔의 하강 스윙이었지만 이제는 알약을 이용한 상향 스윙이에요."라며 아리송하게 말했다.

성행위의 생물학

진화 과정에서 남성의 강직도, 삽입 펌프질 능력, 사정력, 여성의 풍부한 윤활력, 반응력, 그리고 질 수축력은 아마도 인류의 효율적인 번식에 기여했을 것이다. 예를 들자면, 동물들은 이러한 특정한 방식을 가지지 않았을 것이고 낮은 번식률을 보일 것이나.[0] 따라서 생리적 선택에 의해 섹시한 사람들은 덜 섹시한 사람보단 자신의 후손을 가질 때 이점이 있다. 그래서 우리는 호모 사피엔스가 수세기와 수천 년을 통해 더 섹시해졌으며 동굴에 살았던 조상들보다 훨씬 더 활기차고 섹시하며 음흉해졌다고 추측할 수 있다. 또는 사람이 있기 전에 원시 원숭이 숲에 살았던 존재들보다, 현생 인류는 가장 섹시한 포유류이기 때문에 언제나, 주중 어느 날이나, 달의 상태가 어떻든 거의 항상 성행위를 위해 준비되어 있다.

남성 오르가슴의 생물학적 목적은 그 표적에 정액을 분출하는 것이다. 묘하게도 자궁의 입구가 아니라 질 안에 있는 나팔관 주머니가 표적이다. 정자를 궤도에 놓은 후 두 번째 단계를 위해 자신의 작은 엔진을 켜서 나팔관에 놓여 있는 작은 난자를 향해 정자를 쏜다. 이것은 무자비한 경주이다. 우승자가 모두를 차지하고 패자가 죽는다. 어느 정자가 먼저 타격을 받든지 간에 먼저 난자를 포착하고 다른 모든 정자를 배제한다. 이 선거에는 부통령이 없고 두 번째 자리는 없다. 헤엄쳐야 할 거리는 인간 기준으로 약 2마일이며, 그 모두가 굽이굽이 고갯길과 장애물, 급류와 댐이고 그 대부분이 상류에 있는 장애물이다. 1천만 마리의 경마보다 더 흥미롭다. 각 경주마다 수억 개의 정자가 있기 때문이다. 그것은 남자가 사정을 할 때마다 여자 안에서 일어나는 일이라는 것임에 틀림없다. 그리고 모든 남성은 여기에서 영웅이다. 그가 키가 크든 짧든, 잘 생기든 못 생겼든, 강하든 약하든, 젊든 늙었든 간에 차이는 없다. 그가 정자를 사정할 수 있는 한, 그는 에리호Lake Erie에서 북아메리카와 남아메리카의 전체 인구에 해당하는 인류 종족을 스스로 시작할 수 있다.

남성 오르가슴이 주는 강렬한 즐거움은 아마도 그것을 매력적으로 만들고 그것을 추구하는 데 도움이 되며 여성 오르가슴 또한 그러하다. 그러나 여성 오르가슴의 생물학적 기능은 아직 다 밝혀지지 않았다.* 성적인 흥분, 특히 윤활은 여성의 생식 기관의 화학적 성질을 변화시켜 정자를 위한 보다 친숙한 여름 휴양지로 만들지만 오르가슴 자체는 별로 도움이 되지 않는다. 여하튼 남성이 그러는 것처럼 오르가슴을 갖지 않으면 여성도 쉽게 임신하는 것처럼 보이기 때문에 오르가슴이 바람직하고 도움이 될 수 있지만 꼭 필요하지는 않다.

남성의 오르가슴은 임신에 필요한 것으로 보이지만, 그것에 대해서도 확실하지는 않다. 어떤 사람들은 그들이 오기 훨씬 전부터 전립선에서 "사랑의 물(쿠퍼액)"을 분비한다. 그리고 그 안에는 방황하는 정자가 몇 마리 있을 수 있다. 이 사실은 두 가지 이유로 중요할 수 있다. 첫째, 남자가 사정으로 정액을 분출하지 않거나 체외 사정을 해도 여자를 임신시킬 수 있음을 나타낸다. 그것은 특히 최근의 사정에서 그의 정자 생산 체계에서 주위를 헤매는 약간의 정자가 있는 경우 일어나기 쉽다. 왜냐하면 어떤 정자들은 사랑의 물로 씻겨질 가능성이 높아지기 때문이다. 둘째, 사랑의 물로 질 속으로 누설되는 정자는 나중에 던져진 정자보다 앞서 있기 때문에 난자와의 경쟁에서 우위를 점할 수 있다. 따라서 사랑의 물에 있는 정자는 사정된 정자보다 아기가 될 확률이 높고 이것이 다산 및 발달 문제에 영향을 미칠 수 있다.

이 생물학적 가설을 검토하자. 최대 발기 및 최대 윤활은 삽입 펌프질 운동 및 반응력의 도움으로 최대의 삽입을 보장한다. 중요한 순간에 최대 사정력은 최대 질 수축력으로 강화된다. 이 모든 것은 정액의 최대량이 갈 수 있는 한 깊숙이까지 돌아갈 수 있도록 하며, 이는 임신을 보장하는 최상의 상황이다. 이미 언급했듯이, 대조적으로 약간의 정액이 건조한 질 외부로 흘러들어 난자가 수정될 가능성은 거의 없다. 그 사이에는 많은

---

* 나는 오르가슴의 진정한 "목적"이 심리적 소생이라고 믿는다. 뇌의 전기 치료와 같은 역할을 하여 잠재력을 재분배하여 정신을 맑게 한다. 이는 R. Greenberg와 E. M. Dewan의 연구를 바탕으로 1969년 10월의 Psychiatric News에서 언급한 REM 수면의 분류 기능과 유사하다.

가능성들이 있을 수 있다. 그러나 첫 번째 방법은 다른 것보다 효과가 있으며, 진화론에서는 매우 적은 가능성의 증가도 1,000년 동안의 복리와 마찬가지로 많은 세대에 걸쳐 확률이 약간 증가하여 커다란 이점으로 확장될 수 있다.

그러나 기억해야 할 점은 발기가 안 되고 윤활도 되지 않고 삽입운동이 없이도 수정(임신)의 확률이 0보다는 크다는 것이다. 여성 생식기는 어떤 사정으로도 거의 건강한 자손 또는 심지어 쌍둥이를 생산할 수도 있다(성행위도 아닌 그저 한 번의 실수였음에도 불구하고 성실한 성직자가 쌍둥이를 가지게 되는 놀라움을 볼 수도 있다).

가장 흥미로운 생물학적 특징 중 하나는 여성이 남성을 받아들이는 방식이다. 그녀의 흥분함에 따라, 질은 우아하게 넓어져서 그를 더 잘 받아들이기 쉽도록 늘어나고, 마지막 접촉으로, 자궁은 공손히 자신을 들어올려 방해받지 않는 통로를 가질 수 있다. 정액은 영구적으로 자궁에서 사정된 후에야 질의 개방된 너그러움에 반응하며 그녀에게 사랑스럽고, 극진하고, 단호하게 그녀에게 선물된 정액으로 자양분이 많은 자궁을 적시게 된다.

반면에, 여러 면에서 성행위는 남녀 간의 전투이다. 그가 힘들게 밀어넣을수록 힘들게 밀어낸다. 그의 생식기가 크면 클수록 더 강하게 조인다. 반대로, 그녀가 단단히 조일수록, 남성의 음경은 더 커질 수 있다. 그것은 마치 그녀가 그를 더 작게 하려는 것처럼 보이며, 그는 그녀를 더 크게 만들려고 한다. 그러나 그것은 흥미로운 일종의 전투이다. 왜냐하면 그들이 완전히 성공적인 목표에 도달한다면, 그들은 모두 승리하기 때문이다. 그는 시작에 비해 끝나고 작아지며 그녀는 점점 더 커지고 더 커진다. 그리고 평균적으로, 그것에 대해서도 개괄적인 계산도 나와 있다. 그의 음경은 그녀를 한 번에 몇 파운드 더 무겁게 하기 위해 10 또는 20 또는 100배 더 가벼운 몇 온스를 얻는다.*

---

* EW : 나는 저것을 전혀 좋아하지 않아.
EB : 이건 거칠지만 생각해 볼 만한 거야. 삶은 실제로 진짜 이상스러워!

이 "전투"가 평등하다면, 실제로는 경쟁이 아닌 협조적인 노력이다. 그러나 그것이 불평등하다면 진정으로 갈등이나 심지어 말다툼이 될 수도 있다. 왜냐하면 강한 상대는 좌절하고, 실망하고, 제대로 평가받지 못하고, 약한 사람은 약하고 죄책감 혹은 나빠지고, 외고집에 심술을 내며 어울리지 않는 승리감에 의기양양해지기도 한다. 이러한 건강에 좋지 않은 감정은 부부(커플)의 일상으로 퍼져 나갈 수 있으며, 불쾌한 게임에 깊숙이 묻혀 뱃속이 뒤집어지고 근육이 긴장되며 혈압이 상승하는 정신적, 육체적 불편함을 가진 채 수년간 살 수 있다. 그들은 때로는 상대에게 영향을 줄 수 있는 자녀들이나 주변의 다른 사람들에게 앙갚음할 뿐 아니라 가장 적은 저항을 가진 기관(조직)이나 체계에 문제가 정착할 때까지 "심리적인" 불평을 하며 긴장된 길을 걷기 시작한다.

그런 상황에 처한 사람들은 일반적으로 상대방을 상대로 사용할 탄약을 찾고 있다. 나는 여기에서 쓰인 어떠한 내용도 그처럼 비판적인 목적으로 사용되기를 바라지 않는다. 생물학과 진화론에서 섹스는 삶의 중요한 산물이다(그래서 아담과 이브에게 하느님의 첫 번째 명령은 "번성하고 번성하여 땅에 충만하라."였다). 인간에서 그 시간은 단지 아주 짧은 시간일 뿐이다. 그래서 하느님은 인간을 창조하기 전에 "안녕(평안)!" 혹은 "축복해"라고 말한 것이다. "안녕"은 인간관계에서 성보다 더 중요한 한 가지이기 때문이다. 그것은 "우리는 함께 있으니 똑바로 하자."를 의미한다. 도덕적인 면에서 당신의 남자나 여자를 이상적인 성행위 파트너가 되지 못하게 하지 말자. 먼저 그가 당신에 대해 어떻게 말하는지 경청하자. 비뚤어진 음경을 가진 바른 남자가 똑바른 것을 가진 비뚤어진 남자보다 더 낫고, 좋은 않은 음부를 가진 좋은 여자가 좋은 음부를 가진 나쁜 여자보다는 더 낫다.

이것은 생식기가 수정 fertilization 이외의 목적으로 사용될 수 있는 매우 인간적인, 그러나 종종 바르지 않은 방식을 우리에게 알려 준다.

각주와 참고문헌

1) Freud, S. : *The Interpretation of Dreams* (fourth edition). The Macmillan Company, New York, 1915, p. 240.
2) Fisher, C., Gross, J., and Zuch, J.: "A Cycle of Penile Erections Synchronous with Dreaming (REM) Sleep." *Archives of General Psychiatry* 12:29-45, January, 1965. They found erections in 95 percent of 86 REM periods in 17 subjects.
3) The Ischiocavernosus is also called the Erector penis in men and the Erector clitoridis in women, Its action is thus scribed in Gray's *Anatomy* (28th edition, Lea & Febiger, Philadelphia, 1966) : "The Ischiocavernosus compresses the crus penis, and retards the return of the blood through the veins, and thus serves to maintain the organ erect" in the male. For the female the same action is given, putting "clitoris" for "penis." Only one inconsequential word has been changed in this since the 23rd edition (1926), and that is what medical students have learned about the mechanism of erection for the last forty years. Houston's muscle would thus be a special band of Ischiocavernosus, functioning as the Compressor venae dorsalis penis (or clitoridis). The chief opponents of the Ischiocavernosus theory of erection nowadays are Masters and Johnson (*Human Sexual Response,* op. cit.). The lethargy in regard to this presumably important question is shown by the fact that the two pertinent citations given by these authors date from 1921 and 1933. They say that "little support is given now" to the Ischiocavernosus concept, but D. W, Fawcett, for example, who is Professor of Anatomy at Harvard, supports it in his article on the Reproductive System in the Encyclopaedia Britannica (1967). Masters and Johnson offer the alternative that "the veins of the penis are believed to possess valves that slow down the return of the blood." If such an apparatus is found to exist, it does not necessarily mean that the Ischiocavernosus contractions *ipso facto* cease to exist. Dr. John Houston's valves work very well in the rectum (Houston's valves, plicae transversalis recti), and there is no reason why his muscle should not work equally well on the erectile tissues.

On the other hand, the 1933 reference mentioned above is an excellent piece of research done by two competent pharmacological physiologists from the University of Toronto ("On the Mechanism of Erection," V. E. Henderson and M. H. Roepke. *American Journal of Physiology* 106:441-448, 1933). These authors, working with dogs in the early days of acetylcholine research, conclude that "the vasodilatation on stimulating the dilator nerves to the penis is due to a local hormonal mechanism," and that "erection is not due to a compression of the efferent veins by skeletal muscle action," although "ischiocavernosus, muscular contractions may play some minor part." "There is a rapid rise of pressure ··· within the corpora cavernosa, which may well make the venous outflow inefficient." However, they did observe "sudden sharp increases in the volume of the penis ··· due to sudden short spontaneous contractions of the ischiocavernosus muscles, which, owing to their somewhat spiral arrangement ··· , could produce some pressure on the parts of the corpora lying beneath them ··· after each [contraction] a gain in the amount of erection was noticed." There are a few other small ambiguities in their findings, and there the matter rests until someone figures out a definitve way of demonstrating the anatomical and physiological mechanism in human beings.

4) This simple method of verification was suggested by Dr. James Daly, of St. Mary's Hospital in San Francisco. It only remains for some courageous investigator to find out what happens if a rubber band exerting just the right amount of pressure is put-on after erection is established. Will it maintain the erection indefinitely even if other stimuli are avoided? Or if it is put on? after ejaculation, but with erection still present? Amateur researchers are cautioned not to have the rubber band on during ejaculations, as this will force the semen back into the bladder, a procedure once favored by Oriental and Arab voluptuaries, but one not recommended because the ultimate effects are doubtful and may be damaging.

5) Francois de la Peyronie (1678-1747). There is some question about the super-erection with the turned-up end. A lady who knows about such things informs me that in her opinion this is a normal manifestation of super-excitement. On the other hand, the same phenomenon occurs in Peyronie's disease (plastic induration of the penis), variously attributed to physical trauma, vascular changes, prolonged abstinence, or lack of adequate gratification. Sometimes the curvature is so marked as to make intromission difficult or impossible. Peyronie's disease is usually accompanied by pain on erection. The plaques are palpable but may disappear spontaneously (*Human Sexuality* 2:56-57, September, 1968). Since a similar curvature occurs in many toy balloons when they are blown up as far as they can go, it may be a normal anatomicophysiological phenomenon due to differential elasticity in the dorsal and ventral anchorages of the glans. But cf. Glenn, J. F.: "Curvature of the penis," *Human Sexuality* 3:83, February, 1969.

6) Reports of sexual synesthesias are not easy to collect. I would be happy to hear from anyone who cares to send me details of his or her experiences in this regard.

7) Legman, G. : *Oragenitalism*. Op. cit.

8) See Chapter 6, section B.

3

종족 번식 이외 다른 용도에의 생식기 사용

THE EXPLOITATION OF THE SEX ORGANS

서론

엄밀히 말하면 생식 기관에 대한 유일한 자연적 사용은 진정한 사랑으로 임신하는 것이다. 다른 목적은 어느 정도 부적절하다. 상호 동의에 의한 순수한 쾌락은 감정적인 것이 없을 수도 있지만 피임하는 것은 생물학적으론 배신이다. 그러한 경우 피임약을 사용해야 한다. 그것을 넘어서, 인류는 너무 많은 시간을 그들의 손에 가지고 있어 왔고, 그래서 친밀한 관계가 드러나는 것을 두려워한다. 이를테면 숨겨진 목적과 경솔하거나 그릇된 관계를 위해 생식기를 사용하는 많은 방법을 고안해 온 사실이다. 이제 우리에게 일상생활에서 중요한 부분으로 여겨지기 때문에 이러한 알려지지 않은 용도에 대해 알아볼 것이다.*

남근의 다른 용도

남근은 어떤 용도로 사용되는가? 음, 여성을 임신시키기에 가장 좋은 도구이고 성적 쾌감을 위한 최선의 도구 중 하나이다. 그 외에, 적절한

---

* EW : 당신은 다시 임신하네요. 당신은 무엇을 가지고 있나요?

EB : 우선, 철학적 생물학자로서, 나는 정말로 내가 말하는 것을 믿어요. 두 번째로, 내가 인턴이었을 때, 기억하는 한 가지는 산부인과 병동에 있는 여성의 아름다운 얼굴이에요. 피임은 임신을 원치 않는 것이지 임신을 원하는 것이 아니에요. 아기를 낳고 세상을 채울 권리를 요구하는 사람들은 그렇지 않은 사람들에게도 동등한 권리를 부여해야 해요. 공정성과 구원이란 모든 예방 수단에 대한 자유로운 접근을 의미해요.

거리의 물줄기를 쏠 수 있고 불을 끌 수도 있다. 여기에 주목할 것이 있다. 무가트로이드 Murgatroyd 부부는 더 멀리 소변을 볼 수 있는 사람이 집안 가장이 될 수 있다고 동의했다. 뭉고 Mungo 는 물론, 그게 좋은 합의라고 생각하고 그때부터 그는 자신의 가장이 될 것이라 확신하고 출발선을 향해 갔다. 그러나 그가 시작하자마자, 미지 Mysie 는 "오, 오, 손은 안 돼!" 라고 소리쳤고, 규칙에 따라 풀죽은 뭉고는 그의 생각이 착각이었음을 알았다.

그러나 이러한 자연적 기능을 넘어선, 인간의 독창성은 음경을 유용하게 만드는 많은 방법을 발견했다. 혼자 지낼 때 즐거움으로 비오는 오후와 지루한 시간에 시간을 보낼 수 있는 놀이기구로 사용될 수 있다. 유아용 침대에 누워 있거나 교실에 앉아서 지쳐있는 아이들에게 이것은 손쉬운 유혹이라는 것을 알게 된다(한 어머니가 성직자에게 모욕적인 말을 하듯이, "아이들의 팔은 그것에 닿을 만큼 충분히 길어요."). 발기되어 서 있는 상태에서, 남근은 경탄할만한 다산의 상징이 되고, 혹은 다른 시간과 다른 장소에서는 즐거운 의식을 포함한 사적이거나 때로는 공적으로 부러움의 대상이 되었다. 때로는 단순한 사회적인 예절, 공손한 귀족의 제스처 또는 노블레스 오블리주 noblesse oblige 에서 잘 자라 난 젊은이가 만족하지 못한 욕망을 가진 여성을 그냥 떠나게 하지 말아야 한다는 원칙에 따라 사용된다. 그녀의 욕망은 그에게 의무가 된다. 소수의 종마 같은 남성에게는 돈을 벌기 위해 사용될 수 있다. 따라서 남성의 남근은 자기 위안, 의례적인 행위, 예의 또는 돈벌이를 위한 도구가 되기도 한다.

또한 남근은 좀 더 비공식적인 사회에서, 여가 시간에, 공평한 섹스와 즐거움을 교환할 준비가 된 도구로 사용될 수 있다. 호기심 많은 남자들이 정력에 좋은 음식이나 정력을 키우는 것에 무엇이 좋으냐에 대한 미덥지 않은 농담을 하지만, 그런 남자들은 스튜를 끓이는 부엌이나 그들의 방에 머무를 것이다. 그러나 그러한 천박함을 넘어서면, 더 중요한 게임을 위한 위대하고 다용도의 장치가 되기도 한다. 남근은 성적인 능력을 과시할 기회가 될 때 여자를 유혹하거나, 두렵게 하거나, 그들의 경외 또는 감탄을 자극할 수 있다. 흥미로운 트럼프 카드게임인 포커처럼, 그것은 무감각과 무관심으로부터 그들을 자극할 수 있다. 자부심을 가진 사람들은 그것을 트로피라고 여기며, 호의나 선물로서의 가치를 그들에게 준다. 탐욕스러운 남자는 그것을 낙인찍는 쇠도장처럼 사용해서 여자를 소유하고 있다는 표식으로 삼으며, 만약 처녀성을 취한 경우는 특히 그렇다.

그 덩어리는 그의 남근을 뜻하며, 단순한 쾌락을 위한 마대기로, 또는 쾌락을 취하는 도둑처럼, 거짓된 구실로 들어가서, 바라는 것을 취한 다음 조용히 움츠러든다. 나쁜 남자는 특히 여자가 그를 멀리하거나 그들의 호의를 얻을 수 없다면 여성들에 대해 욕설을 내뱉거나 폭력적 강간을 통해 덤벼들어 여성에 대한 자신의 원한을 보여준다. 착한 남자는 그의 음경을 여성의 스트레스를 줄이거나 치료도구로서 어떤 약보다 우월한 효과를 주어 그녀에게 마술적인 힘을 보여줄 것이다.

성행위에서 남근은 야구경기에서 관람석으로의 파울볼이나 혹은 홈런을 친 야구배트의 모든 권위를 가진다.

앞에서 언급했듯이, 남근 자체가 스스로를 과시할 수도 있다. 흔히 해변이나 나이트클럽은 젊은 여성을 위한 남성 슈퍼마켓 같으며, 모든 음식(남근)은 조심스럽게 공개 전시된다. 타이트한 수영복은 젊은 군중이나 굶주린 바에서 놀던 여자를 유혹할 수도 있지만 더 자신감 있는 여성은 다르게 반응할 수 있다. 그들 중 한 명은 떨어져 있는 다리에 관해 그녀 건너에 앉아있는 청년에게 질문을 던진다. "예쁘네요. 하지만 뭘 할 수 있어요?" 동성애 서클에서는 주목적이 물건(남근)이 크거나 큰 거시기를 가진 사람을 찾는 것이며, 그러한 사람에게 거의 관심이 없을 때 여성의 그러한 표현은 더 쉽게 수용되고 성과를 올릴 수 있다.

마지막으로, 사랑의 도구로서, 남근은 여자에게 즐거움을 주고, 애무하고, 가장 비밀스럽고 민감한 부분을 어루만지기 위해 사용되어, 그 사랑을 드러내고 증명할 수 있다. 그리고 이것은 어떤 착취나 위장 없이도 그와 그녀의 절반을 채우는 무언가를 만들어내면서 열중하고 상호 동의하에 끝맺을 것이다.*

음부의 다른 용도

음부(질)는 여성이 여가를 보내기 위해 사용할 수 있으며 효과 좋은 진정제이자 위로자이다. 다른 사람들에게 우연히 또는 의식에서 경배 받을 수 있는 다산의 상징으로서, 음부는 종족 번식을 위한 극적인 약속이다. 그리고 음부는 호의적인 대접을 받거나 또는 그를 이끌어 낸 후 누군가를 내버려 두지 않기 위한 예의의 여신의 궁극적인 제안이기도 하다. 그것의 변함없는 동료인 음핵은 따라다니며 비위를 맞추며 모든 감각적인 기념일에 흥취를 더할 수 있다. 그러나 질은 음핵과 남근 모두에 대해 한 가지 장점이 있다. 애완 고양이처럼, 남근은 습득할 수 없는 달러 지폐를 집어 드는 것과 같은 특정 클럽의 "나이트클럽"에서 오래된 묘기쇼와 같은 모든 흥미로운 묘기를 수행하도록 훈련받을 수 있다. 이것은 돈을 벌기 위해 질을 이용할 수 있는 방법 중 하나이며, 일반적으로 더 많은 묘기를 배울수록 거래가 더 잘 될 것이다. 그리고 휴식과 사교의 일상생활에서, 그러한 묘기는 높은 수준이든 낮은 수준이든 상당히 다양하게 사용되곤 한다.

이러한 가장 낮은 수준의 예는 얇거나 화려한 자수의 레이어 뒤에 반쯤 숨겨져 있거나 미약한 형광을 번쩍거리는 스트로보 스코픽 버섯처럼 불규칙적인 간격으로 혹은 리드미컬하게 춤추는 동작을 통해 살짝 엿볼 수 있도록 이끈다. 또는 현금 고객이 그것이 다이아몬드라고 생각하도록 희망하는 거대한 지르콘** 처럼 음부가리개 뒤에 눈에 띄게 은폐되어있을 수 있다. 이것은 아래층 구석이나 술집에서 땅콩을 가지고 놀거나 내기 음주시합을 하는 것과 비슷한 정도라 할 수 있다.

높은 수준에서 음부와의 이해관계는 더 위험하다. 정상적인 관계에서 하는 것처럼 부드럽게 애무하는 대신에, 음부(질)는 금융, 혼인 사기, 또는 다른 함정에 빠지게 하거나, 속여서 임신하려는 여자나 강압적으로 남성의

---

* EW: 뜨거운 소고기 덩어리를 집어넣는 것과 무엇이 달라?

** 투명한 보석광물. 세공하면 얼핏 다이아몬드처럼 보인다.

생식기로부터 정액을 빼앗고자 할 때 사용될 수 있다. 더 겸손하고 민감한 여성들은 욕구의 시간에 감사하는 위안자로서나 실패한 정력을 세우는 마술 고안자로서 또는 모든 남성 약점에 대한 위대한 치유자로서 음부가 제공된 서비스에 대한 보상을 받을만하다고 여긴다.

음핵은 애완동물이나 워밍업의 방법으로, 그리고 팽창함으로써 열정을 표현으로 사용될 수 있다. 남근을 얻지 못해 박탈감을 느끼는 여성들을 위해, 그것은 있어야만 하는 선물로서 소중히 여겨진다. 음핵의 가장 흥미로운 측면 중 하나는 "합법적인" 가치이다. 그녀의 어머니 또는 아버지에 의해 "자신"을 스스로 만지는 것이 금지된 소녀는 법적, 정신적 핑계를 든다. 지시에 따라 질에 손을 대지는 않지만 그녀가 음탕한 것으로 알고 있는 음핵에서 기쁨을 얻으며, 자신을 안심시키는 것은 불법이 아니다.

영원한 사랑의 도구로서 질은 열정적인 조임기이자 애무하는 압착기 역할을 한다. 그것은 남근뿐만 아니라 그 뒤에 있는 남자의 총체적 통합을 위해 항상 희망을 갖고 그리고 끊임없이 노력한다. 그러나 종국에는, 무언가 얻는 대신에 그 사랑의 열매를 맺을 수 있다.

남성에 비해 훨씬 많은 여성들이 성적인 방법에 있어 신체의 다른 부분을 사용한다. 그녀는 그녀의 가슴을 광고로, 게다가 윤리적으로, 자랑스럽게, 파괴적으로 또는 경쟁적으로 사용할 수 있다. 그녀는 섹스 이외의 다른 것들을 위해 남성을 착취하는 잘못된 방법으로 그들을 사용할 수 있다. 아마릴리스가 붑리케이션*이라 부르는 방식을 이용하여 그녀의 삶의 바퀴를 부드럽게 돌리는 사소한 속임수 형태인 버팀목 올라서기라고 할 수 있다. 엉덩이는 그의 움직일 때 더욱 매력적임을 제외하고는 동일하게 사용된다. 종종 그녀의 손을 머리 뒤로 밀어 넣어 가슴을 앞으로 내밀게 되는 여성은 자신이 하는 일을 인식하지 못하며, '남성의 존재'에 앉았을 때 몸부림치는 여성에게도 똑같이 적용된다. 이러한 매력은 라블레 Rabelais 의 표현 "미친 질량의 부드러운 엉덩이이다. Folle la messe est molle a la fesse "로 유명하다.

* 아마도 가슴을 이용한 남성 애무 형태를 가리키는 속어로 판단된다.

성행위 오르가슴 시간 구조화

우리가 오르가슴의 착취에 대해 이야기하기 전에, 우리는 왜 우리가 마지막 두 섹션에서 어떤 것을 얘기했는지 이해해야 한다.

거의 모든 인간은 나중에 볼 수 있듯이 산타클로스를 기다리는 삶을 보낸다. 삶의 큰 문제 중 하나는 도착할 때까지 어떻게 지내는가이다. 앞서 논의된 생식기의 다른 용도는 그러한 방법에 대한 것이다. 이러한 시간 구조화 방법은 6개의 다른 범주로 나눌 수 있으며, 사용되는 생식기에 관계없이 동일하게 유지된다. 예를 들어 사람들이 섹스, 돈, 예술 또는 종교에 관심을 두고 있든 없든 그 관심사를 표현할 수 있는 유형은 여섯 가지 범주뿐이다. 이러한 범주는 대체로 감정적인 복잡성이 증가하는 순서로 나열될 수 있다.[1)]

그것은 성 기관의 사용 목록을 더 먼저 열거한 이유이다. 예를 들어 수음(자위) 직후 남근 숭배를 하고, 그 직후에 예의를 표하는 것과 같은 독특한 순서를 설명한다. 사람들이 하는 가장 단순한 일은 혼자 하는 것이다. 가장 복잡한 것은 가장 깊은 친밀감을 지닌 것이며, 상호 간의 느낌이 복잡하게 얽혀 있다. 그 이유 때문에 자위가 먼저 있고, 친밀감은 다른 유형의 거래로 이루어졌다. 같은 방식으로, 돈의 심리적인 사용에 대해 이야기하면서, 연례 회사 보고서를 쌓아 놓고 혼란스러워하며 자신의 컴퓨터 옆에 있는 화려한 독신 구두쇠가 먼저 앉아있을 것이고, 그 다음은 서로와 자녀를 위해 크리스마스에조차 돈을 벌기 위해 고군분투하는 부부가 놓이게 될 것이다. 예술에서는 혼자 그림 그리는 화가가 먼저이고, 애인에게 시를 낭독하는 연인으로 이어질 것이다. 종교적으로는 홀로 하는 명상에서 시작하여 신비로운 개인 간 결합 또는 사랑하는 사람의 유혹에 맞서 싸우는 것으로 끝날 것이다.

여섯 가지 범주는 폐쇄, 의식, 잡담, 활동, 게임 및 친밀감으로 지칭된다. 성행위라는 주제로 돌아가서, 다른 사람들과 관계없이 시간을 구조화하는 방법인 폐쇄는 생식기를 개인적인 놀이로 사용하는 것을 의미한다.

여기에 성은 사람 대신에 있다. 특히 성행위에 대한 책임으로 다른 사람과 관계를 맺을 위험을 감수하는 것보다 혼자 자신의 몸에 달린 장난감을 가지고 노는 것이 더 안전하다. 의식과 예의바름은 다른 사람들과 함께 하는 가장 안전한 방법이다. 모든 사람은 자신이 기대하는 바를 알고 있으며, 규칙에 충실한 한 부정적 결과는 없다. 생식기의 숭배와 예의 바른 서비스는 둘 다 이 범주에 속한다.

활동은 이전 합의 또는 계약에 따라 무언가를 얻기 위해 고안된 작업이며 돈이나 임신을 얻는 생식기의 사용이 여기에 포함된다. 개인적 참여는 계약 조건에 의해 최소한으로 유지된다. 계약조건이 성취되면 양 당사자는 더 이상 의무 없이 자신의 길을 갈 수 있다.

개인의 감정적인 참여의 가장 단순한 단계는 과거라고 불리며, 언제든지 깨질 수 있는 느슨한 관계이다. 예를 들면, 지인과 함께 시간을 보내는 것처럼 말이다. 재미만을 위한 상호 성행위는 유휴 시간을 보내는 더 즐거운 방법 중 하나이다. 다음 단계의 개인적 참여는 게임이라고 한다. 이것은 더 진지한 계약으로, 공언된 목적 아래에 정당한 동기를 부여하여 감정적인 표현을 위한 많은 기회를 제공한다. 대부분의 사람들의 삶의 일부는 게임들로 구성되어 있다. 그 주제에 대한 장에서 보게 될 것이다. 가짜 사랑과 유혹의 다양한 형태, 심지어 철저한 사기는 성적인 게임의 모든 예이다. 그리고 마지막으로, 운이 좋은 소수의 사람들은 특히 아기를 원한다면 성관계에서 진정한 친밀감을 찾을 수 있다.

그 사람이 산타클로스가 북극에서 빨간 옷을 입을 때까지 기다리는 중이든, 또는 그의 반대편인 데스Death가 남극에서 검은 색 옷을 입고 기다리고 있든, 그는 시간을 다양한 방법으로 채울 수 있다. 자극을 받고 아마도 교훈을 줄 것이다. 그의 생식기는 이 목적을 위해 자연과 사회가 제공한 많은 도구 중 하나일 뿐이다. 그가 그것을 사용한다면, 그는 가능한 한 재미있는 일을 하려고 한다. 인류는 생식기의 생물학적 이용, 즉 번식이라는 원래의 용도 외의 방법을 고안하는 데 있어 풍부한 상상력을 발휘했다.

오르가슴의 착취

오르가슴은 허용되어야만 하는 것이고, 그럴 때는 언제나 즐겁다. 그러나 많은 사람들, 음악을 이용하거나 막는 사람들조차도 오르가슴에서 벗어날 수 없으며 오르가슴을 착취하고 간섭해야 한다.[2)]

가장 일반적으로 남성 또는 여성을 안심시키려고 또는 그것을 넘어 경쟁을 위해 더 나은 오르가슴으로 보다 더 남성적이거나 더 여성스러워지려고 노력한다. 다른 사람들은 "경험", 여행, 뭔가 일어나는 것보다는 오히려 도달할 수 있는 것, 또는 예를 들어 새로운 곡에 추격과 함께 화려한 수놓은 오르가슴으로 전환하려고 시도한다. 또한 트로피로 간주될 수도 있다. 또는 선물-"나는 그녀와 함께했다." 또는 "나는 그녀에게 하나를 주었다."-전문가가 작성한 많은 기사에서 성취는 "그녀의 남편이 지시를 따랐을 때 그녀는 오르가슴을 얻었다." 어떤 사람들은 이것을 쾌락이나 구제로 간주하며, 쾌락을 조심스럽게 무시한다. 또는 단순한 반사로서, 주물이나 정복에 있을 수 있는 실제 성적 걷어차기와는 무관한 일종의 사고이다. 두 남녀의 냉소주의자조차도 그것보다 낫다. 좋은 물총이나 질내 사정을 위해 복용한다. 그러나 오르가슴을 갖는 것은 대부분의 사람들에게 건강하고 상쾌한 경험이므로 이 위장된 태도는 종종 잠시 후 보조적으로 되거나 완전히 사라진다.

더 심각한 착취는 오르가슴을 갖지 않는 것을 중심으로 한다. 많은 여성과 일부 남성들은 이것을 성취와 우월성의 증거로 간주한다. 오르가슴을 갖지 않으면 자칭 "청교도" 여성에게 자신이 가지고 있는 즐거움인 종교적인 느낌을 줄 수 있다. 이것은 괴롭히거나 고통스럽게 하거나 남편이나 연인에게 거짓말을 하듯이, 종종 복수나 절망에서 빠져 나올 수 있다. 다른 경우에는 오르가슴이 두려움이나 근심으로부터 피한다. 어떤 여성들은 떠나게 되면 그들이 죽을 것이라는 두려움을 가지고 있다. 이것은 완전히 냉기를 초래할 수 있지만 때때로 너무 즐겁지 않게 조심하면서 약간의 즐거움을 얻을 위험이 있다. 그렇다면 그들은 기만당한 죽음을 느낀다.

그것은 그들이 얻은 즐거움에 승리의 끔찍한 느낌을 더한다.

스리프트Thrift는 각 사람이 평생 동안 오르가슴의 수를 제한적으로 허용한다는 이상한 공통 이론을 제안한다. 즉, 이자 대신 자본으로 간주되며, 금액이 제한되어있을 때 돈을 처리하는 방식으로 처리된다. 일부는 가능한 한 빨리 그것을 즐기려고 노력한다. 다른 사람들은 그것을 보존하고 가능한 한 오래 지속되도록 배급한다. 이 이론은 가장 마음에 들지 않는 사람들에게서 찾을 수 있다. 거의 모든 평신도는 사람이 평생 동안 얼마나 많은 오르가슴을 가질 수 있는지 묻는다면 100-20,000이라는 답변을 제시할 것이다. 그러나 정신과 의사와 비뇨기과 의사조차도 자발적으로 응답할 수 있다면, 성인임에도 불구하고, 그들의 자녀는 오르가슴에 번호가 매겨져 있다는 것을 아직 믿고 있기 때문에 그들은 놀라게 되는 경우가 많다.

일반적으로 사람들이 오르가슴을 처리할 수 있는 4가지 방법, 즉 아예 느끼지 못 하는 것(불감), 느끼지 않고 참는 것(보류), 유예(책임을 상대에게 미루는 것) 및 마음껏 느끼는 것(해방)이 있다. 불감증은 일반적으로 '만약에 단지~라면'의 기준으로 정당화된다. "모든 것이 만약 ~라면에 의해 정당화된다. 이를테면 만약 부랑자가 아니고, 당신이 더 잘 대했고, 더 나은 연인이었으면 정말 괜찮았을 것이다."

보류는 이상한 윤리에 근거한다. 내가 그것을 너무 많이 즐기지 않는다면 성관계를 갖는 것이 옳다. 이것은 터치하고 키스하기에 중요한 위치이다. 그것은 또한 19세기 후반 프랑스 매춘 여성의 지위였다. 그들은 사업 목적으로만 성관계를 갖고 있었기 때문에 자백을 해서 용서받을 수 있었다.[3] 이러한 태도는 매춘이 창안된 이후로 포주들에 의해 그러한 소녀들에게 강요되었다. 소녀는 자신 이외의 다른 사람과 함께 오르가슴(쾌락)을 즐기면 두들겨 맞는다. 이러한 종류의 충실도는 실제로 거의 모든 느끼지 않고 참는 보류의 원천이다. 오르가슴을 갖지 않음으로써 그녀는 진짜 남편이나 함께 있지 못한 애인, 또는 아버지나 그녀를 본 적이 없는 미래의 배우자에게 충실하다고 느낀다. 반쯤 처녀인 여성은 다른 방식으로 그것을 처리한다. 그들은 오르가슴을 마주치는 것을 제외하고는 무엇이든 할 것이다. 진짜든, 유령 혹은 미래의 애인을 위해 오르가슴을 저축하고 있다는 것이다.

유예에서, 여자는 남자가 그의 오르가슴을 가질 수 있게 하지만, 나중에 오르가슴을 연기한다. 어느 절차에 따라 유도해야 하거나 자정까지 버틸 때까지 기다리거나 최악의 경우에는 "젖은 갑판"으로 다른 애인에게 가서 그와 함께한다.

해방 오르가슴은 성행위 동안에 일어난 것이다. 그것은 순수하고 친밀하거나 죄의식, 분노, 부적절, 상처 또는 승리와 같은 우울한 동기와 감정적인 느낌으로 오염될 수 있다. 제3자 유령이 포함된다면 사기가 될 수 있다. "나는 다른 여성을 생각할 때 오로지 내 아내와 오르가슴을 느낀다."그러나 해방 오르가슴에서 적어도 항상 생각하지는 않는다면 최소한 정직한 반응이 있다.

'성'적 금지

'성'적 일탈 또는 도착으로 여겨지는 사람들은 그들은 자신이 정상이라고 생각하는 사람들에 의해 비정상이라 여겨지며 확실히 존재한다. 그러한 일탈은 합의한 성인 사이에서 즐거울지도 모르지만, 무고한 희생자를 포함할 때 성가시고 무섭고, 해롭고 심지어 악의적인 것이 된다. 그들은 즐거운 심미적 취향, 성가신 속옷 도둑질, 두려운 음란 전화, 해로운 어린이 학대, 항문 강간과 악성적인 살인까지 다양하다. 주 정부 병원 직원과 같이 가장 잘 알고 있는 사람들 중 일부는 "'성'적 사이코패스"를 위한 주립 병원 교도소의 직원들이며, 성적인 일탈이 음부를 공격지점으로 할 때 성행위보다 성폭력이 되며 범죄로 간주한다.

'성'적 편차를 정의하는 세 가지 방법이 있다. 합법적으로, 도덕적으로, 논리적으로. 법적인 정의의 미덕은 강제적인 집행자가 "당신이 맞다."라고 말하라 강요하는 것이다. 그들 중 일부는 개인의 상실과 언어적 또는 육체적 폭력으로부터 대중을 보호하기 위해 고안되었지만, 다른 사람들은 장난스럽고 오만하고 사람들에 관한 것보다 더 많은 질문을 던진다. 도덕적 정의는 좀 더 사려 깊을 수도 있지만, 모호한 전제에 기반을 두고 종종 구체적인 기준이 없다. 불행히도 논리적인 정의는 예기치 않은 어려움을 겪는다. 편차는 말 그대로 문자 그대로 대부분의 사람들(사람들의 50% 이상)이 하지 않기를 바랄 것이다. 그러나 그것은 정치 선서에서 패자를 뽑은 모든 사람들의 편견을 만들 것이기 때문에 별로 의미가 없다. 승자는 때때로 상대방에게 전화를 걸기 위해 이것을 활용한다. 스포츠의 명제로서, 승자는 다음에 그들이 잃어버린 그들이 변태라는 것을 인정해야 할 것이다.

"변태"라는 단어는 정상적이고 자연스러운 발달 과정이 있음을 의미하며, 변태는 모욕적인 성격을 띤다는 것을 의미한다. 이것은 어떤 사람들에 의해 쉽게 명료하게 왜곡될 수 있다. "나는 정상이고 너는 그렇지 않다." 그러나 의견의 문제, 그리고 그 자신의 성실한 증명서를 쓰는 사람은 항상 그 주제에 대한 권위자가 아니다. 그의 판단은 기득권으로 볼 수 있으며, 나음에는 그 판단의 기준이 달라질 수 있다.

섹스가 재생산 기능으로 간주된다면, 도착증은 자연 번식을 방해한다. 따라서 생물학적 정의는 음부에 정액을 놓아둔다면 변태라고 볼 수 없다고 말할 것이다. 그러나 이것은 다이어프램, 자궁 경관 장치 및 환약을 허용하지만 콘돔 사용과 성교 방해 또는 체외사정을 배제한다. 기술적인 어려움 또한 발생한다. 예를 들어, 질외사정으로 하는 항문 성교는 성도착증은 아니지만, 세균이 직장에서 요도의 이웃으로 운반되어 방광 감염을 일으킬 수 있기 때문에 생물학적으로 바람직하지 않다.

가장 실용적이고 윤리적인 정의는 인본주의적인 것이다. 그러한 정의는 (1) 참여자가 자유로운 대리인이라는 것과 (2) 성관계는 개인의 친교의 행위임을 인식하고, (3) 처녀막의 천공을 넘어 육체를 손상시켜서는 안 되며 그런 다음 자유롭고 상호적이고 정보에 입각한 동의를 기반으로 하는 신체적 접촉으로 마무리되고 각 당사자의 조직을 손상시키지 않는다면 변태가 아니다. 그러므로 강간과 같이 강제로 사용된 힘이 없어야 한다. 아동 성추행과 같이 무지의 착취가 없어야 한다. 그것은 신발이나 딜도나 딜과 같은 외부 물체에서 절정에 이르면 안 된다. 심지어 사디즘에서와 마찬가지로 동의를 하더라도 폭력은 없어야 한다. 이것은 무수한 형태의 성적 흥분을 허용하지만 강간, 아동 성추행, 신발이나 플라스틱 페니스와 같은 인공 성기 사용, 신체적 학대는 제외된다. 불행히도 기저귀를 입히거나 배설물을 먹는 미친 것들을 배제하지 않는다.

아마도 다른 방법으로는 더 간단할 것이다. 정상적인 섹스는 서로의 신체와 일상적인 장신구, 의복을 한두 명의 자유롭고 잘 아는 파트너 간의 상호 간의 즐거움이다. 이것은 최상의 의미에서 윤리적이지만, 특별한 관심사를 가진 사람들에게는 부도덕한 것으로 간주될 수 있다. 한 가지 예외적 어려움이 있다. 근친상간을 배제할 수 없다. 왜냐하면 그것은 도덕적인 문제이기 때문에, 근친상간의 금기는 거의 모든 도덕성의 기초이며 모든 문화권의 기초이기도 하다. 아마도 가장 좋은 결론은 당신이 그것을 하고 싶지 않거나 미친 것처럼 보이면 그것을 하지 않는 것이다. 술에 취한 상태에서 한 행동이 싫다면 술을 마시지 마라.

성적 편향이 가끔 희생자에게 피해를 줄 수도 있지만, 더 심각한 것은 논리적인 편향이나 많은 사람들에게 영향을 미칠 수 있는 사고의 왜곡이다. 조지 워싱턴 George Washington 이 오랫동안 긴 머리였고 에이브러햄 링컨 Abraham Lincoln 은 수염이 있었으며 예수 그리스도는 샌들을 신었고 (사실) 무죄였기 때문에 유대인에 대한 긴 머리카락, 턱수염, 샌들에 대한 편견이 이해하기가 가장 어렵다. 장발족에 대한 편견을 설명할 수 있는 합리적인 방법은 없다. 근본적으로 그것은 격렬하게 반대하는 사람들의 비뚤어진 욕망을 불러일으킨다. 다른 많은 편견들은 그릇된 사고를 보여준다. 예를 들어, 지난 2000년 동안 어떤 그리스도인이라도 "예수 그리스도의 사촌을 만난다면 당신은 무엇을 할 것인가?"라고 묻는다면 그는 대답하지 않을 것이다. 그러나 "나는 그와 그의 여자들과 아이들로부터 지옥을 쫓아낼 것이다."가 바로 수많은 기독교인들이 한 일이다. 많은 유대인들이 예수에게 친척이었음에 틀림없고, 그들의 유대인들과 거의 모든 유대인들이 피와 유전자에 의해 예수와 관련이 있었지만, 유대인에 대한 나쁜 편견에 빠져있었다.

각주와 참고문헌

1) Berne, E .: *Games People Play*. Grove Press, New York, 1964.
2) Maizlish, 1. L : "The Orgasm Game." *Transactional Analysis Bulletin* 4 : 75, October, 1965.
3) Philippe, C, L .: *Bubu of Montparnasse*. (With preface by T. S. Eliot) Berkley Publishing Corporation, New York, 1957.

제 II 부

‘성’과 사람들

Sex and People

4

인간관계의 다양한 모습들

FORMS OF HUMAN RELATIONSHIP

인간의 성격

성격을 세 부분으로 나누어서 생각하는 것이 가장 유익할 것이다. 우리 안에 세 명의 다른 사람이 있어서 서로가 각각 다른 방향으로 가고자 한다는 것을 깨닫는다면 그것은 더 유익할 것이다. 그러니까 어떤 방향으로든 되어간다는 것은 놀랍다. 물론 성에 있어서도, 그들이 서로 고집을 피우면 이루어지지 않거나 최소한 적절하게 되지 않을 것이다. 우리는 이것을 그림 1에서처럼 세 개의 원을 위에서 아래로 그려서 매우 단순하게 설명할 수 있다. 이것은 모든 사람이 그의 머리에 떠오르는 세 사람을 나타낸다.

맨 위에는 그의 부모로, 실제로 두 사람이 있지만 이 도식에서는 하나의 원으로 나타내어 부모자아 또는 P로 표시할 것이다. 이것은 그의 머리에서 그가 무엇을 해야 하며 어떻게 행동해야 하는지, 어떻게 해야 착한 아이이고 나쁜 아이인지 그리고 다른 사람들은 얼마나 좋은지 또는 나쁜지를 말해주는 사람을 나타낸다. 즉 부모자아는 종종 부모가 그러하듯이, 그가 하는 모든 일에 대하여 그의 머리에서 충고를 한다. 우리는 언제 우리의 부모자아 또는 부모자아상태가 말하고 있는지를 알 수 있다. 왜냐하면 부모자아는 '어리석다', '미성숙하다', '유치하다', '사악하다' 등으로 말하기 때문이다. 우리의 부모자아는 머릿속에서 그렇게 말할 것이고 같은 방식으로 다른 사람들에게도 큰 소리로 말할 것이다. 그러나 부모자아는 다른 면도 있어서, "너는 내 눈에 넣어도 아프지 않아.", "내게 맡겨.", "가엾어라."라고 말하는 진짜 부모같이 다정하고 공감적이다.

중간에 있는 원은 어른자아상태 A로 나타내며 이성의 목소리를 낸다.

어른자아는 컴퓨터처럼 외부 세계로부터 정보를 얻고 행동을 언제 어떻게 할지 이성적인 가능성에 기초하여 결정한다. 어른자아의 기능은 성숙과 아무 상관이 없다. 왜냐하면 아기들도 그런 결정을 할 수 있기 때문이다. 그리고 진지한 것과도 상관이 없다. 왜냐하면 도둑이나 사기꾼도 무엇을 할지 언제 할지에 대한 결정을 아주 잘하기 때문이다. 어른자아는 언제 어떻게 길을 빠르게 건널지, 두 쪽으로 접어야 할지 아니면 펴야 할지, 케이크를 오븐에서 언제 꺼내야 할지, 망원경 초점을 어떻게 맞춰야 할지를 말해준다. 예를 들어, 길을 건널 때 어른자아는 매우 정확하고 매우 복잡한 컴퓨터와 같은 기능을 해서 양쪽 길에 모든 차들의 속도를 추산한 다음 달려도 품위를 잃지 않고 무사히 건널 수 있는 순간을 포착한다. 어른자아 상태는 우리의 운명이 광대가 아닌 한, 우리의 품위를 지키기 위하여 언제나 주의한다.

좋은 컴퓨터는 가장 명쾌한 해결책을 선택하고, 임시변통이나 엉성한 해결책을 가능한 한 피하려 한다. 우리의 어른자아는 "준비 됐어?", "자 지금!", "너무 많아!", "충분하지 않아!", "거기가 아니고 여기야"와 같은

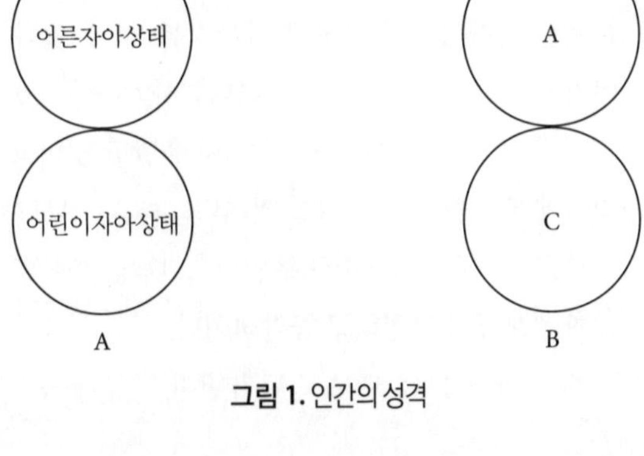

그림 1. 인간의 성격

말을 한다.

그림 1에서 가장 아래 원은 어린이자아상태 C인데, 그것은 모든 남성이 내면에 어린 소년이 있고, 모든 여성은 머리에 어린 소녀가 있음을 나타낸다. 어린이자아상태 C는 인격의 어린이자아 부분이고, 그 어린이는 과거의 자신이다. 그런데 모든 어린이는 다르기 때문에, 개인의 어린이자아상태도 다르다. 그것은 삶의 특정한 때에 있었던 어린이자아상태이다. 어린이자아가 표면으로 올라올 때 그 사람은 어린 시절로 돌아가 어린아이처럼 행동한다. 그 어린이는 4년 6개월일수도, 2년 6개월일수도 있다. 어린이자아가 6살 이상도 가능한지는 알 수 없다. 우리는 어린이자아상태를 "유치하다고" 말하지 않고, 단순히 어린이 같다거나 순진하다고 말한다. 어린이자아의 나이는 그것에 대하여 더 자세히 알고 싶으면 다른 책에 나오는 특별한 요소들로 결정될 수 있다.[1] 어린이자아는 억압받거나 질책받기 위하여 있는 것이 아님을 알아야 한다. 왜냐하면 그것은 실제로 성격에서 가장 필요한 부분이기 때문이다. 즉 어린이자아는 적절하게 접근하면 실제로 어린이처럼 창조적이고, 자발적이며, 영리하고, 사랑스러울 수 있다. 그러나 불행하게도 어린이들은 부루퉁하고, 쉽게 만족하지 못하며, 배려하지 않고, 심지어는 잔혹해서 이 부분의 성격을 다루기가 쉽지 않다. 우리는 어린이자아상태와 여생을 함께 할 것이기 때문에 그것을 인정하고 잘 지내는 것이 최선이다. 그러나 우리가 어린이자아를 무시하면, 어린이자아가 우리에게 해를 끼칠 것이고 가혹하게 대우받으면 그것은 사라질 것이다.

성격의 세 부분들은 학문적 용어인 부모자아상태, 어른자아상태, 어린이자아상태로 표기된다. 이들 자아상태는 사람들에게 무슨 일이 일어나는지와 무엇을 하는지를 결정한다. 사회적 성적관계 분석에서 최선의 방법, 가장 산뜻하고 과학적인 방법은 어떤 자아상태가 연루되었는지를 발견하는 것이다. 이런 상황에서 자신의 감정과 행동을 이해하려면 각각의 자아상태를 살펴보아야 한다. 어떤 사람들은 성격이 각양각색으로 구성된다는 것을 부인하면서 "하나의 전체적인 사람 a whole person"이 되려 한다.

성격에서 개별적인 양상을 가능한 한 많이 발견하면 더 좋은 방법이다. 왜냐하면 여러 양상들은 각자의 위치에서 가장 가능성 높은 방법으로 힘께 작동하기 때문이다.

관계 도식

영어와 고대 그리스어에는 인간관계에서 사랑과 우정을 묘사한 단어들이 수없이 많다.[2] 그러나 흥미롭게도 증오와 적대감을 묘사하는 단어는 거의 없다. 여기에서 우리의 관심은 많은 단어를 가능한 발견하는 것이지만, 각각 다른 자아상태가 관여하고 있는 남자와 여자관계에서 가장 일반적인 유형 몇 가지를 추리는 것이다. 인간관계 분류에서 가장 오래된 것은 본질적으로 귀결되는 법률이다. 수 세기 동안 법은 관계를 주로 네 가지-남편과 아내, 부모와 자녀, 보호자와 피보호자, 주인과 하인(또는 스승과 견습생)-로 분류하였다. 여기에서 문제가 되는 것은 네 가지 관계들이 모두 상하 관계로, 한 사람이 관계를 주도하고 다른 한 사람은 자신의 권리를 위해 투쟁하기 때문에 그것은 결코 우리를 위하여 일하지 않는다는 것이다.

관계 도식을 먼저 살펴보는 것이 좋을 것이다.[3] 그림 2에서 보여주는 것처럼, 두 사람은 각각 세 개의 자아상태로 아홉 가지의 관계를 맺을 수 있으며, 각자 한 번에 하나의 자아상태로 관계를 맺기 때문에 다양한 조합이 가능하다. 예를 들어, 두 개의 교차된 화살 또는 벡터는(자극에 대하여 다른 방향으로 반응하는) 72가지의 관계를 만들어내고, 세 개의 벡터는 432가지의 관계를 만든다. 훨씬 복잡하게 만들려면, 긍정적인 감정에는 긍정적인 벡터를 그리고 부정적인 감정에는 부정적인 벡터를 그려 넣어 이것들을 여러 가지 다른 방법으로 결합할 수 있다. 단순한 도식은 이런 방식으로 영어와 고대 그리스어로 긍정적, 부정적, 혼합된 관계묘사에 사용되는 수백 가지 단어 모두를 설명할 수 있다.

그러나 우리가 하려는 것은 수백 가지가 아니고, 모든 사람에게 익숙한

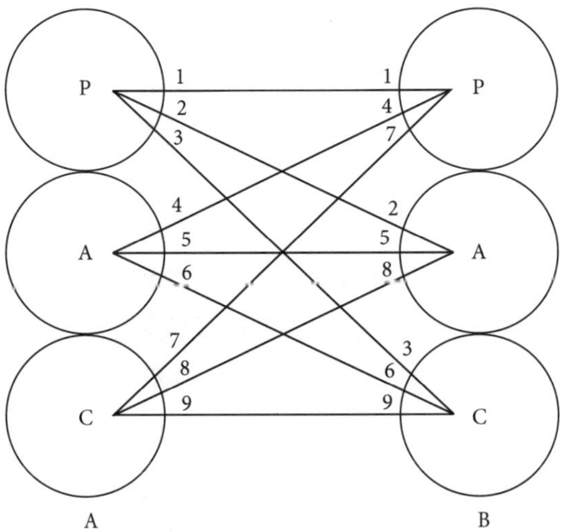

그림 2. 관계 도식

12가지의 일반적인 단어를 제시하는 것이다. 그것은 한 남자와 한 여자 사이에서 점진적으로 아주 진지하고 오랫동안 지속되는 정서적 관계를 묘사한다. 우리는 두 사람 사이에서 일어나는 것 외에 고려해야 할 사항, 지역 관습이나 지역 법이 있음에도 불구하고, 세계에서 매우 유사하거나 비슷한 의미를 지닌 단어를 선택할 것이다. 그런 다음 이 관계를 관계 도식으로 표현할 수 있는지를 살펴볼 것이다. 관계 도식은 간단한 것도 있고 복잡한 것도 있지만, 그럼에도 불구하고 성이 세계 사람들의 삶에 적용되는 방법을 찾는 데 좋다.

지인 Acquaintances

지인들은 가능성에 몰두하고 있다. 우리는 지인들 중에서 비교적 깊은 관계를 선택할 것이다. 지인들은 우리와 관계를 지속하고 우리가 그들을 기억하게 할 것이다. 모든 지인은 장래의 친구나 적이 되어, 우리는 그 중에서 하나를 신중하게 선택해야 한다. 지인이 많을수록 선택의 폭은 넓어지므로, 모든 사람에게 인사하는 것이 좋을 것이다. 지인과의 관계는 안정적이며, 언제나 그대로 있다. 관계가 진전되려면 누군가 먼저 다가가야하고, 상대방은 이 접근을 수용해야만 한다.

지인들은 사회적 의식을 서로 주고받으면서 통과한다. 사회적 의식은 그 자체로 가치가 있고 언어적 스트로크의 형태로, 아기를 토닥거려주는 것과 같은 효과가 있다. 안녕? 안녕하세요? 별일 없어요? 춥지 않아요? 라고 말하는 사람은 당신의 기분을 북돋우고, 마음을 달래주거나 편안하게 한다. 그러면 우리는 고마워하면서, 이번에는 상대방이 우리에게 우리가 한 것과 비슷한 것을 기대한다. 만약 우리가 뚱한 기분이고 상대방의 이런 호의를 거절한다면, 두 사람 모두 기분이 좋지 않을 것이다. 우리는 더 부루퉁한 상태가 되며, 상대방의 속은 뒤틀린다. 상대방은 자신의 존재를 공손하게 고마워하는 누군가를 만날 때까지 머리가 하얘지고 멍한 상태가 된다.

지인들이 서로의 사생활에 침범하지 않으려고 주의하면서 간단히 인사할 때 서로에게 말하는 것들은 부모자아, 어른자아, 어린이자아에서 나오지 않는다. 그것은 그 사람이 자기 자신과 주위 사람들 사이에 놓은 마스크나 방어에서 오는 것으로 어떤 정신의학자들은 그것을 페르소나라고 부른다. 페르소나는 자기 자신을 나타내는 한 방식이고-무뚝뚝한, 사교적인, 달콤한, 귀여운, 바쁜, 매력적인, 경멸적인, 예의바른 등의-형용사로 묘사된다. 이 단어들은 안녕이나 간단한 인사를 다른 방식으로 표현한다. 페르소나는 여섯 살에서 열두 살 사이에 형성된다. 이 시절 대부분의 아이들은 처음으로 세상 밖으로 나가고 자신과 다른 세상 사람들 혹은 부모의 선택과 다른 외부 세계에서 사람들과 대면한다. 아이들은 원하지 않는 복잡한 관계는 피해야 한다는 것을 곧바로 안다. 아이는 결코 알지 못했던 방식으로 노력하면서 다른 세계에서 자신을 나타내는 자신만의 방식을 선택한다. 아이는 보통 멋지고 예의 바르게 되려 하면서 사려 깊고 순응하는 사람으로 보이려고 노력한다. 그는 미래의 삶을 위하여 일찍이 페르소나를 가지고 있다가, 더 많은 경험을 한 후에 다른 페르소나로 바꾼다. 따라서 부모의 훈련은 어린이자아상태가 페르소나를 만드는 데 많은 영향을 미친다. 페르소나는 주변 사람들의 어른자아의 신중함에 의하여 수정된다. 페르소나에 대한 주요 요건은 어린이자아가 작동해야 한다는 것이다. 만일 어린이자아가 작동하지 않으면 그 사람은 사람들과 함께 있을 때 자신의 페르소나가 벗겨질까봐 두려워서 계속해서 불안한 상태에 있거나, 그렇지 않으면 사람들을 회피하여 스스로 떠난다.

페르소나는 실제로 특별한 자아상태에 있게 된다. 그것은 낯선 사람들 사이를 지나가려는 10살 아이의 어린이자아상태이다. 그것은 특별한 국면이라고 말함으로써 구조적 도식에 잘 맞을 수 있다. 실제로 그것은 자기 자신을 상황에 순응시키는 좋은 예이고, 순응하는 어린이자아상태를 예견된 방식으로 연출한다.

동료 Co-workers

대부분 순진한 아이와 지인들 사이의 거리는 동료들 사이에도 있다. 지인들은 잘 짜인 공식처럼 인사하고 대화하며, 같은 상황에서 매번 같은 말을 하고, 가장 해롭지 않고 마음 상하지 않을 상투적인 말이나 가장 환심을 살만한 말을 신중하게 선택함으로써 서로 거리를 유지한다. 동료들은 상대방에게 곧바로 말하기보다는 달리 말하면서 원하는 목적을 이룬다. 그들은 무엇인가에 대하여 말하고, 그들의 말은 그 무엇을 향하여 있기 때문에 상대방의 반응을 살핀다. 교류분석은 직업을 활동이라고 말한다. 무슨 일을 하든 그것은 활동의 재료이다. 만일 그 재료가 두 동료들 앞에 있다면 그들은 종종 서로를 보고 말하기보다는 그 일을 보면서 말할 것이다.

조수(기계를 바라보며): "기계에 분명히 문제가 있어요."

정비공(기계를 바라보며): "네, 이런 대량생산에서는 늘 일어나는 일이죠. 그것은 또 다른 볼코렛(기계)일 뿐이죠."

조수(계속 기계를 보면서): "네, 마세라리 같은 것에서는 결코 그것을 볼 수 없을 거예요."

정비공과 조수는 이런 방식으로 몇 달 동안 서로 직접 바라보지 않으면서 함께 종일 일한다.

카드를 다루는 사람들은 정확하게 같은 일을 한다. 사실 카드를 섞는 일에 대가인 사람들은 그 일에 익숙하다. 그들은 눈으로 서로를 보든 보지 않든 일을 계속 한다. 그들은 서로에게 말을 하고 있을 때에도 상대방을 보는 것이 아니라 카드를 본다. 사업가와 전문적인 사람은 새로운 고객이나 소비자를 만나도 동료처럼 행동한다.

동료들은 일로 서로에게 말하는 사람들이기 때문에 일에 대하여 말한다. 이것은 어른자아-어른자아 관계로, 그림 3과 같다. 만일 사장이 어른자아-어른자아 계약을 깨고 부모자아로 대하면, 직원은 사장을 도움이 되는, 까다로운, 엄격한 등의 형용사를 자유롭게 붙여 부를 수 있다. 만일 사장이 직원들 맘에 안 들면 사장은 비열한, 뻔뻔스러운, 무능한 등의 형용사로 불릴 것이다. 만일 직원이 부모자아로 대하면, 사장도 직원과 마찬가지로 이해를 잘 하는, 협력적인, 무례한, 그릇된 등의 형용사를 쓸 수 있다. 만일 두 사람이 같이 어린이자아로 대하면, 한 사람은 상대방에 대하여 터무니 없는, 품위 없는, 여자답지 않은, 남자답지 않은, 추파를 던지는, 근사한 등의 형용사를 쓸 수 있을 것이다.

이것의 의미는 두 동료가 일을 통해서가 아니라 서로를 직접 바라보거나 직접 말하는 순간, 그들은 동료가 아닌 다른 누군가가 된다는 것이다.

위원회 위원들

그림 2는 부모자아 대 부모자아, 어른자아 대 어른자아, 어린이자아 대 어린이자아로 직접 연결되는 관계를 보여준다. 동료들은 '저 밖에 있는 현실'을 논의하고 있기 때문에 서로를 바라보지 않고 말을 하는데, 그것은 바루 어른자아 대 어른자아 교류를 말하는 것이다. 그림 3의 동료 노식에서 벡터는 가로질러 간다. 이상하게도 단순한 영어 단어로는 부모자아 대 부모자아 관계를 설명하지 못하지만 그 관계는 어디에서나 매우 일반적이다. 미국에서, 부모자아상태가 다른 사람에게 말하는 것을 듣기에 가장 좋은 곳은 위원회이며, 이 관계에 있는 사람들을 위원회 위원들이라 부른다. 이유는 그 이상 더 좋은 이름이 없기 때문이다.

여기에서 말하고 있는 위원회는 일을 하는 곳이 아니라, 함께 모여서 끔찍하지만 억압시켰던 일에 대하여 말한다. 그것은 있지도 않거나 위원이 그것에 대하여 잘 알지도 못하지만 사회의 안녕에 필요한 것이다. 정보 교환을 가장한 그들의 대화는 실제로 사실보다는 부모자아의 편견에

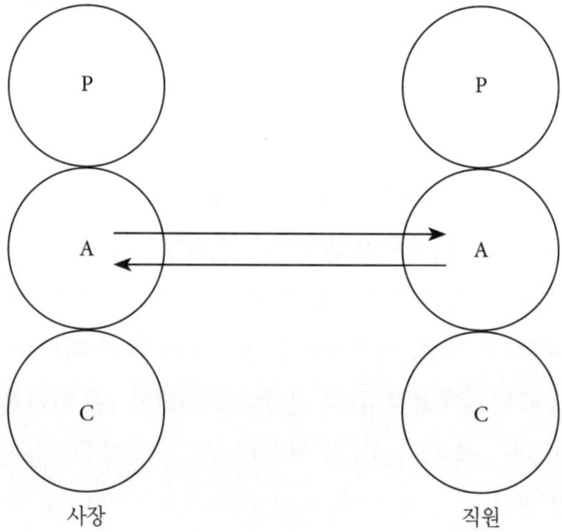

그림 3. 동료

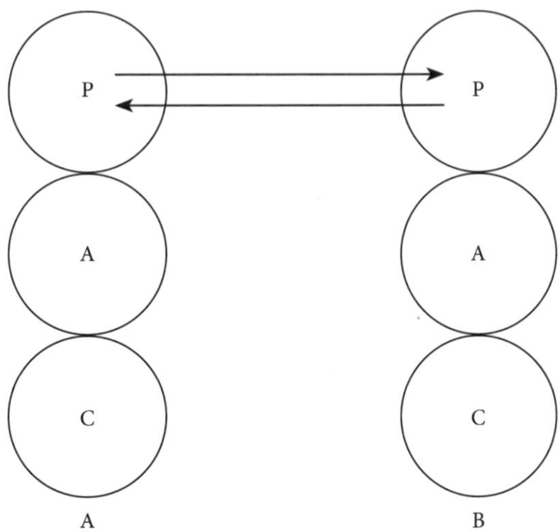

그림 4. 위원회 위원들

기초한 분노를 나눈다. 여기에서의 계약은 그림 4에서처럼 부모자아 대 부모자아이다. 동료들의 관계에서처럼 계약을 깨는 사람은 누구라도 욕을 먹는다. 예를 들어, 억압 사회의 부모자아 유형으로 말하는 사람 누구라도 편견이 없는 어른자아의 관점으로 이야기하지만, 그는 추잡한 이름으로 다양하게 욕을 먹을 수도 있다. 놀기 좋아하는 어린이자아는 부모자아의 위원회 위원들을 실제 어른자아보다 더 불안해한다. 따라서 이런저런 설득으로 금지하려는 사람들은 불편하게 된다. 왜냐하면 누군가는 금지하는 사람이 금지하는 것은 무엇이든 결국 그리 나쁜 것이 아니고, 금지하는 사람이 그러한 탐구 방법을 방해할 것이라는 것을 어른자아로 증명하려 하기 때문이다. 그러나 만일 누군가가 장난기 많은 어린아이처럼 같은 일을 하려 한다면, 사람들은 그것을 멈추려고 훨씬 더 극단적인 행동을(아마도 감옥에 보내려) 할 것이다. 코미디언들은 이런 원리를 아주 잘 안다. 그들은 농담이 사실보다 훨씬 더 부모자아의 참견을 당황스럽게 한다는 것을 안다.

공식적인 위원회의 몇몇 또는 모든 위원들은 자신들이 무엇에 대하여 말하는지도 모르면서 부모자아 대 부모자아 분노를 터뜨리는 데 시간을 허비한다. 똑같은 방식이 적용되는 비공식적 위원회도 많다. 위원회는 사회적으로 모여서 문제의 다른 면을 검토하지도 않은 채 부모자아의 편견으로 끔찍한 일에 대하여 말한다. 가장 재미있는 사례들 중에는 매일 아침 커피나 맥주나 칵테일을 마시기 위해 모이는 중년의 건물주들인데, 그들은 비공식적 위원회로 모여 청소년 비행, 세금 인상, 주거 개방, 세입자의 사악함에 대하여 성토하면서, 건물주를 더 잘 이해하고 임대료를 높여야 한다고 말한다. 이와 유사하게 비공식적 분노 위원회는 결혼한 젊은 부부들 사이에서도 많다.

실제로 위원회 위원들은 세 가지 유형이 있다. 부모자아 대 부모자아 위원회의 관계가 어떻게 작동하는가는 위에서 보았다. 어른자아 대 어른자아 위원회 위원들은 사실을 말하거나 또는 비효율적이라면 그들이 그렇게 느끼는 것에 대하여 의사소통하거나 효율적이라면 그것에 대하여 무엇인가를 한다. 공식적 또는 비공식적 어린이자아 대 어린이자아 위원회는 보통 고충 위원회라 불린다. 위원들의 어린이자아상태는 그림 5에서처럼 서로에게 말을 하고, 끔찍한 것은 부모자아의 억압과 관련 있다. 어른자아의 고충 위원회는 직접 말하며 공정하게 협상한다. 어린이자아 고충 위원회는 게임을 하고, 때로는 위원회를 괴롭힌다. 왜냐하면 어린이자아 고충 위원회의 진짜 목적은 부모자아의 잘못을 바로잡는 데 있지 않고 어린이자아가 불평하고 있는 권위자를 당황하게 만드는 것이기 때문이다.

위에서 언급한 동맹은 언제나 남성 대 여성이 아니라 관계가 어떻게 자아상태로 분석될 수 있는가를 설명하기 위한 것이다.

지금쯤 관계에 대하여 말하지 않는 규칙이 있음을 알았을 것이다. 관계는 사람들 사이에 있는 것이 아니라 자아상태 사이에 있다. 두 사람은 어쨌든 그 상황에서 자신을 표현하도록 어떤 자아상태를 허용해야 할지를 안다. 이러한 이해에는 계약의 힘이 있다. 비합법적인 자아상태를 표현함으로써 계약을 깨는 사람은 누구라도 욕을 먹거나 노골적으로 관계에서 밀려난다.

지금 말하고 있는 것을 분명히 하려고, 둘 이상의 사람들 사이, 아니

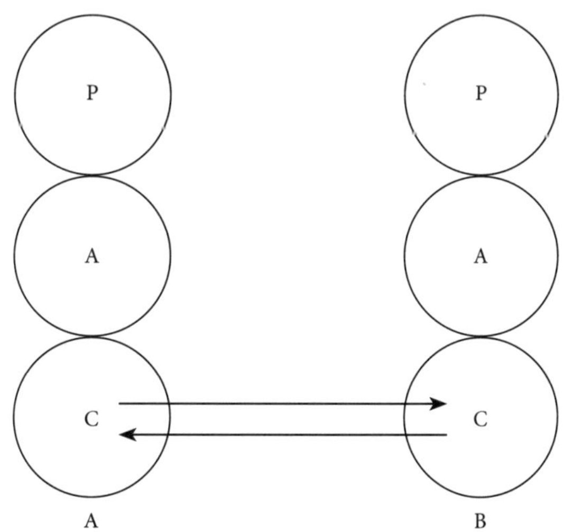

그림 5. 고충위원회

다양한 자아상태 사이의 교류가 지속되는 관계를 규정할 수 있다. 그런 교류는 칠판에 그림을 그림으로써 설명될 수 있다. 만일 '관계' 라는 단어를 사용하는 한 사람이 편리한 도식을 그릴 수 없다면, 그 문제를 더 다룰 가치가 없다. 왜냐하면 그 사람이 의미하는 것을 정확하게 알 수 없기 때문이다.

존경 Respect

논의해야 할 다음 관계는 존경이라는 것이다. 어른자아 대 어른자아 관계는 변명하지 않고, 옥신각신하지 않으며 사적인 의구심을 갖지 않으면서 가족과 직업과 사회계약을 이행하고 솔직하게 말하는 것에 기초한다. 신뢰할 수 있으면 솔직하게 말한다. 헌신에서 계약이 성사된다. 믿을 만한 것과 헌신이 합하여 믿을 수 있게 된다. 신뢰는 존경을 낳는다. 신뢰는 어린 시절 초기에 시작된다.

우리가 이미 말했듯이, 어린 시절은 여러 면에서 한 사람의 핵심적인 부분이다. 어린 시절은 열정적이고 창조적이며 자발적인 성격의 부분을 형성한다. 특정 성격은 여성을 매력적이고 남성을 재치 있고 즐겁게 만든다. 또한 어떤 성격은 자연과 사람들을 즐기게 한다. 그러나 불행하게도 아이가 살기 위해서는 부모자아와 어른자아가 어린이자아를 억압하고 변화시킬 필요가 있다. 예를 들어, 아이는 식탁의 음식을 맘대로 어지르지 않도록 그리고 공공장소에서 소변을 보지 않도록 배워야 한다. 그 아이는 아무 때나 함부로 길을 건너지 않고 건너기 전에 주변을 살펴보도록 배워야 한다. 그러나 어린이자아는 제약이 너무 많아서 혼란스러워하면 더 이상 자기 자신을 즐길 수 없다.

어린이자아에서 가장 가치 있는 특성들 중 하나는 약삭빠름이다. 어른자아의 일은 환경에 대하여 특히 물리적 환경에 대한 사실을 배우는 것이다. 자동차를 운전하는 법, 돈을 쓰는 법, 의사에게 가야할 때를 아는 법, 그러한 정보는 성인의 세계에서 생존하는 데 필요한 것들이다. 그러나 유아의 생존은 사람들에게 달려 있기 때문에 유아는 주로 사람들에게 관심이 있다. 유아는 누구를 신뢰할 수 있는지, 누구를 조심해야 하는지, 누가 좋은 사람인지, 누가 자신을 해치거나 무시하는지에 관심이 있다. 어린이는 인간의 행동을 연구하고 훈련 받은 어른들보다 훨씬 더 사람들을 잘 이해한다. 인간 행동의 전문가들은 한때 배웠던 것을 다시 배우고 있을 뿐이다. 그들은 아무리 연구를 열심히 하더라도, 그들이 어린 아이였을 때만큼 훌륭한 정신의학자나 심리학자가 되지 못한다.

그 이유는 대부분의 부모들이 아이들로 하여금 너무 직관적으로 되지 않도록, 사람들을 똑바로 쳐다보는 무례를 범하지 않도록 양육하기 때문이다. 어린이는 사람들을 어린이자아로 눈치 빠르게 아는 대신 어른자아로 그들을 이해하게 될 것이다. 정신과 의사와 심리학자가 될 아이들을 포함하여 대부분의 어린이들은 이러한 지침에 따라, 5년 내지 10년의 대학 공부를 한다. 때로는 정신분석이나 치료 집단에서 5년을 더 배운다. 이 모든 것은 그들이 4살이었을 때 사람들을 판단하는 능력의 50%를 얻기 위해서이다.

그러나 어린이자아는 그리 크게 말하거나 분명하게 말하지 않더라도 여전히 누구를 신뢰할 수 있는지를 가장 잘 결정한다. 신뢰는 어린이자아에서 생기고, 존경은 어린이자아의 허락을 얻어 어른자아에서 생긴다. 존경은 어린이자아가 누군가를 높이 보고 그가 신뢰할만하다고 결정한다는 의미이다. 이때 어린이자아는 어른자아에게 다음과 같이 말한다. "자, 너는 그를 신뢰할 수 있어. 내가 그 상황을 지켜볼 거야. 그리고 때때로 그것을 검토할 거야." 그러면 어른자아는 이것을 존경의 태도로 받아들여 그것에 따라 행동한다. 그러나 때로는 부모자아가 방해한다. 어린이자아와 어른자아는 앞으로 나아갈 준비가 되었지만, 부모자아는 편견이 들어간 반대를 말한다. "머리가 긴 사람을 어떻게 신뢰할 수 있니?" 또는 "뚱뚱한 여자를 어떻게 신뢰할 수 있니?" 물론 어린이자아에게 긴 머리나 뚱뚱함은 신뢰와는 상관이 없다. 어린이자아는 자신을 사랑하지 않는 짧은 머리의 남자와 날씬한 여자보다는 자신을 사랑하는 뚱뚱한 여자와 긴 머리 남자를 훨씬 더 신뢰할 것이다. 부모자아의 편견은 어린이자아의 직관을 방해할 뿐이다.

첫 번째 상황에서 신뢰는 유아와 어머니 사이에서 생긴다. 어머니의 신뢰성과 헌신은 아이를 키울 때 시험을 받는다. 아이의 생존은 어머니의 신뢰성과 헌신에 달려 있고 삶과 사람들에 대한 아이의 태도는 그것이 어떻게 실행되는지에 달려 있다.

만일 유아가 먹고 싶다면 그는 배고픔의 울음으로 신호를 보낼 것이다. 그때 어머니가 바로 온다면 어머니는 신뢰할 만한 사람이다. 어머니가 조금 후에 온다면 어머니를 믿을 것이다. 그러나 어머니가 너무 늦게 오면 아이는 먹는 것에 대한 기대를 없애버리고 어머니를 신뢰하는 것이 무엇인지를 배우지 못할 것이다. 이것은 불신이 아니라 깨어진 신뢰이다. 그것은 거기에 결코 없었던 것, 신뢰 없음이다.

유아가 규칙적으로, 예를 들어 4시간마다 젖을 먹는다면 상황은 다르다. 대부분의 유아들은 마음의 시계를 가지고 있는 것 같다. 아마 어른도 그와 같은 시계를 사용해서, 아침 7시 15분에 일어나기로 마음먹으면 정확하게

7시 15분에 일어날 것이다. 유아는 4시간에 자신의 시계를 맞춰서 알람이 울리면 어머니가 거기에 있어서 곧 젖을 줄 것이라고 기대한다. 만일 어머니가 그 시간에 와서 젖을 먹이면 유아는 어머니를 신뢰하고, 그렇지 않으면 신뢰하지 않을 것이다.

두 경우 모두 유아가 자라면서 오래 기다리는 때가 너무 많지 않다면, 나중에도 더 오래 지연되는 것을 받아들일 것이다. 그러나 기다리는 때가 너무 많으면 유아는 신뢰가 무엇인지를 배우지 못하고 신뢰하지 않는 것을 배울 것이다. 기본적으로 유아는 어머니를 믿을 수 있어서 어머니가 제시간에 올 뿐만 아니라 곧 젖을 먹을 수 있다는 것을 기대한다. 유아의 신뢰는 어머니의 신뢰를 모방한 것이라 유아는 신뢰하고 젖을 먹을 수 있다. 그렇지 않으면 한 사람이 다른 사람을 신뢰하지 못하거나, 둘 다 신뢰하지 않을 것이다.

존경의 기본은 신뢰이다. 아기에게 그것은 어머니가 거기에 있을 것이고 (신뢰성) 어머니가 젖을 줄 것이라는(헌신) 의미이다. 나중에 아기는 사람들이 늦을 것이라는(신뢰성) 메시지를 보내면 그들이 와서 계약을 실행할 것이라고(헌신) 기대한다. 유아는 헌신이 있다면 신뢰할 수 없음을 용서할 것이고, 신뢰성이 있으면 헌신이 부족하더라도 용서할 것이다. 신뢰와 헌신은 서로 이의를 제기한다. 유아는 신뢰할 수 없고 헌신하지 않는 사람은 누구라도 존경하지 않을 것이다.

가정의 일을 보자. 신뢰할만한 남편은 모든 일이 아무리 나쁜 것이어도 모든 일을 당신에게 말해주는 사람이다. 헌신하는 남편은 모든 것을 말하지 않더라도, 자신의 모든 일이 좋은 것이라는 확신을 주는 사람이다. 신뢰할만하고 존경하는 남편은 외도를 하지 않는다. 그가 결혼식에서 아내만을 사랑하겠다고 말했을 때 그것은 진심이다.

두 사람 사이의 존경을 나타내는 실제적인 교류는 그림 3에서 보여주었듯이, 어른자아 대 어른자아이다. 그러나 그들의 성격은 다르다. 그들은 동료들처럼 일을 통하여 교류하는 것이 아니라 눈을 마주보고 인간적으로 서로의 신뢰성과 헌신이 잘못이라고 증명되지 않는 한 그것을 온전히 신뢰한다.

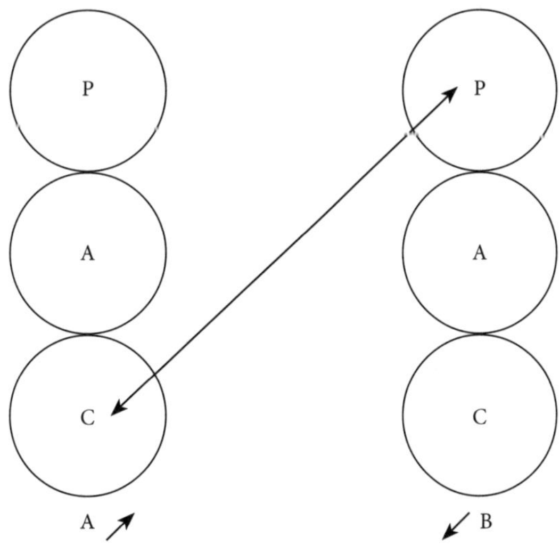

그림 6. ↗ 감탄 그리고 애정, ↙, ↗ 흥분

감탄 Admiration

지금까지 말한 모든 관계는 부모자아 대 부모자아, 어른자아 대 어른자아, 어린이자아 대 어린이자아(그림 2-5)의 "수평 상보교류"이다. 이제는 어린이자아 대 부모자아(그림 6, 위로 향한) 의 "수직 상보교류"를 살펴보자. 사람들은 다양한 방식으로 감탄이라는 단어를 사용하지만, 사실 그것은 '경이감 wonder' 을 의미한다. 감탄은 존경과는 반대로 일어난다. 존경할 때 어린이자아는 그 사람을 살펴보고 어른자아에게 존경하라고 말한다. 감탄할 때는 어린이자아가 그 사람을 살펴보고 어린이자아에게 감탄하라고 말한다. 어른자아는 말한다. "이봐, 그는 정말로 ~하는 법을 알아." 수영, 춤, 시 암송, 당신이 가장 감탄하는 것 그리고 판단하는 법을 아는 것, 그것이 무엇이든, 어린이자아는 그것에 감탄한다.

성은 학령기 소녀가 소년이나 여자 선생님에게 반할 때 드러날 것이다. 소녀는 선생님에게 집착하여 그녀 주변을 맴돌고 아마도 그녀의 성적 사진을 가지고 다닐 수도 있다. 만일 선생님이 그 자리에 계속 있다면 소녀의 집착을 다룰 때 좋은 어머니처럼 될 것이지만, 선생님이 "계약"을 바꾼다면 부모자아와 어린이자아 사이의 고양된 관계는 불편한 두 어린이자아들 사이에서 즐겁게 노는 것으로 바뀔 것이다.

나는 아기와 어머니와의 관계에서 신뢰가 생겨나는 것처럼 감탄은 아버지와 상관이 있을 것이라고 생각한다. 왜냐하면 아버지는 가족 안에서 신동 wonder-boy 이기 때문이다. 어머니는 다른 가족들이 어머니를 필요로 할 때 거기에 있기 때문에 신뢰받는다. 아버지는 불규칙적으로 거기에 있지만 그의 당당한 목소리와 존재와 강함과 힘은 아기에게 감탄을 불러일으킨다. 사실상 순수한 감탄은 대개 남성에게 향한다. 그러나 여성들이 당당하게 경이로움을 주는 사람이 된다면 감탄은 여성에게로 옮겨간다. 나중에 이런 일이 생기는데, 아이들은 어머니가 요리하기나 그림 그리기 등을 잘 하는 것을 볼 때 감탄하고 어머니를 한 인간으로 존경한다.

감탄을 받을 수 있는 사람들의 능력은 제각각 다르다. 어떤 사람들은 감탄을 견디지 못해서 그것을 회피하거나 감탄 받을 때 화를 내면서 받아들이지 않는다. 어떤 사람들은 그것을 이용하기도 한다. 예를 들어, 선생님은 자신을 좋아하는 여학생이나 남학생과 바람을 피운다. 폭력배는 그를 감탄하는 청소년을 이용하여 그들이 할 수 있는 만큼 인기를 얻는다. 감탄을 우아하게 다루는 최고의 방법은 자기 자신과 타인들의 관심을 가치 있는 경험으로 만드는 것이다.

애정 Affection

애정은 또 하나의 왜곡된 관계로 부모자아 대 어린이자아(그림 6, 아래로 향함)로 나타난다. 감탄에서 한 사람의 어른자아는 상대방의 어린이자아를 흥분시킨다(그러나 어린이자아는 마치 부모인 것처럼 반응한다. 그렇기 때문에 실제적인 교류는 그림 6에서처럼 어린이자아 대 부모자아가 된다). 애정에서 한 사람의 어린이자아는 상대방의 부모자아를 흥분시킨다.

애정을 느끼는 사람은 어머니나 아버지가 마음이 가는 아이에게 하는 것과 같이 애정을 표현한다. 그리고 애정의 대상은 단순히 어린이자아 방식으로 반응한다. 애정을 주고받는 과정은 역할이 아니다. 애정교류는 특별한 자아상태에서 진실한 감정이 일어나고 자아상태는 역할과는 다르다. 자아상태는 심리적인 현실이다. 사실 자아상태는 거짓과 쉽게 섞인다. 자아상태는 삶을 위하여 역할과 아주 독립적인 감정 시스템에 있다. 그런데 역할은 감정과 융합되고 감정을 타락시킬 수도 있다.

애정의 관계에서 어른자아 대 어른자아 교류는 때때로 일어날 수 있지만 애정 자체는 부모자아상태에서 생겨 어린이자아상태로부터 반응을 불러일으킨다. 많은 가족에서 부모는 애정을 줄 때 진지하게 볼 필요가 있다고 믿고, 많은 아이들은 부모의 가르침을 따라 그것이 필요하다고 굳게 믿는다. 진지한 표정으로 주어지는 애정을 관심이라 한다. 별일 없을 때에는 왜 애정을 줄 수 없는지 알 수 없다. 그리고 관심은 종종 실제로 도움이 되기보다는 좀 지나치게 진지해 보인다. 그것은 삶의-또는 죽음의-곤혹스러운 질문들 중 하나에 답하는 것과 같다. 치명적인 암에 걸린 환자들을 진심으로 돌보는 사람들은 환자가 암에 걸렸다는 사실을 모르게 하려고 하지만, 환자들은 자신이 암에 걸렸다는 사실을 안다. 그들은 주변 사람들을 배려해서 모르는 척한다. 왜냐하면 암환자들은 다른 환자들처럼 보통 스포츠도 잘 하고 그 시나리오를 따르기 때문이다. 그러나 일반적으로 그들은 안다.

환자는 어떻게 알게 되고 어느 부분이 환자로 하여금 알게 할까? 내 생각에 다른 사람들이 환자에게 아무리 자연스럽게 행동하더라도 언제나 예외가 있어서, 그들이 웃어야 할 때 웃지 않는다던가, 웃어도 웃음을 금방 그치기 때문에 환자는 알아내는 것 같다. 사람들이 관심을 너무 많이 보일 때 그것은 효과적이지 않다는 것이 문제다. 사람들은 암처럼 암울한 그 무엇 때문에 혼란스럽다. 그들의 진실한 관심은 암을 숨기는 것인데, 웃기를 꺼려하든가 또는 불편해하면서 암이 밝혀진다. 사람들은 실제적인 관심이 염려하는 것에 대한 그들의 관심에 걸려 넘어지면서 일을 망친다. 암 환자에게 염려하는 모습을 보이지 않으려면 용기가 필요한데, 실험 삼아 암 병동에 가면 그것을 알 수 있다.

진실이 드러나는 것이 어떻게 작용하는가를 살펴보자. C 부인은 고통의 원인을 알아내기 위하여 복부 수술을 했는데, 의사는 몇 달 후 치명적일 정도로 암이 번져 있음을 발견하였다. C 부인에게 고통을 주지 않기 위하여 그녀가 병원에 계속 있는데도 모든 사람이 별일 이니라고 가장하기로 결정한다. 그녀는 매우 걱정이 되어서 자신이 사형선고를 받은 것인지 아닌지를 알고 싶어 한다. 그러나 그녀는 두렵기도 해서 묻기는 하지만 솔직한 답을 해달라고 고집 부리지 못한다. 그녀는 거기서 생기는 문제를 기꺼이 직면하지 못할 것이다. 그럼에도 불구하고 그녀는 생존할 수 있을지 정말로 알고 싶을 것이다.

그녀의 어른자아는 솔직한 답을 피하지만, 그녀의 어린이자아는 그것을 알아내기 위하여 은밀하게 모든 노력을 다하여 사람들의 행동을 매우 조심스럽게 지켜본다. 그녀는 사람들이 평상시와는 다르게 웃고 있는 것을 보면 주변을 살피기 시작한다. 전에는 떠들썩하게 웃던 사람들이 환자를 살피느라 우스운 이야기를 거의 하지 않고 얼버무리면서 조용히 할 것이다. 의사는 수술 전의 태도나 다른 환자들을 대하는 태도와 다르게 명랑한 모습을 보일 것이다. 걱정하는 성직자들은 성직자나 랍비, 베드로 등에 대하여 '공식적으로 허용된' 농담조차도 말하지 않을 것이다. 결과적으로 C 부인은 사람들이 소리 낮춰 웃거나 웃지 않는 날이 많아졌다는 것을 알게 되면서 곧 그녀는 뭔가 나쁜 일이 있음을 알고 그것이 무엇인지 알게 된다.

그러한 사례에서 '관심을 보이는 것'은 그렇게 하는 사람에게는 만족을 주지만, 지나친 성의 때문에 그리 효과적으로 작용하지 않는다. 사실 오랜 기간 동안 암환자를 다루는 방법으로 '관심을 보이는 것'은 직원과 환자들을 지치게 만들기 때문에 그들에게 도움이 되지 않는다. 말기 환자가 있는 암 병동은 암울한 곳이 되어, 문 위에 보이지는 않지만 "암으로 죽어가고 있는 사람에게 무엇을 기대하나요?"와 같은 글이 붙어 있는 "불치병 환자를 위한 집"으로 불릴 것이다. 한편 그들을 "아주 당당하게 자기를 존중하는 성인"으로 대한다면 문 위의 글은 "오늘 당신을 위하여 무엇을 할 수 있나요?"로 바뀔 것이고 간호사와 의사들도 환자들처럼 당당하게 될 것이다.[4] 그것은 '관심 보이기' 와 애정 사이의 차이를 극단적으로 보여준 예이다.

진실한 애정은 도움을 구하는 것이거나 애정을 필요로 할 때 유용한 것이다. 그리고 결정적인 때에 관심을 보이는 것이다. 그러나 '관심을 보이는 행동'이 생각보다 앞서면, 그것은 관심이 순수하든 아니든 더 해로울 것이다. 단호하게 "나는 염려가 돼."라고 말하는 것은(큰 소리로 말하거나 때로는 글로 쓰는 것은) 심각하게 보려고 노력하는 것보다 더 효율적이다. 이렇게 신중하게 논의하는 이유는 부모자아와 어른자아가 실제로 관심을 가질 수 있지만, 어린이자아는 보통 스스로 위험에 빠지지 않는 한 다른 태도를 보이기 때문이다. '염려하는 마음'은 이러한 모호함 때문에, 종종 그렇듯이, 자만심이나 독선적인 문제가 되어서는 안 된다.

심각하지 않은 상황에서 관심을 받는 것이 사람들이 자신의 문제에 대하여 웃게 한다. 그러나 심각한 상황에서 관심의 대상이 되는 것은 자신을 도와주는 사람들의 행복을 유지하기 위하여 신중하게 보도록 요구한다. 이때 종종 눈살을 찌푸리기보다는 농담이 낫다.

흥분 The Turn-On

지금까지 우리는 작업실, 회의실, 놀이방, 교실, 병실 등 많은 방에서 관계가 이루어진다는 것을 살펴보았다. 이제는 침실로 가볼 것이다. 흥분됨은 말 그대로 흥분되는 것이다. 한 사람이 스위치를 켜면 눈에서부터 뇌, 가슴과 배, 더 아래까지 그의 온몸에 불이 켜지면서 흥분된다. 사회적 지위도 없고 부모자아의 선입견도 끊겨서 합리성이나 어른자아의 신중함도 없어진다. 어린이자아만이 불을 켜지만, 불은 켜지기도 하고 켜지지 않기도 한다. 그것은 새들의 각인에서 일어나는 일과 매우 유사하다.[5]

그것은 개인적 반응보다는 감각적인 것, 주로 시각적인 것이다. 다른 감각도 도움이 될 것이다. 그것은 백일몽으로 드러날 것이고, 좌절로 미화될 것이지만, 인지의 불꽃은 거의 언제나 보는 것에서 일어난다.

각인될 때, 어린 새는 특정 형태와 색깔의 시각적 이미지에 끌려 그것이 단순히 마분지 한 장일지라도 마치 자신의 어머니인 것처럼 그 대상에게 반응한다. 각인은 문제에 대하여 결정하거나 자유로운 선택을 하지 않는다. 각인은 특정 자극에 영향을 받아 자동적으로 반응한다. 자극은 하나의 실루엣일 뿐이지만 그 효과는 크다. 그와 같은 방식으로 흥분이 되면 많은 사람들이 자신의 감정이 옳고 자신의 존재에 적절하다는 망상을 포기해야 한다. 자동적 반응은 「인간의 굴레 Of Human Bondage (서머싯 몸 W. Somerset Maugham 의 소설, 1915)」의 주인공처럼 어렵게 배운 부모자아나 어른자아의 선호나 논리에 맞지 않는 자동적 반응이다. 이런 반응을 다루는 능력은 영화배우를 스카우트하는 사람들이 언제나 구하는 것이고, 과거에 "그것"에서부터 "성적 매력"까지 다양한 이름으로 불렸지만 그것은 성적 매력 그 자체이다.

페티시즘 fetishism (이성의 몸의 일부, 옷가지 등으로 성적 만족을 얻는 성도착)은 특별한 종류의 흥분됨이다. 남성은 여성의 몸의 특별한 부분 또는 여성의 소유물인 머리나 스카프, 손이나 장갑, 발이나 신발 등에 자극받는다. 여성의 몸의 부분들이나 여성의 물건은 "사랑하는 사람의 상징적 대체물"이 된다. 페티시즘은 초기 어린 시절에 각인된 것과 유사하여, 특정 사건이 그 순간에 그 환경에서 발생하여 영원히 결합하게 만들었기 때문이다. 페티시즘은 치료하기 매우 어려운데, 그 이유는 일부 또는 다수 페티시즘 환자들이 치료를 원하지 않기 때문이다. 페티시즘 환자 중 다수는 성적으로 흥분시키는 물체를 보거나 만지거나 냄새를 맡으면 헤로인이나 메테드린 약물 중독처럼 자극받는다. 성적으로 흥분시키는 물체가 지나치게 파격적이라서 심각한 문제에 봉착하지 않는다면 열정을 위하여 짜릿함을 포기할 가능성은 거의 없다.

총이 상징이 아닌 것처럼, 페티시(특정 물건을 통해 성적 쾌감을 얻는 것)도 단지 상징만은 아니다. 총이 실제로 쏘는 것처럼 페티시는 페티시즘 환자에게는 실제적인 것이다. 총은 음경의 상징이 아니라 음경 대신 사용되거나 그 이상이다. 왜냐하면 음경은 뼈와 살보다 더 치명적이고, 맹렬함은 어떤 것을 갈망하는* 것이다. 아들은 아내와 집에 있기보다는 사냥하기를 그런 이유로 더 좋아한다. 물총 장난감조차도 남근을 상징하는 것 이상이다. 물총 장난감은 발기한 남근보다 더 잘 작동하여 멀리서 정확하게 물줄기를 쏘려는 의도된 목적을 이룬다. 생각은 자연에서 올 수 있고, 어린이자아는 자연과 비슷한 것들을 즐길 것이다. 그러나 거기에는 그것보다 더 많은 것이 있다.[6]

하나의 요소는 손재주이다. 어른자아는 대상이 총이든, 물총이든, 낡은 슬리퍼이든, 장갑이든 그것의 특성을 인정한다.

온건한 페티시즘 환자들은(예, 칵테일 파티) 죄책감에 방해받지 않으면, '정상적인' 사람들보다 더 즐거워한다. 페티시즘이 심한 환자들은 사랑의 관계에서 혼란스럽다. 그들은 자신의 환상을 더 진지하게 쫓기 때문에 혼란스러워진다. 페티시즘 환자들은 파티에서 음식을 대접하는 사람을 비하하는 데 집착하고 그것 때문에 고통스러울 가능성도 있다. 사실 페티시즘 환자들은 사람보다는 성적으로 흥분시키는 물체를 따라가는 각인의 노예이다. 그래서 페티시즘 환자들이 성적 흥분을 유발하는 물체의 어떤 특성을 섞어 놓거나 거기에 집착하는지는 아무도 모른다. 페티시즘에 빠져 있는 사람은 아내라는 존재 자체를 바르게 알기 전에는 좋은 남편이 되지 못한다.

모든 남자는 어느 정도 선호하는 것이 있고 많은 남자들이 최소한 약간의 페티시즘을 가지고 있다. 여성이 남성을 즐겁게 하고 유혹하기 가장 쉬운 방법은 그 남성의 성적 흥분 물체가 무엇인지를 은밀하게 알아내거나 심지어는 그것을 비밀스럽게 주는 것이다. 성적 흥분 물체는 분명히 성공적인 정부가 되게 하고, 그것은 역사 속에서도 이루어져 왔다. 그래서

---

* 이것은 정확한 명사수를 말하지 않는다. 나의 가족에 그런 사람들이 있다. 아들 한 명은 카우보이 일을 하는데 코끼리 잡는 총으로 100야드 거리에서 날아가는 방울뱀을 쏠 수 있다.

많은 전쟁이 있었고, 많은 왕국이 유혹적인 장소에 낡은 리본이나 레이스가 있기 때문에 전쟁에서 이기기도 하고 지기도 한다. 그러나 그 문제는 그 남자의 페티시가 무엇인지 그래서 무엇에 빠지는지를 직접 물음으로써 더 정확하고 훨씬 효율적으로 다루어질 수 있다. 페티시는 초기 어린 시절에 만들어지기 때문에 때때로 현재 스타일에 맞지 않아서 여성은 당황스럽다. 심지어는 1940년대 수영복이 남성을 자극할 수도 있지만, 여성은 당연히 30년 후에 1940년대 수영복을 입지 않으려 한다.

그동안 무시해왔던 주제로 가보자. 내가 호칭하고 싶은 주물 숭배자는 반 주물숭배자이다. 페티시즘 환자의 대부분은 남성이다. 그러나 신발에 끌리는 모든 남성에게 신발을 가져다주면서 그와 즐기는 여성이 있다. 여성의 머리에 흥분하는 모든 남성에게 머리카락을 만지게 하는 여성이 있다. 해브록 엘리스는 그런 만남에 대한 사례를 많이 가지고 있다. 높은 구두굽에 눌리기를 갈망하는 남성은 곧 평생 동안 높은 굽으로 누군가를 누르는 백일몽을 꾸는 여성을 만난다. 이런 여성들을 '페티셔라'라고 하고 그들은 거의 알려져 있지 않다. 왜냐하면 그들은 거의 전문가의 주목을 받지 못하기 때문이다. 머리, 장갑, 신발, 속옷에 전문가인 여성들도 많은데 그 이유는 그들이 제공하는 기쁨을 간절하게 찾는 남성이 있기 때문이다. 이것은 해브록 엘리스와 다른 성 역사학자뿐 아니라 지하철 주간지[Berkeley Barb]와 같은 신문에 광고를 원하는 페티시스트가 수집한 사례의 증거가 된다.

이제 정상적 흥분으로 돌아가 보자. 가슴을 보고 흥분되는 가슴 남성이 있고 다리를 보고 흥분되는 다리 남성이 있다. 둘 다 정상으로 보인다. 그러나 악의 없이 엄격히 말해서 그러한 것을 선호하는 것은 페티시즘의 초기 단계로 들어간 것이다. 실제로 페티시 환자는 페티시가 없으면, 배우자가 다른 면에서 아무리 좋은 사람이어도, 발기가 되지 않는다. 다리 남성이나 가슴 남성이 자신이 좋아하는 곳을 만지거나 볼 수 없으면 그만큼 고통을 겪는다. 한편 정상적인 흥분은 여성의 키, 몸무게, 형태, 태도, 걸음걸이, 엉덩이, 이목구비, 피부에 기초해 있다. 그것은 일반적으로 그녀의 "특성"으로 불리는 것, 즉 몸의 전반적인 비율, 행동 방식, 얼굴과 피부 등이다. 그러나 페티시, 다리-가슴을 좋아하는 것, 특성에 흥분됨은 각인과 같고, 대부분의 경우에 각인을 시키는 사람은 어머니이다.

따라서 흥분됨은 실제로 어린이자아 대 부모자아 관계이고 그림 6(위로 향함)과 잘 맞는다.

흥분됨은 성적 선택을 통하여 진화할 때 주요 역할을 하는 심오한 생물학적 현상이다. 암컷 새들은 짝짓기 할 때 수컷 새의 반짝이는 깃털에 의심의 여지없이 흥분한다. 수컷 새의 깃털이 반짝일수록 더 많은 암컷 새들이 흥분한다. 원숭이의 엉덩이 색깔이 이와 유사하다. 흥분은 처음 먼 곳에서 시각과 소리 어떤 경우 후각을 통하여 일어난다. 수컷 호저는 발정기에 암컷의 소변에 강하게 끌린다. 암나방은 멀리서도 숫나방이 흥분시킬 수 있는 냄새를 발산한다.[7]

문제는 숫나방이 실제로 냄새를 자각하지 못한 채 스위치를 당기는 화학적 효과만 있을 수 있다는 것이다. 인간의 경우에도 그와 같은 질문이 제기된다. 사람들이 자각하는 화학적 흥분을 향수라 한다. 하지만 땀도 많은 경우에 화학적 흥분을 시킬 수도 있다. 그러나 어떤 여성들은(남성들도) 다른 사람의 신경체계에 영향을 미치는 화학 반응을 일으킬 수 있다. 그러나 누구나 모든 냄새를 맡는 것이 아니며 화학반응을 일으키는 것들 모두에 흥분하는 것도 아니다.

이것에 대한 증거로, 어떤 사람들은 개가 인간의 냄새를 맡을 수 있다고 생각한다. 그러나 인간은 예를 들어 두려움의 냄새를 맡을 수 없다. 사람들은 두려움의 냄새를 자각하지 못하지만, 개가 실제로 냄새 맡는 것과 같은 화학반응에 영향을 받을 것이다. 이와 같은 일은 성에 쉽게 적용될 수 있다. 실제로 인간은 나방만큼 감각적이지는 않지만, 어떤 남성은 설명할 수는 없지만 먼 곳에 있는 섹시한 여성을 느낄 수 있다. 여성도 마찬가지이다. 또 다른 예는 어떤 종족이 자주 다른 종족의 냄새를 맡을 수 있다고 말한다. 백인은 흑인의 냄새를 맡을 수 있고, 동양 사람들은 백인의 냄새를 맡을 수 있다. 그러나 같은 종족의 사람들은 그런 방식으로 서로의 냄새를 맡지 못하는 것 같다. 이 모든 것은 좋은 냄새가 성적 흥분에 중요하다는

것을 나타낸다.[8)]

냄새에 향이 없어서 냄새를 느끼지 못하든 또는 사람들이 오랫동안 그 냄새와 함께 있어서 냄새를 알아차리지 못하든, 그러한 냄새나 화학적 반응은 여전히 반대 성, 때로는 동성 신경체계에 영향을 강력하게 미칠 수 있다.

모든 거래에는 속임수가 있지만 다른 어떤 관계보다도 흥분되는 거래에는 속임수가 더 많다. 왜냐하면 그것은 감각과 그 사람의 모든 것을 포함하기 때문이다. 체격, 다리, 가슴, 머리, 엉덩이의 자연스러운 매력은 흥분을 일으키기에 좋다. 모든 사람은 유독 좋아하는 것이 있다. 선호하는 요소들 중 어떤 것은 그에게 꼭 맞아 시각적 흥분을 일으킨다. 선호하는 것은 보통 사람이 어떤 연령에서 어머니를 보았던 방식에 따라 다르다. 4살 아이는 처음으로 다른 여성의 형태에 관심을 갖기 시작했고, 어떤 여자와 결혼할지를 그때 결정한다. 또는 12살에서 14살 사이 아이는 처음으로 성인의 성적 흥분을 느낀다. 보통 그는 처음에 가족들이 강조했던 특정 부분을 볼 것이다. 그것은 손, 발, 귀와 같은 작은 부분일 것이다. 어떤 여성은 자연을 보면서 흥분이 되거나 사회적으로 용납되는 방식으로 자신의 외모를 발달시키지만, 어떤 사람들은 속임수를 사용하기도 한다. 어떤 사람은 도발적인 모습으로 앉고, 어떤 사람은 다리를 벌리고 서서 히터 바람에 그녀의 스커트를 날릴 수도 있다. 어떤 사람은 물건을 잡기 위해 몸을 구부리고, 어떤 사람은 걸을 때 엉덩이를 강조하거나 손을 머리 뒤로 올리기도 한다. 이러한 것들은 좋은 집안에서 자란 젊은 여성들은 잘 하지 않는 행동들이다. 그렇기 때문에 그들은 부당한 경쟁심을 부추겨서 다른 여성들에게 분노나 경멸의 감정을 일으키기도 한다.

시각적 흥분에 덧붙여서 성적으로 흥분시키는 물체는 옷에 매우 크게 좌우된다. 여기에서 다시 한 번 말하면, 인간은 그의 가족이, 특히 어머니가 강조했던 것들에 집착하는 경향이 있다. 페티시의 기본적인 규칙은 페티시가 어머니의 어린이자아상태 페티시와 같다는 것이다. 만일 어머니가 신발장에 신발을 가득 모으는 데 어린아이 같은 매력을 느낀다면, 아이는 여성의 신발에 어린아이 같은 매력을 느낀다. 그 어머니의 딸도 그렇다. 아들은 신발 페티시스트가 되고, 딸은 페티셔라가 된다. 물론 그런 일이 인제니 분명히게 작용하지는 않는다. 그러나 일반적으로 페티시스트가 자신의 페티셔라를 만나면 "나의 어머니는 신발장에 신발을 가득 채웠어요."라고 말하고, 어머니는 "내가 그랬어요."라고 대답한다. 그가 말하는 것은 "어머니는 신발을 사랑했고, 저도 그랬어요. 그것이 내가 당신의 신발에 집착하고 있는 이유예요." 어머니가 말하는 것은 "아버지는 어머니의 신발을 사랑했어요. 그것이 내가 신발에 집착하는 이유예요. 그러니까 나는 당신이 나의 신발을 사랑하는 것이 기뻐요."이다. 그와 같은 일은 큰 가슴이나 엉덩이, 긴 머리, 꽉 끼이는 바지, 주름이 많은 치마, 속치마, 모피, 등산화 등에도 적용된다. 가족의 성적 비밀과 각인의 결합은 저항할 수 없다.

아마 목소리 흥분도 페티시즘과 같은 배경을 가질 것이다. 고음의 목소리는 평생 한 남성을 매료시킬 것이다. 이것은 다른 소리에도 적용된다. 어떤 남성은 기침을 하거나 우는 여성에게 마음이 간다. 이전에는 한숨도 있었다. 만일 한 남성의 어머니가 천식에 걸렸었다면 이상하게도 그의 아내도 천식에 걸릴 것이다. 이러한 유형의 성적 선택은 분명히 자녀들에게도 전달되는 효과를 가질 수 있어서 특정 유형의 병이 3세대로 이어진다.

냄새 흥분은 초기 어린 시절을 상기시킨다. 가장 흔한 것은 어머니가 음식 조리하는 냄새이다. 그 다음은 향수와 땀 냄새이고, 다른 냄새도 있는데, 잘 알 수 없는 어떤 것도 있다.

이 모든 것들은 사회적 흥분을 일으킨다. 그것은 우연히 만나는 어느 곳에서나 일어날 수 있는 페티시들, 시각, 청각, 후각이다. 침실에서 그것들의 방식과 영역의 강력한 영향이 그것들을 강화할 수 있다. 모든 남성은 어느 정도는 특정 방식이나 위치를 선호하는 자세를[positionist] 취하고, 모든 여성은 성관계할 때 특정 방식의 자세를[positura] 취한다. 서문에서 말했듯이, 낡은 방식을 지겨워하면서 스스로 다른 자세를 찾으려는 사람들에게 새로운 자세를 알려주는 매뉴얼이 많이 있다. 이와 유사하게 모든 남성은 자신을 최대한으로 흥분시키는 몸의 부분이나 특정 기관을 선호하는 신체기관 전문가이고, 모든 여성은 자신이 만져지거나 받고 싶은 자신만의 부분을 가진 신체기관 전문가이다. 미국의 어떤 곳에서는 질 외에 다른 성교는 불법이다. 그러나 많은 종교 권위자들은 어떤 종류의 전희도, 사정만 질 속에 한다면 괜찮다고 생각한다. 따라서 몸의 어떤 곳을 자극하더라도 즐기는 여성들은 모든 성행위를 즐길 수 있다.

남성에게 이상적인 성적 상대는 완벽한 신체적 외모, 완벽한 목소리, 완벽한 향을 가지고 있고, 특정 방식으로 옷을 입으며, 특정 자세로 성관계를 맺고, 몸의 특정 부분을 자유롭게 사용하거나 사용할 수 있는 여성이다. 적절하게 주도적이거나 적극적인 태도, 순응하거나 수동적인 태도도 매우 중요하다. 흥분은 매우 강력하고도 깊이 배어 있어서, 위에서 제시한 것들 모두를 포함하여 완벽한 흥분에 기초한 결혼은 모든 스트레스와 압박감을 견딜 수 있다. 그러나 흥분에만 기초한 결혼은 매우 안 좋게 끝날 수 있어서, 매춘녀와 결혼한 남성처럼 돈 문제가 생길 때 그것이 드러난다. 그럼에도 불구하고 우리를 흥분시키는 사람들 중에서 상대를 선택하는 것이 매우 중요하다.

위에서 논의한 것은 즉각적인 또는 일차적인 흥분으로 불릴 수 있다. 만일 일차적인 흥분이 약해지면 결혼을 강화할 수 있는 지연된 흥분의 형태 두 가지가 있다. 하나는 조건화되고 지연된 흥분이다. 예를 들어, 음식과 돌보기를 좋아하는 남자는 부엌에 들어가서 자신을 위하여 저녁 준비를 하는 아내가 레인지 옆에 서 있는 것을 볼 때마다 흥분될 것이다.[9]

그것으로 흥분하는 시간이 많을수록, 흥분을 침대로 더 많이 가져온다. 부부가 서로를 흥분시키지만, 성과 직접적으로 아무 상관이 없는 많은 상황들이 있다. 그런 일이 자주 일어날수록 서로에게 드러나지 않은 성적 매력이 있다는 것을 더 많이 발견할 것이다. 그것은 심리학자들이 조건화라고 부르는 것과 같은 것으로 음식과 상관이 있는 조건화된 반사작용과 비슷한 유형이다.[10]

이차적으로 지연된 흥분은 처음에는 보고, 듣고, 만지는 것에서 성적으로 서로에게 흥분되지 않지만, 그럼에도 불구하고 다정하게 사는 부부에게 일어난다. 시간이 지나면 사건, 대담한 호기심, 심리치료 등을 통하여 드러나지는 않았지만 그들을 흥분시키는 성적 매력을 서로에게서 발견한다. 그것은 서로에게 심지어는 자기 자신에게도 감추어두었던 외설적인 욕망이지만, 사실은 두 사람 모두에게 잘 맞는 것으로 밝혀진다. 욕망을 표현하는 것이 상대방에게 잘 맞지 않으면 문제가 될 수 있다. 대담함과 신중함 사이에는 미묘한 차이가 있다. 그럼에도 불구하고 이차적인 흥분은 종종 시간이 흐르면서 건설적으로 발달한다. 위장된 흥분이나 일방적인 색욕은 구별되어야 한다. 그 이유는 둘 다 결국은 흥분을 가라앉히고 나면 하지 않은 것보다 더 나쁘게 되기 때문이다.

흥분은 관계에 쾌감과 기쁨을 주고 경제와 집안일, 짜증나는 일, 술자리 등에 대한 걱정으로 함께 사는 것이 재미없음을 중화시킨다. 어떤 사람들은 알코올이나 약물로 흥분을 일으키려 하지만 그러면 흥분하게 하는 것은 알코올이나 약물이지 다른 사람이 아니기 때문에 결국 그것은 안 좋게 될 수 있다. 대부분의 여자들은 마티니나 마리화나나 LSD 약물보다 남편을 더 잘 흥분시킬 수 있다고 분명히 느낀다.

만일 흥분이 결혼 생활에서 없어진다면 언제나 다른 곳에서 상대방을 찾을 위험이 있다. 전형적으로 아내는 의무를 다하여 존경하는 마음으로 남편에게 음식을 해주지만 남편이 요구하는 모든 것을 다 할 수는 없다. 남편 입장에서 그는 자신이 원하는 모든 것을 요구하지 못하고 심지어는 자기 자신에게도 자신의 욕망을 허용하지 않는다. 아내는 열심히 노력하고 감사를 기대한다. 그리고 남편은 그녀의 노력만큼 감사를 느낀다. 만일 남편이 그동안 꿈꿔왔던 것보다 더 잘해주는 다른 여자를 만난다면, 남편을 위하여 자존심 내려놓고 희생한 아내는 남편이 배은망덕한 인간이라고 느낀다. 아내가 다른 남자에게 흥분하는 반대의 경우도 있을 것이다. 두 경우 모두 결혼은 어린시절의 문제와 성적 욕망 사이에서 다투고 있는 것이다.

아내가 어린 시절에 배웠던 것을 내려놓을 수 있었다면 남편에게 주었을 수도 있었던 그것을 젊은 여자가 주고 있다는 사실을 40대의 아내가 직면하기는 매우 어렵다. 그러한 경우에 대부분의 여성들은 부모를 실망시키기보다는 이혼을 하여, 자신의 성적 욕망과 남편의 성적 욕망에 굴복한다. 결국 평생 억압당한 그들의 욕망은 이상하고, 죄책감 들게 하고, 두려워서 단지 호색한으로 보일 것이다. 이제 호색한의 심리로 주의를 돌려보자.

음란 Lechery

색욕은 실제의 흥분보다 덜 자발적이고 더 복잡하다. 사실 그것은 강요당한다. 지적이고 경계하는 호색한은 실제로 그의 머리에서 우리에게 열정의 기원을 말해주는 목소리를 들을 수 있다. 그것은 타락한 부모자아가 이렇게 흥분될 것이라고 말하는 목소리이고 어린이자아에게 흥분할 것을 명령하는 목소리이다(그림 17C를 보라). 물론 어린이자아는 이것을 따른다. 왜냐하면 처음에 그것은 흥분될 것이기 때문이다. 그러나 부모자아의 목소리는 보통의 성적 참을성의 한계를 넘어가도록 몰아가기 때문에 그는 결국 지치고 억울해한다.

이것은 마르키스 드 사드 Marquis de Sade 의 『침실의 철학 Philosophy in a Bedroom』에서 공개적으로 말한 것이다.[11]

여기에서 타락한 갱은 어린 소녀를 계속해서 괴롭힌다. 그녀의 첫 경험이기 때문에 그녀의 열정은 지칠 줄 모른다. 그녀의 집요한 고집의 원천은 아버지라는 것이 분명해진다. 그는 자신의 딸을 이 갱들에 의해 철저하게 더렵혀지게 하는 것으로도 모자라서 그는 아내도 그들에게 보내서 그녀도 타락시킨다. 사드는 호언장담에도 불구하고 근본적으로 겁쟁이어서, 결정적인 시험에 실패한다. 그는 어머니와의 근친상간을 허락하지 않고 어머니를 강간하고 타락시키기 위하여 외부의 도움을 요청한다. 사드는 다음 발기를 기다리는 동안 그 시간을 채울 철학으로 버려진 이 상태를 설명하지 못한다.

색욕은 어린이자아 대 어린이자아의 관계로 어느 쪽도 기술자로서가 아니고는 상대방에 관심이 없다. 왜냐하면 그들은 실제로 그들의 머리에서 "더! 더! 너 자신을 즐겨라, 제기랄! 재미있잖아."라고 말하는 부모자아의 지시를 따르기 때문이다. 처음에 어린이자아는 "맞아요."라고 말하다가 "그렇게 생각해요."라고 말한다. 그러다가 "잘 모르겠어요." 결국엔 "전혀 재미없어요."라고 말한다. 그러면 그는 혈기 왕성한 어린이자아처럼 반항한다. 이때 반항은 후회이다. 그 이유는 후회가 언제나 미덕보다 더 흥분되기 때문이다. 미덕은 순종이지만, 후회는 몰락한 부모자아에 대항하는 반항이다.

동반자 Companions

동반자는 말 그대로 당신과 함께 하는 사람이다. 동거자 comrade (스페인어 cámara 즉 방 room 이라는 뜻)는 같은 방을 쓰는 사람이다. 동반자는 당신과 함께 먹고, 함께 즐기며 함께 이야기하고 함께 외출하는 사람이다. 두 사람의 자아상태 모두가 포함되어 있을 것이다. 동반자는 부모자아의 편견을 나누고, 어른자아의 충고를 서로에게 주고, 어린이자아의 즐거움을 함께 나눈다(그림 7). 우정은 두 사람이 한 쌍이 되어 성이 개입될 수도 있고 아닐 수도 있다. 그러나 동반자는 서로의 안녕에 반드시 관심을 가질 필요가 없다. 그 관계는 여름휴가, 크루즈 여행이나 전쟁 동안 만나는 것처럼 일시적일 수 있다. 이 두 가지 점에서 동반자는 우정과 다르다. 동반자는 보통 서로에게 어느 정도의 존경과 애정을 가지고 있다. 한편, 그들은 같은 심리게임을 하기 때문에 서로를 경멸하지만 함께 외출할 수도 있다.

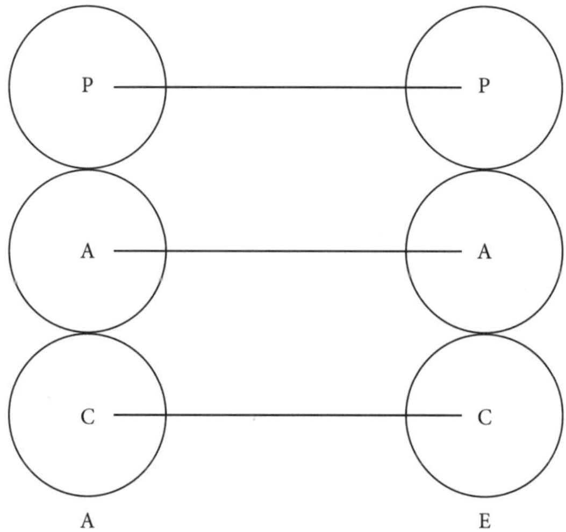

그림 7. 동반자

친구 Friends

관계의 다음 단계는 친구이다. 친구의 본질은 보통의 조건에서 적극적인 부모자아상태가 없다. 즉 친구는 서로에게 충고는 할지라도 부모자아 대 어린이자아 방식으로 서로를 비판하지 않는다. 그러나 이 충고는 남을 비난하는 것이 아니라, 그림 8에서처럼 어른자아 대 어린이자아 또는 어른자아 대 어른자아의 합리적이고 사실적으로 말한다. 친구는 (부모자아처럼) "마리화나를 피우는 것은 끔찍한 일이야. 타락한 사람들만이 피우지. 나는 너에게 친구로서 말하고 있을 뿐이야."라고 말하지 않는다. 진짜 친구는 "너는 그것을 대놓고 하려면 20살이 되기까지는 야단맞을 수 있음을 알지. 나는 너와 그리 오래 떨어져 있으면 너를 그리워할 거야." 라고 말한다.

친구는 서로를 수용한다. 수용은 대부분의 사람들이 '함께함', '공유함', '적대감', '의존', '수동적' 등과 같이 분명하게 규정하지 않고 사용하는 단어들 중 하나이다. 당신이 친구에게 그것이 무슨 의미인지를 물으면,

그는 '내가 무슨 말 하는지 알잖아.'라고 말하는데, 당신이 모른다고 말하면 화를 낼 것이다. 친구가 화를 내는 이유는 자신이 그 의미를 모르기 때문이고 당신이 알 것이라고 믿기 때문이다. 당신이 모른다고 말하면, 그는 어찌할 바를 몰라 하다가 화를 낸다. 추상명사를 이해할 수 있는 유일한 방법은 당신이 의미하는 것을 그림이나 도식으로 그리는 것이다. 내 생각에 그림 8은 '수용'이 의미하는 것을 그린 도식이다. 즉 비판적 부모자아는 선이 교차되어 없어진다는 것이다.

여기에는 두 가지 예외가 있는데, 적극적인 부모자아상태에서도 친구가 될 수 있다. 첫 번째는 긴급 상황에서 생기는데, 이때 비판적 부모자아가 아니라 돌보는 부모자아는 적극적으로 되어서, 당신이 상처를 입으면 친구는 우정에 해를 입히지 않고 당신을 돌보고 공감할 것이다. 만일 돌보는 부모자아가 언제나 간섭하면서, 당신이 돌봄을 원하지 않는데도 도와주려 한다면 그것은 그리 좋은 우정이 되지 않을 것이다. 그것은 어머니가 자녀와 친구가 되지 못하게 하는 방식이다. 비판적 부모자아는 자제되지만, 돌보는 부모자아는 지나치게 돌보고 간섭하며 원하지 않는

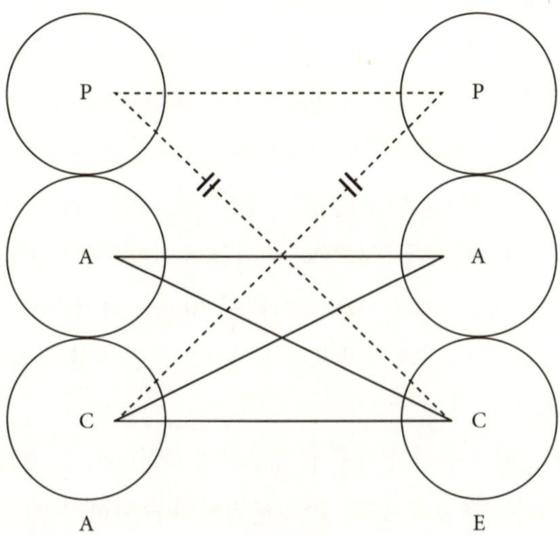

그림 8. 친구

돌봄을 계속한다.

우정이 적극적인 부모자아에서도 살아남을 수 있는 또 다른 방식은 비판적 부모자아라 하더라도, 서로를 비판하는 것이 아니라 다른 사람들을 비판하는 것이다. 위에서 '위원회 위원들'이라는 고전적인 예를 들었다. 그들은 좋은 친구가 되어 "요즈음 모든 일이 끔찍해(우리를 제외하고)."라고 말할 수 있다. 그들은 부모님이 그들에게 가르쳤던 것을 반복하고 있는 것이다. 부모자아가 동의하면, 그들이 말하는 어떤 것도 합리적이거나 비판적 평가를 받지 못하더라도, 그들은 동의할 것이다. 당신들 두 사람이 똑같이 의미 없는 말을 믿는다면, 친구가 되기 위하여 합리적인 말을 할 필요가 없을 것이다.

친구는 기본적으로 보다 견고한 동반자 관계이다. 친구는 함께 먹고, 함께 살며, 함께 말하고, 함께 즐기고, 함께 외출할 것이다. 그 외에도 친구는 삶을 위하여 함께 머물고 필요할 때 서로를 돕는다.

프루스트 Proust 의 말로 하자면, 친구는 당신과 같은 환상을 가지고 있기 때문에, 친구가 당신도 그 감정이 있음을 알게 될 때 당신의 감정에 상처를 주지 않을 것이다.

친밀 Intimacy

사람들이 친밀해질수록 그들의 관계는 더 독립적이고 자립적으로 된다. 따라서 가장 가까운 관계일수록 그 관계에 대하여 잘 모른다. 사람들은 친밀함에 대하여 규정하려고 노력하지만, 지금까지 성공적으로 규정하지 못했다. 그러나 나는 자아상태 개념을 사용하여 이전에 말할 수 있었던 누구보다 지금은 더 잘 말할 수 있으리라고 생각한다.

친밀함은 솔직한 어린이자아 대 어린이자아 관계로 게임도 하지 않고 착취하지도 않는다. 관계를 맺는 사람들이 어른자아상태로 시작하면, 그들은 그들의 계약과 헌신을 때로는 그런 것들에 대하여 아무 말 하지 않아도 서로 매우 잘 알게 될 것이다. 이것을 더 분명하게 이해하게 되면 어른자아는 점차 전경에서 사라지고, 부모자아가 간섭하지 않으면 어린이 자아는 점점 더 이완되고 자유롭다. 실제적인 친밀한 교류는 두 어린이 자아상태 사이에서 일어난다. 그러나 어른자아는 여전히 배경에 존재한다. 어른자아는 감독관으로 헌신과 제한이 그 안에 포함되어 있음을 확신한다. 어른자아는 부모자아가 상황 속에 불쑥 들어와서 망치지 못하게 하는 과제가 있다. 사실 친밀함의 능력은 어른자아와 어린이자아가 필요하면 부모자아가 접근하지 못하게 할 수 있다고 믿는다. 이어지는 관계를 위하여 부모자아가 자애롭게 허용하거나 무엇보다도 격려하는 것이 훨씬 더 좋다. 부모자아의 격려는 어린이자아가 친밀함에 대한 두려움을 이기도록 돕고 죄책감의 위협이나 부담으로 제한되지 않을 것을 확신한다.

친밀한 관계를 시작하기 위해 방심하지 않으려는 사람은 누구라도 세 자아상태들 사이에서 일어나는 이러한 대화를 검토할 수 있다. 그 사람이 마음의 목소리를 신중하게 들으면, 그는 어린이자아가 앞서 가서 그 사람을 더 잘 알고 싶은 욕망을 외치는 소리를 듣는다. 그의 어른자아는 "나는 당신이 올바른 것을 발견하리라고 생각한다."라고 말하고, 부모자아는 사회적 지위와 같은 국면에 대하여 투덜거리거나 "당신은 휴가를 즐길 권리가 있고, 돌아오면 열심히 일할 것이니까"와 같은 말을 던질 것이다. 그때 어린이자아는 신나서 그 말을 받아들이고 그렇게 할 것이라고 약속한다.

일단 어린이자아가 어른자아의 주의와 부모자아의 비판에서 자유롭게 되면, 그는 득의양양하고 자각을 하게 된다. 그는 자신이 정말로 원하는 방식, 처음에 부모에 의해 변질되지 않았던 방식으로 보고 듣고 느끼기 시작한다. 이렇게 자율적 상태에서 그는 더 이상 보통 어른자아가 요구하는 대로 일을 정확히 말할 필요도 없고, 부모자아가 요구하는 대로 그의 행동을 변명할 필요도 없다. 그는 자신이 보고 듣고 느끼는 것에 대하여 직접적으로 그리고 자발적으로 자유롭게 반응한다. 두 사람은 서로를 신뢰하기 때문에, 은밀한 인식 세계, 경험, 행동을 서로에게 개방하고 아무런 반대급부를 요구하지 않으면서 두려움 없이 문을 여는 기쁨만을 누린다.

이러한 관계를 맺기 위하여 어린이자아는 내면의 부모자아로부터 독립하듯이, 실제 부모로부터도 거리를 두어야 한다. 예를 들어 만일 실제 부모들 중 한 사람이 뒤에 서 있다면 걱정 없는 성적 즐거움과 친밀함은 불가능할 것이다. 만일 내면의 부모자아가 침실의 유령으로 있다면 그와 같은 문제가 생길 것이다. 그는 어른자아로부터도 멀어져야 하는데, 그 이유는 어른자아가 그에게 이성적일 것을 기대하기 때문이다. 이성적으로 된다는 것은 부모가 아이들을 망치는 첫 번째 방식이다. 예를 들어, 부모는 오랜 동안 순수하고 자발적 즐거움으로 아이들의 말을 들을 수 없다. 곧 아기가 새의 노래 소리를 들으면, 아버지 어머니는 "새, 새"라고 말할 것이고, 아기도 "새, 새"라고 말하게 된다. 나중에 아기는 참새와 어치 사이의 차이를 배워야 할 것이다. 이 어른자아 활동은 어린이자아가 듣는 것을 방해할 것이다. 물론 그러한 가르침은 필요하고 가치 있다. 아기는 그런 가르침 없이는 성장할 수 없을 것이다. 대부분의 경우에 문제가 되는 것은 그 사람이 다시는 이 어른자아의 자료 정리 방식을 중단할 수 없다는 것이다. 그렇기 때문에 초기 어린 시절이 지나면 대부분의 사람들은 다시는 정말로 새 소리를 듣지 못한다.

그와 같은 일은 다른 사람을 바라보는 것에도 적용된다. 부모는 아이들이 사람들을 빤히 쳐다보지 못하도록 가르친다. 미용사, 피부과, 정신의학과 같은 전문적 활동을* 하는 동안이 아니라면, 그렇게 하면 버릇없는 아이가 되기 때문이다. 결과는 대부분의 사람들이 5살 이후에는 결코 다른 사람을

* 전문가는 상대방을 빤히 바라볼 수 있다. 왜냐하면 전문가가 전문적 행동을 할 때, 내담자는 암묵적으로 그들에게 그렇게 할 수 있도록 허용한다. 즉 특정 전문가의 계약은 상대방을 바라볼 수 있는 면허증이라는 말이다. 전문가의 부모자아는 바라보는 것이 직업인 한, 즉 어른자아의 일인 한, 바라보지 말아야 한다는 규칙에 매이지 않는다. 그러나 때로는 어린이자아가 몰래 보기 위하여 그것을 이용한다. 왜곡된 부모자아는 바라보는 면허증을 남용하는 것에 동의하기도 하여, 그림 17C에서 보여주는 음란 기제라는 흥미로운 사례를 보여주기도 한다. 따라서 속이는 어린이자아가 죄책감을 느끼는지 안 느끼는지는 (같은 성 또는 이성의) 부모자아가 음란한지 아닌지에 달려 있다.

실제로 보지 않는다. 친밀한 관계에서는 각자 처음에 가졌던 순진한 어린이자아상태로 돌아가서 부모자아의 금지와 어른자아의 요구에 구애받지 않고 세상이 제공하는 가장 순수한 형태로 보고 듣고 맛볼 수 있다. 이러한 어린이자아의 자유는 친밀함의 본질적인 부분이어서, 그것은 해와 달과 별이 있는 우주를 두 사람이 즐기기 위한 감미로운 세계로 바꾼다.

일방적인 친밀함도 있다. 그런 경우에 한 사람은 친밀함을 위한 준비가 되었지만 다른 사람은 그것에 저항한다. 이것은 발작의 전형적인 상황과 같은 것으로, 거기에서 한 사람은 사랑의 준비가 되어 사랑하지만, 상대방은 단순히 사랑받도록 허용할 뿐이다. 부도덕한 사람은 자신의 이익을 위하여 그러한 상황을 이용할 수 있다. 많은 매춘부와 창녀는 자신의 경계를 늦추지 않고도 개방하고 친밀한 어린이자아를 남자들에게 자유롭게 보여주는 방법을 안다. 포주와 매춘부를 이용하는 사람들은 그와 같은 방식으로 여성들을 착취할 수 있다.*

'친밀함 실험'을 해보자. 두 사람이 서로 눈을 마주보며 가깝게 앉는다. 그리고 서로에게 직접 말하면서 친밀함에 대하여 흥미 있는 많은 일이 드러나는 동안 계속 서로를 바라본다.[12)]

먼저 그것은 두 사람이 처음 본 사람이나 단순히 지인으로 시작해서 두 사람이 15분 후에 또는 적절한 조건 하에서 친밀함을 느낄 수 있다는 것을 보여준다. 두 번째로 그것은 서로를 정말로 바라보는 두 사람이 그리고 정말로 서로를 보고 서로에게 솔직하게 말하는 사람이 언제나 (이와 유사한 '만남'이 진행되는 한) 결과적으로 서로를 좋아하게 된다는 것을 보여준다.[13)]

이것은 (1) 사람들이 정말로 서로를 보지 않기 때문에 그리고/또는 (2) 사람들이 서로에게 솔직하게 말하지 않기 때문에 증오가 생긴다는 것을 나타낸다. 친밀함에 대하여 가장 큰 장애물은 비판적인 부모자아이고 그

---

* 대략적으로 말해서 현재 일반적인 매춘부의 비용은 선불로 100불까지 된다. 고급 매춘부는 100불 이상의 돈이나 물건을 주지만 선불이 아니다. 부자를 상대로 하는 창녀는 대가를 많이 받아서 그것을 위한 서류를 꾸미기 위하여 변호사를 쓰기도 한다.

다음으로는 왜곡된 어린이자아인 것 같다. 이것은 어느 정도는 유익하지만, 확고한 결론을 내기 전까지는 더 많은 탐구가 필요하다.

그러나 사실은 많은 부모들은 자녀들이 더 많이 더 잘 보고 듣도록, 친밀함에 개방하도록, 친밀함을 성적인 것과 구별하도록 잘 가르친다.

사랑 Love

사랑은 여러 가지 방식으로 정의되기 때문에 여기에서는 그 방식들을 검토하지 않을 것이다. 욕망, 우정, 애정은 그리스어로 에로스 eros, 필로스 philos, 아가페 agape 이다. 우리의 주제는 성이기 때문에 나는 에로스, 즉 성적 사랑의 도취와 욕망에 대하여 말할 것이다.

성적 사랑과 성적인 것은 욕망으로 가득 차 있거나, 좋게 말해서 활기찰 것이다. 그러나 진실한 사랑은 다른 모든 관계와 구별될 것이다. 즉 그것은 다른 사람의 행복과 안녕을 자신의 행복과 안녕보다 우선시한다. 사랑은 가장 완벽하고 가장 고상한 관계이다. 사랑은 다른 모든 것들 중에서 최고여서, 존경, 감탄, 흥분, 우정, 친밀함이 포함되는데, 이것들은 하나 같이 자신의 우아함이나 카리스마를 더해준다.

사랑의 관계는 지켜보고 듣는 부모자아 그리고 따분하고 신중한 어른자아가 없을 때만 존재할 수 있다. 그렇게 할 때 사람들은 서로를 세속적인 편견으로 보지 않게 되고 가슴 뛰는 행동을 그럴 듯한 이유로 제한시키지 않는다. 사랑은 어린이자아 대 어린이자아의 관계로 친밀한 관계보다 더 원초적인 관계이다. 친밀함의 어린이자아는 사물을 있는 그대로 오염되지 않은 아름다움을 지닌 것으로 보지만, 사랑의 어린이자아는 거기에 무엇인가를 더해서 백합의 연인 외에 누구에게도 보이지 않는 빛나는 후광을 덧입힌다. 사랑은 유아의 방식으로 원초적인 시각이다. 내 생각에는 아이가 어머니를 보는 것과 같다. 유아에게 어머니는 세상에서 가장 아름다운 대상 또는 사람일 뿐 아니라 다른 어떤 세계의 빛보다도 더 은은하게 빛나는 빛이다.

이것은 사람들이 LSD로 보는 빛과 닮았다. 다른 점은 그들의 사랑 안에는 두 사람이 관련되어 있고 그들의 내부와 머릿속에서 무엇이 일어나고 있는 것이 아니라 외부에서 서로 관련되어있다는 것이다. 약물은 사람들을 대신하고 사람들은 약물보다 더 좋다. LSD를 복용한 사람은 약물에 취하지만 사랑에 빠진 사람은 가장 순수한 상태에 있을 수 있다. 사랑에 빠진 사람은 부모자아의 몰락과 어른자아의 의혹의 독성을 해독한다. 그리고 어린이자아는 인류에게 가장 위대한 모험을 자유롭게 시작할 수 있다. 약물에 도취될 때 그는 자신의 안녕에는 관심이 없고 귀 기울이지 않는 비인간적인 힘에 사로잡힌다. 그러나 사랑으로 해독될 때 가장 인간적인 현실을 접한다. 누군가에게 가장 큰 기쁨은 자신의 말뿐 아니라 목소리 억양도 들어주는 것이고 가장 큰 관심은 바로 그의 행복과 안녕이다. 사랑은 눈물 없이는 아무도 떠날 수 없는 달콤한 덫이다.

어떤 사람은 반조각의 빵이라도 없는 것보다는 있는 것이 낫다고 말하듯이, 일방적인 사랑이 없는 것보다 낫다고 말하지만 그것은 딱딱해져서 곧 부패한다.

관계 분류 Classifying Relationships

관계가 순수할지라도, 많은 관계들이 섞여 있기 때문에 분류하는 것이 쉽지 않다. 관계를 그때그때 보게 되면, 이해가 된다. 다음의 예는 관계가 분류하기가 어렵고 미묘하다는 것을 잘 보여준다. 그것은 관계 도식으로 해결될 수 있다.

20대의 젊은 엄마 수전은 아기를 사랑했고 강한 모성애를 갖고 있었다. 그녀는 남성과 그들의 성을 두려워해서 언제나 남성들을 멀리 했다. 그녀는 지인관계에서 발전하여 친밀함과 사랑으로 나아가는 것을 위협으로 느껴 그런 위협을 느끼기 전에 관계를 끝내는 게임을 했다. 다음의 대화를 보자.

수전: 나는 로저와 잘 지내지만 사랑이 아니고 단지 부딪히는 정도죠. 우리는 아주 좋은 친구이지만 그는 오빠 같아요. 그는 집안의 이런저런 일을 잘 도와주고, 우리는 침실로 가죠. 나는 더 이상 성을 두려워하지 않지만 그 이상의 것은 없어요.

치료사: 아쉽게도 로저의 성기가 아닌 어떤 남자가 있는 것 같군요.

수전: 맞아요. 성기가 없다면 훨씬 더 간단했을 거예요. 내가 로저의 음경으로 놀 수 있고 나를 돌볼 남자가 있다면 좋았을 거예요.

교류분석의 언어로 말하자면 수전은 로저가 돌보는 부모자아, 유용한 어른자아, 섹시한 어린이자아 모두를 사용하기를 원하지만, 수전 자신은 계속해서 어린이자아상태에 있다는 것이다. 그녀의 말에 따르면, 관계는 동료나 친구 관계 같지만 다른 점이 있다. 동료관계는(그림 7) 부모자아 대 부모자아, 어른자아 대 어른자아, 어린이자아 대 어린이자아라는 직선 관계이지만, 수전의 관계는 사선 벡터이다. 동료관계는 대칭적이어서, 두 사람이 동등하지만, 수전과 로저의 관계는 그렇지 않다. 우정은(그림 8) 사선 벡터이지만, 부모자아를 거의 포함하지 않는다. 그렇지만 부모자아는 수전과 로저의 관계에서 필요한 부분이다. 그리고 우정은 대칭적이지만 수전과 로저의 관계는 그렇지 않다.

우리는 그들의 관계를 세 부분으로 나누어볼 수 있다. 수전은 언제나 어린이자아상태로 있지만(그림 9-11) 로저는 다른 자아상태로 바꾼다. 만일 우리가 이 세 개의 도식을 함께 본다면 전체적인 그림을 볼 수 있을 것이다(그림 12). 이것은 어떤 가능성이 있는지를 예측하는 데 사용될 수 있다. 동료관계나(A-A) 결혼 관계에는(이 관계는 세 개 이상의 벡터가 필요하다) 좋은 도식이 아닌 것 같다. 우리는 이미 동반자나 우정의 관계 방식에 어려움이 있다는 것을 논의했다. 친밀함과 사랑은 비대칭이기 때문에 다르다. 그렇기 때문에 수전은 심리치료나 다른 남자를 만남으로써 변해야 한다. 그러면 그녀는 어린이자아의 두려움을 극복하고 로저를 동등하게 만날 수 있다. 따라서 우리는 수전과 로저의 관계가 일시적일 뿐임을 (그럴 것이다) 예측할 수 있다. 로저가 그 관계에서 약간의 만족을 얻었을지는 몰라도 수전 쪽에서는 그것이 전체적으로 착취의 관계였다. 그녀는 로저가 찾을 수 있는 것 외에는 어떤 것도 제공하지 못한 채 그녀 자신의 욕구를 위하여 로저의 자아상태 세 가지 모두를 사용했다.

이번 장에서 설명한 어떤 관계에서도 성이 자리하고 있음을 알 수 있다. 그것에 대하여 다음과 같이 약간의 설명을 더해보자.

지인이나 일시적인 성 | 이것은 돈 때문에, 무엇인가를 증명하기 위하여, 대단한 사람이라는 것을 보여주기 위하여, 또는 지루한 시간을 때우기 위하여 충동적으로 '우연히' 일어난다.

동료나 사무실 성 | 이것은 같은 지위를 가진 동료들 사이에서 일어난다. 대부분의 회사원은 또 다른 좋은 정부를 찾는 것이 또 다른 비서를 찾는 것보다 더 쉽다는 원칙을 주장한다. 현명한 비서는 좋은 남자 친구를 찾는 것이 좋은 사장을 찾는 것보다 더 쉽다는 원칙을 주장한다. 윤리적 고려 외에 치료사와 현명한 환자는 그와 비슷한 이유로 그런 일이 일어난다. 치료사는 또 다른 좋은 환자를 만나는 것보다 좋은 여자 친구를 찾는 것이 더 쉽다. 환자는 또 다른 좋은 치료사를 만나기보다 좋은 남자 친구를 찾는 것이 분명히 더 쉽다. 왜냐하면 세상에는 수백만의 좋은 신랑감이 있지만, 능력 있는 정신과 의사는 수천 명 정도일 뿐이기 때문이다.

위원회 성 | 이것은 근접성과 개인적 선호의 문제이다. 작업 위원회에서는 그것이 작용할 것이지만, "너무하네요 Ain't It Awful." 게임을 하는 위원회에서는 그것이 끔찍할 것이다.

존경의 성 | 두 사람이 결혼하지 않았는데 성행위를 할 수 있다고 확신하면 위험하다. 만일 완전히 솔직하고 완전히 만족스럽지 않다면 존경은 곧 잘못 사용된 열정으로 변하여 타버릴 것이다. 그리고 존경의 재는 타다 남은 경멸이 된다. 너무 멋진 무엇인가가 그렇게 사라지는 것은 위험을 무릅쓸 가치가 없다.

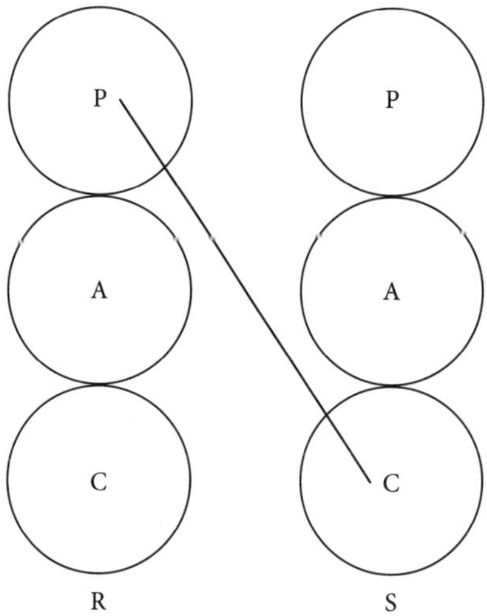

그림 9. 비대칭적 P-C 관계 "나를 돌보는 사람"

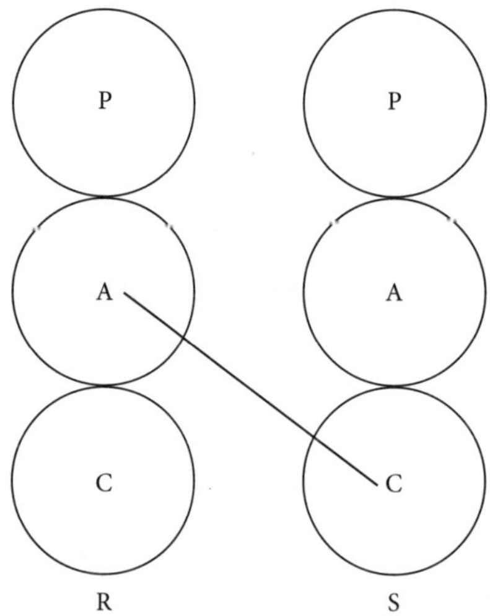

그림 10. 비대칭적 A-C 관계 "물건을 고치는 사람"

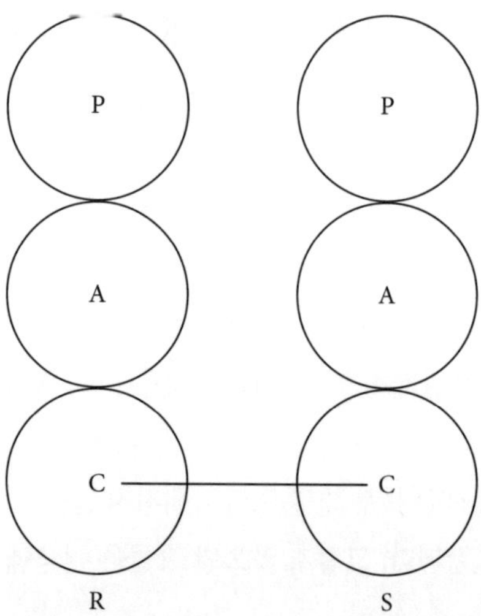

그림 11. 대칭적 C-C 관계 "함께 놀이하는 페니스"

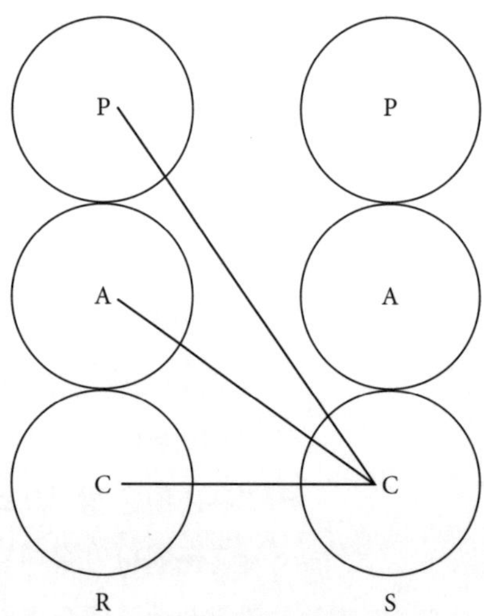

그림 12. 전적인 착취, 수전-로저 관계

감탄의 성 | 이것은 감동을 주는 사람으로부터 사인 받기에 좋은 방법이다.
애정의 성 | 이것은 근사한 것이다.
사교적인 성 | 사람들은 방 임대를 공유하는 좋은 방법이라고 생각한다.
우정의 성 | 어떤 것도 성처럼 우정을 간섭하지 않고, 어떤 것도 우정처럼 성을 간섭하지 않는다.
친밀한 성 | 놀랍다.
사랑의 성 | 준비된 성관계는 좋은 결합을 만들고, 또한 아기를 만든다.

결혼 Marriage

결혼은 앞에서 논의한 상황 모두를 포함하거나 거기에 기초해 있다. 나는 미국에서만 매년 오십만의 부부들이 이혼하는 어려운 관계에 대한 공식적 분석을 하지 않을 것이다(이것의 교훈은 분명히 이혼에 대한 국가적 치유는 결혼을 폐지하는 것이다). 그러나 나는 어느 정도까지는 두 가지 이익이 있는 매우 인위적인 분류를 제안하려 한다. 그것은 중요한 것이고 기억하기 쉬운 것으로, 알파벳 AHIOSVXY 으로 나타낼 수 있다.

A 결혼은 어쩔 수 없이 미봉책으로 시작한다. 부부는 멀리 떨어져 있지만 곧 하나의 공통 유대관계, 아마도 아기를 갖게 될 것이다. A의 크로스바는 이것을 나타낸다. 시간이 흐르면서 그들은 점점 가까워지고, 마침내 함께 하면서 결혼관계를 지속한다. 이것은 부록 A로 잘 설명된다.

H 결혼은 같은 방식으로 시작하지만 부부가 결코 가까워지지 않는다. 결혼은 하나의 유대관계로 결합된다. 그렇지 않으면 그들은 처음에 가고자 했던 곳으로 각자 간다.

I 결혼은 부부가 하나의 단위로 시작하여 하나의 단위로 끝난다.

O 결혼은 원을 빙글빙글 돌면서 결코 어디에도 이르지 못한다. 죽음이나

이별로 끝날 때까지 같은 패턴을 반복한다.

S 결혼은 행복을 찾아 방황하지만 결국 처음에 시작했던 때보다 약간 위로 그리고 앞으로 나아간다. 그러나 두 사람은 실망하고 낙담한 채로 있으면서 앞으로 더 나아가지 못하고 심리치료를 받아야 할 것이다. 그들은 이혼을 원하지 않기 때문이다.

V 결혼은 기끼운 부부로 시작하지만 즉시 아니면 신혼여행 갔다 와서 또는 첫날 밤을 보내고 나서 갈라지기 시작할 것이다.

X 결혼은 A와 같이 시작한다. 한때는 축복의 기간이 있었다. 그들은 그런 축복이 다시 있기를 기다리지만 결코 그런 일은 일어나지 않는다. 곧 그들은 다시 사이가 멀어져서 결코 재결합하지 못한다.

Y 결혼은 좋게 시작하지만 문제가 계속 생기면서 결국 각자 자신만의 흥미를 찾아 자신의 길을 간다.

다른 유형의 결혼도 많이 있지만, 그것은 우리가 사용하는 알파벳에 잘 맞지 않아서, 더 복잡한 분류 시스템에 포함되어야 할 것이다.

합법적 관계 Legal Relationships

구조적 또는 자아상태 시스템으로 관계를 분류한 것과는 반대로, 성적 국면을 합법적 분류 시스템으로 분류한 것을 간략하게 살펴보자. 개인적 관계는 로마 시대 이래로 그리고 그보다 훨씬 전부터도 전문가에 의한 지속적 검토와 규정이 이루어지고 있다. 법전에서 말한 네 가지 주요 분류 외에 우리는 다섯 번째 분류를 포함시킨다.[14)]

왜냐하면 그것은 일차적으로 개인적 관계는 아닐지라도 쉽게 개인적 관계가 되기 때문이다.

남편과 아내

성은 남편과 아내 사이에서 허용될 뿐 아니라 어느 정도는 필수적이다. 만일 결혼하고 성관계가 이루어지지 않는다면 그것은 결혼 무효처리를 위한 근거가 될 것이다. 한편 많은 주에서 결혼에서 허용될 수 있는 성의 종류를 엄격하게 제한한다. 직접 성관계를 맺는 것 외의 어떤 것도 본성 nature 을 거스르는 범죄로 볼 수 있고 구속될 수 있는 중죄가 된다. 따라서 법적으로 말하면, 직접적인 성행위는 결혼관계에서 이루어지지만 다른 형태의 성교는 두 사람을 범죄자로 만든다.

부모와 자녀

부모와 자녀 사이의 성교는 금지되어 있다. 왜냐하면 자녀가 다 자란 후에도 그것은 근친상간이 되기 때문이다. 유일하게 법으로 허용된 성적 쾌락은 도덕이나 위생으로 정당화된 극단적 성도착이나 파격적인 방법이 된다. 이때 아버지는 딸을 포함하여 자녀가 옷을 입었거나 말았거나 그들의 엉덩이를 때릴 수 있도록 허용된다. 어머니는 의사의 처방 없이도 아들을(아버지는 딸을) 매일 관장시킬 수 있도록 허용된다. 아버지는 딸이 데이트에서 돌아올 때 성관계를 했는지 알기 위하여 옷을 들어 올릴 수 있도록 법적으로 허용된다. 두 부모는 자녀가 있는 데서 옷을 다 벗고 침실로 갈 수 있도록 허용된다.

보호자와 피보호자

여기에는 복잡한 법적 상황이 많이 있다. 일반적으로 말해서 보호자와 피보호자는 서로 성관계를 하지 못하게 되어 있다. 어떤 경우에 그것은 명확히 금지되어 있고, 어떤 경우에는 허용되어서, 합법적 관계의 쾌락들 중 하나가 될 것이다. 만일 피보호자가 미성년자라면 부모와 자녀의 경우에서와 같은 성도착이 허용될 수 있다.

주인과 하인

이것은 스승과 견습생, 선생과 학생 관계일 수 있다. 주인이 하인과 또는 여주인이 하인과 성관계를 맺는 것은 기정사실이다(또는 적어도 자주 일어난다). 결과가 좋지 않으면 하인은 관습법에 의해 보상을 받을 것이다. 따라서 그러한 관계는 영주의 저택 룰렛의 한 형태이다. 하녀의 숫자가 모자라면 주인은 포기해야 한다. 교사들이 학생들로부터 거리를 유지하던 과거에는 그들 사이의 성이 의심스럽게 보였다. 그러나 관계가 더 친밀하게 될 때 성은 점점 더 공통적으로 받아들여진다. 사장과 비서의 관계는 분별심이 있음에도 불구하고 공동의 성적 관계이지만 그러한 이중 계약은 위험하다. 많은 여성은 좋은 비서나 좋은 주인이 될 수 있지만 같은 남자에게 둘 다이기는 쉽지 않다. 그리고 두 가지는 서로를 종종 간섭한다.

공급자와 고객

회사원이 고객과 특별히 성관계를 맺지 못한다는 법은 없지만, 신뢰하는 성격을 지닌 전문적 관계에서는 그런 법이 있다. 고객은 공급자의 손에 있고 공급자의 판단에 의지하여 그의 충고를 듣기 쉽다. 왜냐하면 공급자가 물품 대금을 받았기 때문이다. 이것은 변호사나 사회복지사와 그들의 내담자와의 관계에서도 마찬가지이다. 전문가가 내담자나 환자와 관계를 맺는 것은 비윤리적이고 때로는 불법으로 간주된다. 몇몇 치료사는 환자가 더 빨리 좋아질 것이라는 신념으로 그렇게 한다. 그러나 그렇게 하는 것은 거의 효과가 없다. 대부분의 경우에 그것은 치료 관계를 해치고 환자는 더 악화된다.

그 계약에 사랑이 포함되어 있지 않다는 것은 옳지 않다. 환자는 치료를 위해 돈을 지불한 것이지 성을 위하여 지불한 것이 아니다. 어떤 치료사와 변호사는 윤리적 문제에 걸리지 않도록 사건이 종결될 때까지 기다렸다가 내담자와 성관계를 맺는다. 이것은 합법적일 수는 있지만, 윤리적이지는 않다. 때때로 공급자는 고객과 성관계를 맺고 그 대가를 받기 때문에 자기 자신을 마약 밀매자나 제비족 수준으로 하락시킨다.

관계에 대한 합법적 분류는 생각할 가능성을 제공한다고 볼 수 있지만, 교류분석 접근법만큼 일관성 있지도 않고 지적으로 만족스럽지도 못하다. 또한 분석, 이해, 예측에 대한 어떤 이익도 제공하지 못한다. 그것은 실제로 과학적이기보다는 냉소적이다. 그것은 흔히 다른 시스템에도 거의 마찬가지로 적용된다. 정신분석은 관계를 분석할 수 있지만 관계를 의미 있게 분류하지는 못한다. 정신분석은 교류분석보다 훨씬 더 번거롭고 복잡하다.

이 책의 부록은 보다 공식적으로 관계를 분류하는 것에 대한 더 많은 정보를 제공한다.

각주와 참고문헌

1) Berne, E.: *Transactional Analysis in Psychotherapy,* op. cit.
2) Dutch, R. A. (ed.): *Roget's Thesaurus*. St. Martin's Pres,, New York, 1963. Liddell, H. G., & Scott, R.: *Greek-English Lexicon*, Clarendon Press, Oxford, 1883.
3) 나는 심리사회적 특수용어의 케케묵은 개념으로 악화시킨 몇몇 다른 단어들과 함께 가능한 한 '관계'라는 단어를 피하려 한다. 그러나 이 단어들 중 하나가 도식에서 상당히 엄격하게 표현될 수 있을 때마다 예외는 있다. 여기에서 '관계'라는 단어는 특별히 구조적 관계 도식에 의해 표현되는 것을 의미하는 데 사용된다.
4) 이것은 암 병동이 불치병 환자를 위한 집에서부터(실제로 내가 어렸을 때 캐나다 몬트리올에 그런 이름을 가진 기관이 있었다. 그때도 나는 그 생각이 잘못되었다고 생각했다.) 모두가 할 일을 가진 협동 공동체로 바뀔 때 실제로 일어난다. 환자들이 죽음을 기다리면서 매일매일 불행한 느낌을 가진 채 병상에 누워 있는 대신, 모든 사람이 그렇듯이, 실제로 죽음이 여전히 그들을 기다리고 있을지라도 다시 살아났을 동안 즐거워하기 시작했다. "Terminal Cancer Ward: Patients Build Atmosphere of Dignity" *Journal of the American Medical Association* 208:1289, May 26, 1969를 보아라. 그리고 Klagsbrun, S.C.: "Cancer, Emotions, and Nurses" *Summary of Scientific Proceedings*, 122nd Annual Meeting, American Psychiatric Association, Washington, 1969. 를 보아라.

5) Lorenz, K.Z.: *King Solomon's Ring*. N.K. Wilson 번역, Thomas Y. Crowell-Company, New York, 1952.
6) 상징주의에 대한 이 논의는 E. Jones의 *Papers on Psycho-Analysis*, Beacon Press, Boston, 1961 안에 Ernest Jones의 "The Theory of Symbolism"이라는 고전적 논문에서 설명하는 정신분석적 관점과는 다르다.
7) Ford, C. S. 그리고 Beach, F. A.: *Patterns of Sexual Behavior*. Harper & Brothers, New York, 1951.
8) 한 사람의 몸으로 공기 중에 나타내는 '무취의 냄새' 화학 반응 개념은 무슨 일이 일어났는지 알지 못해도 다른 사람들의 행동에 영향을 미칠 수 있으며, 그것은 형이상학적인 것이 아니다. 우선 그러한 화학반응은 어떤 냄새도 맡지 못하는 사람 외에는 몸의 냄새와 같은 작용을 할 것이다. 두 번째, 일산화탄소, 군사용 가스, 방사능 등과 같은 무취의 가스는 그 영향이 병리적 변화 때문이긴 하지만, 분명히 행동에 영향을 미칠 수 있다. 세 번째, 나방과 같은 곤충이 그러한 물질을 퍼뜨리고, 그 물질을 나방이나 사람이 흡입하지만, 사람은 그것이 있는 줄 모른다. 곤충에게 그 물질은 페로몬이라는 호르몬이 되어, 같은 종의 다른 개체로부터 생리적 또는 행동적 반응을 자극한다. 그 종의 특이성은 특별한 케톤이라는 화학 물질이 있느냐에 따라 달라진다.
숫나방은 암나방이 뿌리는 페로몬 냄새를 맡지만, 그것은 알 길이 없다. 그러나 후각기관은 그런 것들의 영향을 받는 것으로 알려져 있다. 그것은 냄새를 맡는 곤충 더듬이와 같은 밍진도반응 장치를 통하여 확인할 수 있다 (Schneider, D., & Seibt, U.: "Sex Pheromone of the Queen Butterfly: Electroantennogram Responses" *Science* 164:1173-1174, June 9, 1969).
9) 나는 조건화된 흥분이 '가능하다'고 말했다. 왜냐하면 그것을 지지할 임상적 자료가 없기 때문이다. 내가 그렇게 말한 것은 그럴듯해 보이고 분명히 희망적이다. 그러나 불행하게도 최근에 이혼한 이혼녀에게 그것에 대하여 물었을 때, 그녀는 단호하게 "아니! 그것은 그런 방식으로 작용하지 않아요." 라고 말했다. 그녀는 부엌에서 그것을 시도했기 때문에 그것을 잘 알고 있었다. 그것은 단지 가능성으로만 있는 것이다. 왜냐하면 그것은 염려하는 아내, 실험 심리학자, 행동주의 치료사에게 위안을 주기 때문이다.
10) Pavlov, I. P.: *Conditioned Reflexes and Psychiatry*. W. H. Gantt 번역, International Publishers, New York, 1941.
11) de Sade, D. A. F.: op. cit.
12) Berne, E.: "The Intimacy Experiment." *Transactional Analysis Bulletin* 3:113, 1964, 그리고 "More About Intimacy" 같은 책, 3:125, 1964.
13) 이러한 실험에서 '~처럼' 이라는 단어가 사용되지만, 그 이상의 것이 있다.

왜냐하면 (공식적으로 또는 비공식적으로) 고문하는 사람들과 희생자들이 정말로 서로를 바라보고 또 서로에게 솔직히 말할 때, 그들 사이에서 무슨 일이 일어나는가에 대한 문헌연구는 그 후의 관계가 이상하다는 것을 잘 묘사하기 때문이다.

14) 캘리포니아 민법은 이 논의를 위한 기초가 되지만, 그것이 엄격하게 지켜지지는 않는다.

5

'성'적인 게임들

SEXUAL GAMES

서론: 광적인 세상

혼자, 집단이, 커플이 성을 즐길 수 있다. 성은 친밀, 열정, 믿음, 의무로써 혹은 액을 막아주는 시간을 보내고 지루하여 불쾌한 날이 되는 것을 방지하기도 한다. 매춘 업자가 지루함을 죽음처럼 느끼면, 질병, 사고 혹은 의도일지도 모르지만 언젠가 재앙을 불러온다. 사실 문제는 단순히 시간이 지나가는 것이 아니라 우리가 시간을 통과하는 것이다. 그것은 옛날 사람이 말을 하였던 우리가 강둑에 서서 강을 지켜보고 있는 것이 아니라 강을 건너가야 하는, 것이다. 보트로 대서양을 횡단하는 것과 같이 외로운 노동자로 바다를 조심스럽게 횡단해야 하는 경우도 있다. 또는 우리는 엔진오일이 있고 자동항해 장치가 되어 있어서 아무것도 할 것이 없어서 술을 마시며 냉철하게 셔플보드 게임하는 무리 속에 있을 수도 있다. 소형돛단배 혹은 범선, 웅장한 배에서 돛을 펼치고 항해하고 장엄한 활주는 극히 드물다. 배에 모든 장비를 갖추고 칠대양을 무사히 항해한 유일한 왕족 주인이라도 배 후미, 이봐 거기 중지! 하고 외친다. 배가 아래로 내려가는 것을 심하게 개의하지 않고 거침없이 항해할 가능성도 여전히 있다.

여러 도시와 나라에는 수만 마리의 새들이 있지만, 한 마리 새의 노래라도 온전히 들을 수 있는 사람은 얼마나 될까? 여러 도시와 나라에는 수천 그루의 나무가 있지만 오늘날 한 나무를 온전히 보는 사람은 몇 명일까? 이 이야기는 나의 경험담이다. 나는 거주하는 작은 마을에서 사무실부터 우체국까지 일주일에 다섯 번 가량을 걷는다. 나는 꼭 같은 경로로 2년 동안 대략 500번 걸었다. 어느 날 나는 모퉁이를 돌면서 가시가 많이 난

종려나무 두 그루 사이에 자라고 있는 선인장이 눈에 들어왔다. 나는 강인한 기쁨을 주는 선인장이 자라고 있는 것을 알아차리지 못하고 499번 이 길을 지나다녔다. 왜냐하면, 나는 우체국으로 가면서 우편물을 사무실에 가져와서 답장하러 우체국에 다시 가야 한다는 생각에 사로잡혀 있었기 때문이다. 그 당시 나는 담보대출을 받았고 대출금을 한 번도 연체하지 않았다. 지방의회가 거리에 쓰레기를 치우는데 힘들지 않게 나는 매번 우편물을 찢어 조심스럽게 쓰레기통에 넣었다.

나는 비엔나 호텔 침대에 누워서 꽤 고요한 밤과 비엔나 아침의 느린 왈츠와 함께 새벽에 생명이 처음 바스락거리는 소리를 들으면서 그것에 대하여 생각하였다. 먼저 6시에 일하는 사람들은 7시에 일하는 사람들을 위하여 춤추듯 움직이고, 7시에 일하는 사람들은 8시에 일하는 사람들을 위하여, 그리고 8시에 일하는 사람들은 9시에 일하는 사람들을 위하여 움직인다.* 그래서 그들은 가게와 사무실을 열고 쇼핑과 영업상 전화를 10시부터 시작한다. 그리고 12시에 가게를 닫고 집으로 가서 점심식사를 하고 다시 2시에 가게를 열어서 5시까지 영업을 하고 6시에 집으로 되돌아와 옷을 갈아입고 저녁 준비를 하고 7시부터 8시까지 극장에서 지낸다. 사람들은 집으로 돌아와서 잠을 자다 11시 정도에 깨면 좋은 일이 내일 아침 5시, 6시, 7시, 8시에도 계속될 것이라 여기면서 단잠을 청한다.

이 모든 것들에 꼭 얽매이지 않는 일요일에, 사람들은 다뉴브 강으로 뛰어들어서 평소와 다르게 시간의 흐름이 아닌 강의 흐름에 자신을 맡긴다. 시간은 강이 아니라, 탄생의 울음소리가 있는 해안가로부터 더럽혀진 죽음의 해안가까지 횡단해야 하는 바다이다. 그리고 이것은 환상적인 작사가 아니라, 물의 마력**이다. 왜냐하면 비엔나에서 매년 500명이 자살하기 때문이다. 세계에서 가장 자살률이 높은 나라는 어느 나라일까?

---

* 6시: 버스 운전사라고 짐작하고, 7시는 요리사라고, 8시는 식당 종업원이라고 짐작한다.

** Nepenthes는 오늘날 nepenthe로 표기한다. 모든 고통, 시름, 슬픔, 걱정을 잊어버리게 하는 묘약이다. 트로이 왕자에게 잡혀간 헬렌이 이집트의 딸에게 얻어서 톡 쏘는 포도주를 만드는 데 사용하였다.[1] 오디세이 책 4부에서 대마초 비슷한 것으로 묘사되고 있다. Potam은 어원상 강을, Thanat는 죽음을 의미한다. 그래서 죽음의 강은 모든 걱정을 끝내기 위한 음료이다.

헝가리. 헝가리는 당신이 생각하기에 공산국가이다. 두 번째로 자살률이 높은 나라는? 오스트리아. 오스트리아는 당신이 생각하기에 민주국가이다. 사실상, 두 나라는 다뉴브 강을 똑같이 접하고 있다. 공산국가에서 자살이 민주국가 백인 미국인들보다 적지만 백인을 제외한 미국인보다 많다.[2)]

시간은 지나가는 것이 아니고 통과되어야만 한다. 시간은 항상 짜여있고 구조화되어 있다는 것을 의미한다. 이 자리에 안주하지 말고 무엇인가 하라! 오늘 아침에, 오후에, 밤에 우리는 무엇을 할까요? 엄마, 그때 내가 할 것은 아무것도 없어요. 아이는 어떤 것도 하지 않았다. 아이는 많은 것들을 해야만 하지만 일어나서, 느긋하게 빈둥거린다. 일어나 침대 밖으로 나와라. 아무것도 하지 말고 가만히 앉아서 너의 정신을 99채널에 고정시키면 한 시간에 백만 달러를 준다. 백만 달러라고? 그는 그만한 가치가 있는 사람이지. 줄 수 있으면 이백만 달러를 주시오.

성은 시간을 구조화시키는 핵심적인 구성요소이다. 거세를 당한 사람이 무엇인가를 할때 조차도 성은 풍성하게 드러난다. 유럽과 아시아계 혼혈로 아픈 노인네가 후궁 몸 위에 앉아서 흥분하기를 원하면서 다양한 방식으로 경험을 직접 쌓았다. 잘린 노인네의 음낭이 무슨 좋은 일을 할 수 있을까? 성은 어떤 의미로도 머릿속에 존재하지만 음낭 속에 존재하지 않는다. 당신은 성욕을 만족시키려고 천천히 접촉을 시도하여, 가슴을 애무하는 어려운 방법을 발견할 것이다. 그들은 '나는 잔인하지만 관능적인 감각의 유머를 지닌 터키 사람이고, 오랜 이슬람 문화에 젖어있고 터키 이스탄불에 위치한 만 골든 혼에서 성적으로 흥분한 생명체이고, 추악한 싸구려 술집에서 창녀들을 피해서 건강한 아내나 첩들에게 간다.'라고 말한다. 시간이 지나서, 노인네들은 추악해진 아내나 첩에서 벗어나서 건강한 싸구려 술집에 들어갔다. 아버지는 자기가 원하는 대로 성을 즐긴다.

삶은 성보다 더 많은 의미가 있다. 이 의미는 섹스를 언제나 할 수 없고, 늘 생각할 수도 없다는 것이다. 동물들도 봄과 가을에만 섹스하며 나머지 시간에는 먹고, 먹고 먹는다. 누가 동물처럼 되기를 원하겠는가? 실황은 다르다! 차이점으로 먹는 것과 성의 핵심요소보다 더 중요한 어떤 것이 사람에게 있다. 나는 먹고 섹스를 하면서 그 사이사이에 나를 위해 스스로 존재하고 있다. 나는 많이 먹고 많이 섹스를 하면서(충분하지 않지만 필요한 만큼보다) 나의 본모습으로 존재하기를 원하고 나답다. 불행하게도, 대부분의 경우에, 이것은 착각이다.

부모의 프로그램

태초부터 인간은 들었던 대로 한다. 대부분의 동물들은 들었던 대로 하지 않는다. 이것이 인간과 동물의 차이점이고, 사람들이 늘 말하는 것과 반대이다. 선천적으로 동물보다 더 섹시한 남자를 우리는 동물로 부르지만, 섹시하지 않은 동물에게 남자라고 부르지 않는다. 잔인한 남자들을 동물이라고 칭하지만, 사실 동물들은 굶주린 경우를 제외하고 잔인하지 않다. 인간은 모든 동물들 중에서 실제로 가장 잘 순응할 때 자유를 외친다.

어떤 동물들은 이곳저곳에서 묘기수행하게 훈련될 수 있지만 길들여지지 않는다. 다른 동물들은 길들여지고 여기저기서 곡예부리도록 훈련될 수 있다. 하지만 사람은 처음부터 길들여지고 주인을 위하여 곡예하면서 온 인생을 보낸다. 첫 번째, 엄마와 아빠를 위하여, 다음 선생님을 위하여, 그 이후 그를 사로잡을 수 있는 누군가를 위하여, 전쟁과 혁명 혹은 평화를 위해 재주를 피운다. 혁명, 야! 꺼져, 알렉스. 나는 지금 '조'의 쇼를 대신하여 줄을 타고 있는 중이다. 제기랄, 만주 사람들! 중국식 웃옷은 갈색 양*을 위한 것이다. 믿고, 일하고, 복종하라. 나는 이매뉴얼을 믿을 수 없어서 벤저민에게 복종할 것이다. 나는 1마일을 걸어서 만세라고 말하고 자유롭다. 걷는 동안에 나는 여행을 떠나거나, 재판을 받거나, 목표에 도달하거나, 목표를 향해 간다. 인간은 복종, 복종, 복종, 복종, 복종하도록 프로그램 되어 있다. 혹은 민간사상에 복종, 혹은 저항에 불복종하도록 프로그램이 되어

*어린 양을 의미한다.

있다. 우측선, 좌측선 뒤에서 낙오되지 마라. 어떤 선에서도 낙오되지 마라. 내가 어느 쪽에서 낙오된 것일까? 내가 어느 쪽에서 낙오된 것일까? 낙오되지 마라. 주파수에 귀 기울여라, 열중하라, (인습을) 거부하라. 이것은 명령이다! 욕심 많은 다른 사람들의 말을 듣지 마라. 네가 갖고 있는 욕심에 귀 기울려라. 무정부주의자가 되어라. 독립적이 되어라, 제기랄. 저쪽이나 이쪽에 절대로 있지 말고, 원래 모습으로 존재하라. 낭신 사신을 슬기고 반드시 자발적이 되어야 한다.

어떤 일이 벌어진다.

태어나자마자, 아이는 무엇을 해야 하는지 뿐만 아니라, 보고, 듣고, 만지고, 생각하고, 느끼는 것도 배운다. 아이는 승자가 될지 혹은 패자가 될지, 자신의 인생이 어떻게 끝이 날지도 듣는다. 이런 말들은 그 아이의 마음과 머리에 컴퓨터의 기록 장치에 펀치 카드로 구멍을 뚫어 입력하는 것처럼 확고하게 프로그램화되어있다. 자신이 독립적이고 자율적인 생각을 할 수 있는 성인으로 순전히 자신의 자유로 어떤 카드를 선택한 것은, 인생 초기에 자기에게 입력된 카드의 구멍과 같다. 어떤 사람들은 반란을 일으키며 신난다. 이 반란은 어린 시절 주변 사람에게 전혀 듣지 않은 다른 카드나 한 번도 사용해 본 적이 없는 카드를 선택한다. 이것은 흔히 특별한 카드라고 예를 들면 당신이 18번 혹은 40번 카드를 사용하였는데 새로운 카드는 18번 혹은 40번이 안에서 밖으로 나온다. 다른 하나는 18번 혹은 40번 카드를 일련의 카드에서 사용하지 않고 진공상태로 둔다. 진공상태는 즉석 프로그램으로 약물이나 혁명적인 지도자로부터 가능한 빨리 채워진다. 얼간이나 자기중심적인 사람이 되지 않으려는 그들의 노력은 결국 중독자나 악의적인 사람으로 끝난다.

어떤 경우에도 사람은 개별적으로 5살이나 6살까지 순종적이다. 5살이나 6살이 될 때까지 아이들은 부모들에게 그 인생의 각본이나 큰 그림을 받는다. 아이는 부모에게 인생을 어떻게 살아야 하는지, 인생을 어떻게 끝낼 것인지, 승자, 비-승자, 패자에 대하여 듣는다. 아이는 사랑하는 사람에게 둘러싸여 큰 방에 있을 것인가? 혹은 아이의 침대가 도시 병원의 복도로 넘쳐서 밀려 나올 것인가? 혹은 샌프란시코 금문 해협에서 한 마리의 새가 차가운 파도가 일렁이는 바다로 떨어지는 것 같을까? 다섯 살이나 여섯 살이 될 때까지 아이는 이것을 전혀 모르지만 아이는 단지 승리한 사자와 외로운 복도와 차가운 물속에서 죽은 물고기를 안다. 그리고 아이는 아버지처럼 일등이나 이등으로 들어오거나, 혹은 노인네처럼 꼴찌로 들어오거나, 혹은 술에 정말 취하지 않을 수 있다는 것도 충분히 안다. 여기는 자유의 나라이지만, 쳐다보지 마라. 우리는 언론의 자유를 갖고 있으니, 나의 말에 귀 기울려라. 만약 네가 스스로 살피고 주의하지 않으면, 아무도 너를 살피고 조심하지 않는다, (a) 아니야, 아니야, 너한테 빚진 것이 없어, (b) 어린아이 손으로 내 돈을 훔치거나 (c) 도둑으로 성장할 것인가?

그를 잘 때려라. 당신은 그를 잘못 때렸다. 미안하다고 말해라. 조심해라. 나는 작은 괴물이 되도록 너를 심하게 야단칠 것이다. 화, 부적절함, 죄책감, 무서움, 상처를 느낄 것이다. 나는 너를 어떻게 생각하고 느낄지를 가르칠 것이다. 이런 것들을 생각하지 마라. 내 방식으로 네가 볼 때까지 지속적으로 생각하라. 나는 어떻게 하는지도 너에게 보여주겠다. 여기에 어떻게 모면하는지도 있다. 네가 어른이 되었을 때 어떤 사람이 되기를 원하는지도 모른다. 나는 네가 어떤 사람이 될지 말하겠다. 좋을 것이다. 아돌프가 너에게 말한 것처럼, 그리고 질문을 하지 마라. 달라져라. 다른 아이들처럼 되지 않겠니?

그래서 우리는 보지 않을 것, 듣지 않을 것, 만지지 않을 것, 그리고 어떤 감정들을 느껴야 하는지, 어떻게 생각하지 않아야 하는지, 무엇이 되지 말아야 하는지를, 학교에서 배우고 있다. 아이는 선생님과 자기와 비슷한 분류의 아이를 만난다. 이것은 소위 초등학교이며, 정말로 법률 학교이다. 아이가 열 살이 되었을 때(이 나이에 법률가들은 갇혀 있다.) 자신을 방어하기 위한 궤변가가 된다. 만약 아이가 특별히 심술궂다거나 버릇이 없다면, 그는 재주 많은 궤변가가 되어야만 한다. 당신은 선생님에게 칠판에 다시 써 달라고 칠판에 있는 것을 지우지 말라고(반대로 칠판에 다시 쓰지 말라고 칠판을 지우라고) 말을 해서는 안 된다고 아이에게 말해야 한다. 당신은 그녀의 사탕을 훔치지 말라고 하였지만, 풍선껌을 훔치지 말라고 하지도 않았다. 당신은 나에게 사촌 메리에게 나쁜 말을 하지 말라고 하였지만, 사촌 메리의 옷을 벗기면 안 된다고 말하지 않았다. 당신은 나에게 소녀들 위에 눕지 말라고 했지만 소년들에 대해서는 어떤 말도 하지 않았다.

나중에 고등학교에서, 진짜 각본 구성들이 나타난다. "삽입하게 하지 마라. 너는 임신될 수 있다!" 그때까지 그녀는 임신이 어떻게 되는지를 모르고 있었지만, 지금은 알고 있다. 그녀는 아직도 준비되지 않았다. 그녀는 신호를 기다려야만 한다. "내가 너에게 신호를 줄 때까지, 너는 임신될 수 있으니 삽입하게 하지 마라." 딸은 엄마가 16살에 혼외 출산으로 태어난 비밀을 분명히 푼다. 자연스럽게 엄마는 딸이 16살 생일을 보낼 때 아주 예민해진다. 어느 날 엄마는 "여름은 최악의 시간이고, 대부분의 고등학교 여학생들이 임신될 수 있다(엄마의 경험을 일반화하여)."라고 말한다. 이것은 신호이다. 그래서 딸은 삽입으로 몰고 갈 수 있고 임신한다.

아빠가 8살 아들에게 "남자의 방에 들어가지 마라. 왜냐하면 나쁜 남자를 만나서 끔찍한 일을 당할 수 있다."라고 말한다. 아빠는 일 년에 한 번씩 그것을 반복적으로 말한다. 그래서 시간이 다가왔을 때, 아들이 끔찍한 일이 생기는 것이 무엇일지 궁금하다. 아들은 어디로 가면 이 일이 발견될지를 안다. 또 다른 아버지는 성적인 지시뿐만 아니라 전체 인생 각본에 대해서도 사춘기 형벌 하나를 부가하였다. "버번 거리에 있는 사창가에 들어갈 수 있도록 너를 내버려 두지 마라, 거기에 있는 여자들은 5달러만 주면 네가 원하는 어떤 것도 할 수 있다." 아들은 5달러가 없어서, 다음날 오후에 버번 거리로 가려고 엄마 지갑에서 5달러를 훔쳤다. 그 날 밤에 엄마는 돈을 세어보고 일이 벌어진 것을 알았고, 아들이 숨긴 돈을 발견하였고, 들킨 아들에게 벌을 주었다. 아들은 교훈을 잘 배웠다. "만약 내가 내일까지 미루는 대신에 저녁을 먹은 후에 곧장 떠난다면, 모든 것이 괜찮을 것이다." 그는 5달러 때문에 잡히지 않았다. 이것은 좋은 비-승자 각본이다. 만약 여자를 원한다면, 돈을 가져라. 붙잡히기 전에 가능한 빨리 돈을 써라. 당신은 승자가 될 수 없지만, 손실을 확실하게 방지할 수 있다.

패자들은 다음과 같은 지시문을 읽는다. "만약 처음에 네가 성공하지 못한다면 도전하라, 도전하라, 다시 도전하라. 네가 약간 성공할지라도, 계속 도전하면 결국 너는 진다. 왜냐하면 너는 한꺼번에 이길 수 없다." 승자는 읽는다. "도대체 왜 지니? 만약 네가 진다면 네가 역할을 잘못하였다는 의미이다. 네가 그 일을 제대로 할 때까지 배워서 다시 하라."

만약 어떤 결정적인 힘에 간섭이 없다면, 각본은 좋거나 슬픈 결말을 맺는다. 세 가지 그런 힘이 있다. 가장 거대한 각본 파괴자로 역사의 흐름 속에 거침없이 내려오는 엄청난 사건들이 있다. 전쟁, 기근, 전염병, 탄압들은 시류를 이용하고 시류에 편승하는 자들이 사람들을 구하기 전에 모든 사람들에게 우주적 압박 수단처럼 불시에 닥치고 부순다. 두 번째는 정신과 치료와 다른 전환들이다. 각본은 부수어지고 패자를 비-승자(전진하도록 만듦)로, 비-승자를 승자로(잘 지내고, 가볍게 안착하고, 빛을 볼 수 있음) 바꾼다.

아주 드문 세 번째, 개인이 힘을 받아서 자동적인 결정 혹은 재결정으로 각본을 스스로 파괴한다. 이런 현상은 사람들이 자신의 각본을 스스로 만드는 것이 용인되는 분위기에서 일어난다. 최근에 가장 분명한 예로, 모택동은 중국 공산당 주석으로, 중산층 사람들에게 중산층 각본을 시작하였다. 그가 소유한 내적 투쟁이 실재적인 공산주의자가 되는 것으로 정의하여 자신의 역할에 편안함을 느끼고 중산층에게 불편한 각본 역할을 중국 역사상 패자 역할로 규정지었다. 그의 각본이 역사에 안착하여, 모택동[3]은 전쟁과 정치와 문학에서 승자가 되었다. 그래서 모택동에 관한 책은 그 시대와 현대에 아주 많이 읽혀지고 있다.

각본은 무의식적이지 않고 능숙한 질문이나 조심스런 자기 질문법으로 쉽게 밝힐 수 있다는 점을 알리는 것이 중요하다. 대부분의 사람들은 이런 인생계획이 존재하는 것을 인정하길 꺼린다. 대부분의 사람들은 각본으로 주입된 게임에서 자유로운 자신을 보여주기를 좋아한다.

각본의 종류들

각본들은 평생 동안 사용할 수 있도록 설계되어 있다. 각본들은 아동기 견고한 결정들과 부모들의 양육 프로그램으로 계속하여 강화하는 것에 기초한다. 강화는 일상에서 접하는 형태로 마치 매일 아침 잡담하는 아버지와 동료 혹은 엄마와 아줌마에게 전달될지도 모른다. 이런 강화는 간헐적이고 아주 미묘하지만 대단한 힘으로 일상적인 편지형태로 적용된다. 부모가 돌아가시고 난 뒤, 그들의 가르침은 살아계실 때보다 더 생생하게 기억될 수도 있다.

각본의 언어에서, 패자는 개구리[4]로 승자는 왕자나 공주로 불린다. 부모들은 자기 아이들이 승자나 패자가 되기를 원한다. 부모들은 자녀를 위하여 선택한 역할에서 행복하기를 바랄지도 모른지만, 특별한 경우를 제외하고 완전히 탈바꿈하기를 원하지 않는다. 도약하는 개구리의 엄마는 자기 딸이 행복한 개구리가 되기를 원하지만, 딸이 공주가 되려고 시도하는 것을 ("너는 대체 자신을 어떤 사람이라고 생각하니?") 저지하려 한다. 왜냐하면 엄마는 개구리로 자라도록 프로그램이 되어있었기 때문이다. 왕자로 성장하는 아들을 보는 아버지는 아들이 행복해지기를 바라지만, 개구리로 탈바꿈하는 것이 더 행복하지 않을까 자주 생각하기도 한다("우리는 너에게 최선을 다하였다.").

승자는 세상과 자신에 대한 약속을 이행한 사람으로 정의한다. 승자는 일을 시작하면, 자신이 관여되어있다고 말하면서 장기적으로 한다. 승자의 약속이나 야망은 아이 네 명을 갖는 것, 대기업의 사장이 되는 것, 17피트 장대 높이 선수, 좋은 소설을 출판, 인공 유전인자를 만드는 것, 적 폭격기 열대를 폭파시키는 것이 될 수도 있다. 자신의 목표를 달성한 사람은 승자이다. 만약 아이가 없다면, 창고에 머문다면, 16피트에서 등이 삔다면, 신문만 보고 지내면, 무능력하게 끝난다면, 첫 번째 임무를 잘 수행하지 못한다면, 그는 분명히 패자이다. 만약 그가 아이 3명이 있거나, 부사장이 되거나, 16피트 11인치 장대를 통과하거나, 미스터리한 이야기를 출판하거나, 새로운 아미노산을 발견하거나, 9개의 폭격기를 격침한다면, 그는 적어도 패자는 아니고 단지 비-승자일 뿐 이다. 가장 중요한 것은 부모가 대부분 프로그램한 것에 기초하여 목표를 스스로 정하고, 그의 어른자아가 마지막까지 몰두하게 만드는 것이다. 아이를 세 명까지만 원하는 사람과 네 명을 시도하는 사람이나, 16피트 11인치까지 하는 사람과 17피트를 시도하는 사람, 9개를 폭파한 것과 10개를 시도하는 동안은 비-승자이지만, 두 아이를 가지려 하거나, 16피트를 통과하거나, 폭격기 5대를 격파하거나, 등등도 여전히 승자가 되고 있는 중이라는 것에 주목하라. 이것은 자신의 목표치보다 낮지만 승자를 능가할 수도 있다. 짧은 기간에 근거하여, 승자는 데이트에서 오월의 여왕이 되기도하고, 포커게임에서 이기거나 한 팀에서 캡틴이 된다. 비-승자는 공 근처에 가까이 가지 않고, 두 번째 데이트 상대자가 되거나, 관계에서 균형을 잡는다. 패자는 팀을 만들지도 않고, 데이트도 하지 않고, 관계를 단절한다.

2위 팀에서 주장은 1위 팀에서의 주장처럼 같은 위치에 있는 점을 주목하라. 주장은 자신의 리그에서 선출되어 직함을 받았고 집단에서 수립한 기준으로 평가받아야 한다. 극단적인 예를 들면, 리그는 "거리의 어떤 사람보다 적은 돈으로 아프지 않게 생활하는 것"이다. 누구라도 승자가 될 수 있다. 선수가 무엇인가를 시도하다 병들면 패자가 된다. 전형적으로, 고전적으로, 패자는 아파서 고생하거나 적절한 이유 없이 손해를 본다. 만약 그가 좋은 의도를 갖고 있었다면, 성공적인 순교자가 될 수도 있다. 그는 잃어버리면서 승리하는 최고의 길을 갔다.

각본에서 첫 번째 결정은 승자가 될지 혹은 패자가 될지이다. 사람이 하는 말을 들어보면, 승자와 패자를 아주 빨리 알 수 있다. 승자는 다음과 같이 말한다. "나는 실수를 하였지만, 이 실수를 반복하지 않을 것이다." 혹은 "나는 이제 그것을 제대로 하는 방법을 안다." 패자는 다음과 같이 말한다. "~이면 좋을 텐데.", "나는 했어야만 했어.", "네, 그렇지만." 비-승자는 매우 열심히 일하는 각본을 요구하고, 승리에 대한 희망이 없이 평정한 상태로 머무른다. 여기에는 "적어도", 사람들은 "만족스럽게, 적어도 나는 ~을 하지 않았다." 혹은 "적어도, 나는 이점에 대하여 감사하게 생각한다." 비-승자는 우수한 회원, 노동자, 농민으로 구성되고, 그들은 충실하며, 열심히 일하고, 유쾌하게 지내면서 문제를 일으키려 하지 않는다. 비-승자는 사회적으로, 지역사회에서, 유쾌하고 존경받는 사람들이다. 승자는 세상의 패자와 비-승자를 위하여 문제를 간접적으로 일으키고, 죄 없는 수많은 구경꾼들과 관련될 때도 가끔 있다. 패자들은 불행하게도 가장 심각한 문제를 일으킨다. 왜냐하면, 패자들이 정상에서 두각을 나타낼지라도 여전히 패자이고, 결실이 맺어질 때 다른 사람들을 몰락시킨다.

패자가 승자에게 말하는 최선의 방법은 이렇다. 승자는 실패하였을 때 다음에 무엇을 해야 할지를 알지만 말하지 않는다. 패자는 실패하였을 때 다음에 무엇을 해야 할지를 모르지만, 그가 성공을 한다면 무엇을 해야 하는지 말한다. 결국, 게임장이나 주식투자들 중에서 귀 기울여 들어보면 몇 분 안에 승자와 패자를 선별할 수 있다.

다음 항목은 시간 구조이다. 개인적인 수명을 초월하여, 시간에 따른 각본 유형들이 있다. 여섯 가지 중요한 종류에는, 결코 각본, 항상 각본, ~까지 각본, 그 이후 각본, 반복 각본, 텅 빈 각본들이 있다. 그리스인들은 이런 각본들에 대하여 뚜렷한 감정을 품고 있어서, 그리스신화를 보면 잘 이해할 수 있다.

결코 각본은 탄탈루스(제우스의 아들로 신의 비밀을 누설한 벌로 지옥의 물에 턱까지 잠겼다)가 대표적이다. 그는 음식과 물을 보면서 배고픔과 갈증으로 고생하지만 결코 한 번도 먹거나 마시질 못하였다. 결코 각본에서 사람들은 가장 원하는 것들을 부모가 금지하여, 감질 나는 열정에 둘러싸인 존재로 시간을 보낸다. 부모의 악담에 동조하는 이유는 아이가 가장 원하는 것 중에 두려운 것이 있고 감질나기 때문이다.

항상 각본은 아라크네이다. 아라크네는 미네르바(지혜와 무용의 여신)와 베 짜기 경주를 감히 하여 처벌로 거미로 변하였고 평생 거미줄을 치면서 비난받았다. 항상 각본들은 악의적인 부모의 말에서 유래한다. "만약 네가 원하는 것을 한다면, 너는 여생 동안 그 일을 하면서 시간을 보낼 것이다."

~까지 각본은 이아손이다. 그는 어떤 과제를 수행하기 전까지 왕이 될 수 없다는 이야기를 들었다. 이아손은 이내 보상을 받았고 10년 동안 행복히게 살았다. 헤라클레스도 비슷한 각본을 갖고 있었다. 그는 노예로 태어나서 12년 동안 신이 될 수 없었다.

그 이후 각본은 다모클레스에서 유래한다. 다모클레스는 머리 위에 말머리카락 하나로 칼을 묶어놓은 것을 알기 전까지 왕으로서 행복하게 즐겼다. 그 후에 좌우명 각본은 "너는 한동안 즐길 수 있지만, 곧 너의 문제는 시작된다." 곧 닥칠 문제에 대한 공포가 즐기는 것을 어렵게 만든다. 이런 사람들은 "좋은 일이 너무 많이 생기면 나쁜 일도 일어난다."라고 말한다.

반복 각본은 시시포스이다. 그는 무거운 돌을 언덕까지 끌어올리기를 처음부터 한없이 반복해야 한다. 이것은 고전적인 각본으로 거의 다 했는데 "조금만 ~이면 좋을 텐데."에 해당한다.

텅 빈 각본은 비-승자이거나 그림에 떡인 시나리오이고, 필레몬과 바우키스 이야기에 있다. 필레몬과 바우키스는 그들의 선행에 대한 보상으로 월계수 나무로 변하였다. 부모님들의 가르침을 전수하는 늙은 사람들은, 여생을 야채를 좋아하면서 보내거나 바람에 잎들이 바스락거리는 것처럼 잡담하면서, 이것이 모두 끝나고 다음에 무엇을 해야 할지 모른다. 이것은 아이가 성장하여 어머니에게서 독립하고 회사규칙과 부모님의 가르침에 따라 30년 동안 일한 남자들의 운명은 지금 이름이 알려지지 않은 호텔과 셋방에서 연금으로 혼자서 사는 것이다. "노인들" 의사소통에는 자기들 각본을 달성한 쌍들로 가득 차 있다. 노인들은 약속의 땅을 기다리는 동안 각본이 그들의 시간에 어떻게 구조화되었는지를 모른다. 약속의 땅에서 노인들은 최근에 고용하였던 종업원들이 버릇없는 십대이고 개조한 커다란 검은 차들을 향해 아무런 경적도 없이 왼쪽 차선으로 천천히 속력을 줄이면서 몰 수 있는 것을 모른다. "내가 십대에 매우 활기찼다."라고 아빠는 말하지만, "그런데 요즘" 엄마는 "십대는 부모가 어떠했는지 믿을 수 없다. 그리고 우리는 항상 우리가 한 일에 책임을 졌다." 덧붙인다.

모든 종류의 각본들은 성적인 측면을 갖고 있다. 결코 각본들은 사랑, 성, 혹은 사랑과 성 모두를 아마도 금지한다. 만약 성이 아니라 사랑을 금지한다면, 난잡한 성행위는 허용된다. 성을 허용하여 뱃사람, 군인, 방랑자들은 혜택을 풍족하게 누리고, 매춘부와 창녀들은 성을 생계수단으로 사용한다. 만약 사랑이 아니라 성을 금지한다면, 성직자, 중, 여승이 양산되고 사람들은 고아원 이이들을 돌보는 것과 유사하게 선행한다. 사랑하는 사람과 행복한 가족을 위한 헌신을 보면 문란한 사람은 애가 탄다. 그 동안 대본상 자선가들은 자신의 욕망을 극복하려고 고통을 받는다.

항상 각본은 부모님의 죄 때문에 촉발되어서 가정 밖으로 내몰린 젊은 사람이 대표적이다. "만약 네가 임신을 한다면, 길거리로 가서 네 생계를 꾸려라."그리고 "만약 네가 약물 중독을 원한다면, 혼자된다." 이런 예들이다. 아버지는 딸이 10살 때부터 음탕한 생각인지 딸을 풍랑 속으로 내몰았다. 아버지는 술에 취한 밤에 고통을 줄이고 마약을 하려고 아들을 집밖으로 내쫓았다.

~까지 각본에 대한 부모들의 프로그램은 완전한 명령들로 늘 되어있기 때문에 모든 각본 중에서 가장 시끄럽다. "네가 결혼하기 전까지 섹스를 할 수 없고, 너의 엄마를 돌보아야 하는 동안(혹은 대학을 졸업할 때까지) 결혼할 수 없다." ~이후 각본에서 부모의 영향은 대부분 거침없고 시각적으로 위협을 주면서 빛나는 칼로 매달려 있다. "결혼한 후에 아이를 가질 것이고 너의 문제들이 시작될 것이다." 지금 행동으로 옮겨지면, 이것은 "너희들에게 허락될 동안에 장미봉우리들을 모으라, 즐거움은 여전히 날아가고 있다, 이런 꽃들과 같이 오늘만 미소 짓는다, 내일은 숨이 막힐 듯 될 것이다."[5]를 의미한다. 결혼 후 행복은 잠시이고 "한번 아이를 가지면 너의 문제는 시작될 것이다." 그래서 젊은 아내는 신혼여행 첫날밤부터 임신될지 걱정하면서 지낸다. 그러나 최근에 화학자들은 젊은 아내가 창으로 파멸되지 않도록 튼튼한 방패를 제공하였다. 그래서 그녀는 상속을 준비할 때까지 상속자가 유예한 행복 없이도 집안에서 여왕이 될 수 있다.

반복 각본은 신부 들러리는 결코 신부가 될 수 없는 것과 마찬가지로 아무리 열심히 노력하여도 어떤 것도 성공할 수 없다는 것을 보여준다. 텅 빈 각본은 나이가 들어서 남자와 여자는 심하게 후회하지 않고 기력이 약해지면서 젊은 시절 연애를 추억하면서 만족한다. 여자들은 텅 빈 각본을 통하여 폐경기를 열망하면서, 틀린 생각으로 그 이후 "성적인 문제들"이 끝나길 기다린다. 남자들은 성적인 의무에서 벗어나는 유사한 희망을 갖고 직업에 시간을 소비할 때까지 기다린다.

아주 친밀한 수준에서, 각각 각본은 실제적인 오르가슴과 관련이 있다. 결코 각본은, 물론, 노처녀와 노총각과 매춘부와 매춘알선자를 만드는 것뿐만 아니라 여자를 평생 오르가슴을 느끼지 못하게 하고 독신으로 살게 한다. 결코 각본은 사랑이 없이도 오르가슴을 느낄 수 있는 발기 불능인 남자도 보여준다. 이런 상황을 프로이트는 고전적인 상황으로 아내에게 발기불능인 남자가 매춘부에게 그렇지 않은 경우로 묘사하였다. 항상 각본은 평생을 지배한다고 장담하면서 따라 다니고, 시간을 보내는 색광녀와 호색남을 배출한다.

~까지 각본은 괴로워하는 주부와 지친 사업가를 선호하는데, 집안에 마지막 세부적인 것까지 혹은 사무실이 정돈될 때까지 두 사람 중 누구도 매일 성적으로 흥분시킬 수 없다. 그들은 흥분된 후에라도 극적인 순간에 방해를 받는다. 냉장고 문과 노트북, 작은 것들이 그들을 침대에서 벌떡 일어나게 한다. 괴로워하는 주부는 냉장고 문이 닫혀있는지 체크하고 문을 확실하게 닫거나, 지친 사업가는 내일 아침 사무실에 가서 처음 해야 할 일을 적는 것과 같은 것에 지금 당장 매달린다. ~이후 각본들은 걱정 때문에 성을 방해한다. 예를 들면, 임신에 대한 공포는 여자에게 오르가슴을 즐기지 못하게 하고 남자에게 너무 빨리 끝내게 할지도 모른다. 질외사정은, 남자가 사정하기 직전에 질에서 빼내어, 출생을 통제하는 방법이다. 커플은 질외사정으로 성관계를 시작하자마자 조마조마한 상태에서 파티를 약속대로 이행한다. 만약 커플이 너무 부끄러워해서 여자를 만족시킬 방법을 사용할 수 없다면 아주 흥분하고 촉촉한 상태에서 대부분 내버려 둔다. 사실 특정 문제를 논의할 때 사용되는 만족이라는 단어는

뭔가 잘못되었음을 드러낸다. 즐거운 오르가슴은 창백한 사람이 만족한다고 말하는 것보다 훨씬 더 실제적이다.

반복 각본은 수많은 여성 패자들을 위해 종소리를 한번은 울린다는 것이다. 여성 패자들은 성교 동안 점점 흥분하지만 종소리를 만들지 못한 채 결국 흥분을 가라앉힌다. 그 사이에 남자는 대부분 여자의 도움으로 절정에 도달한다. 이런 현상은 수년 동안 매일 밤 생겼을지도 모른다. 텅 빈 각본은 의무나 노력으로 성을 여기는 늙은 사람에게 효과 있다. 전성기를 지나면 성관계를 갖기에는 너무 늙었고, 그들이 사용하지 않으면서부터 생식선들은 피부와 함께 말랐고 근육과 두뇌도 종종 시든다. 시간을 엄수하도록 강하게 프로그램된(30년 동안 2번 늦게까지 일한) 남자는 평생 산타클로스가 은퇴의 핀을 가져다주길 기다린다. 반면 그의 아내는 폐경기 이름을 지닌 여자 산타를 기다리고 있었다. 늙은 부부는 이제 아무것도 할 게 없다. 노인은 몸이 닳도록 시간을 보내야만 한다. 그들이 어떤 브랜드의 차를 모는가에 따라 사회적 위치가 정해진다. 만약 노인들이 운수가 좋다면, 이동 주택 주차 구역에서 마지막으로 백발의 이혼녀를 발견할지도 모른다. 그녀는 노인이 내팽개쳤던 그의 핏줄들을 흐르게 하여서 그 결과 석양에 그녀의 신비를 몇 번 파헤칠 수도 있고 이후에도 그들은 계속한다. 이런 관념은 각본이 시간제한을 두지 않지만, 일생의 길이에 무관하게 여생을 설계하여야 한다는 것이다. 은퇴가 아니라 사업 분야나 스포츠를 바꾸는 것이 필요할지도 모른다.

우리는 성적인 잠재력, 힘, 유전된 것과 화학적으로 결정된 것을 확장시키려는 인간의 동기를 이미 보았다. 믿을 수 없겠지만, 각본들은 아동기 초기에 형성되고 부모들이 프로그램을 이끄는 어떤 결정들에 아주 강력하게 영향받는 것으로 보인다. 결국, 평생 성적활동의 권위와 빈도뿐만 아니라 사랑할 능력과 준비도 넉넉잡아 5살이나 6살에 이미 결정된다. 이 현상은 여자들에게 더 강력하게 적용되는 것 같다. 어떤 여자들은 자라서 엄마가 되길 원하고 아주 초기에 결정한다. 그 동안에 다른 여자들은 엄마가 되기까지 순결을 지켜야 하거나 순결한 신부가 영원해야 한다고 다짐한다. 어쨌든, 부모의 의견, 어른 예방책, 어린 시절 결정, 사회적 압박과 공포들이 남성과 여성의 성적인 활동을 협박한다. 그래서 자연스런 욕구와 순환은 억압되고, 과장되고, 왜곡되고, 무살되고, 오염된다. 그 결과 "성"으로 불리는 모든 것은 외설적인 행동 도구가 된다.

자연의 속임수들

사실 대부분의 인간관계는(적어도 51%) 속임수와 핑계에, 일부는 활기 넘치고 유쾌하며, 다른 것은 사악하고 악의 있는 것에 기초하고 있다. 엄마와 유아, 진실한 친구와 연인들이 서로에게 완전히 솔직한 경우는 극히 드물다. 당신은 특정 상황을 냉소적으로 왜곡하고 있다고 사고하지 않게 하라. 자연 그 자체가 진화의 과정을 통하여 어떻게 작동하는지, 외설적인 거래들이 어떻게 정착되었는지 몇 가지 예를 보여주겠다. 어떤 면에서 실제적인 농담에 웃어야 할지 웃지 않아야 할지 혹은 비극에 슬퍼해야 할지 말지를 결정하는데 인간적인 관점에서부터 아주 냉소적으로 나타난다.[6)]

그렇지만 그들의 최종 결과물은 종의 생존을 보장하고 있다. 사실, 인간의 심리적인 게임들은 강한 생존 가치를 갖고 있지만, 게임하는 사람들은 곧 사라지게 되어있다. 게임을 속임수나 농담으로 보는 것은 동물이나 인간 존재 어느 쪽의 가치를 손상시키지 않는다. 또한 "나는 매우 엄숙하고 분개한다. 그러므로 그대보다 더 의롭다."라고 말하는 일부 사람도 아주 심각하다고 그들의 가치를 증가시키지 않는다.

생물학적 속임수의 간단한 예는 농가 암탉에서 발견된다. 감성적인 관점에서 암탉 이야기는 다음과 같다. 닭이 알을 낳은 후 알 위에 일편단심으로 앉아있다. 가끔, 숙련된 산파의 시각으로, 암탉은 알을 뒤집어서 몸의 자연적 열기가 석회화된 자궁 전체 부위에 전달한다. 암탉의 자궁 안에서 피가 끓고 있다. 결국, 암탉이 초지일관 돌본 결과, 알들은 건강한 병아리로 부화한다. 이런 방식으로, 암탉은 인간경기에서 훌륭한 예로 지적이며 확고한 모성애를 보여준다.

실제로 일어난 일은 이렇다. 어떤 성적인 영향 때문에, 암탉이 부화한 알들에게 눕고, 그 이후 암탉 가슴은 과열상태이다. 이 불편한 욕구를 해소하는 방법으로 암탉은 뜨거운 가슴을 시원하게 가라앉게 할 마음에 드는 대상을 찾아본다. 암탉은 알들이 시원하다고 느꼈기 때문에 알들 위에 앉는다. 그러나 시간이 조금 지난 후, 암탉은 알 윗부분에서 따뜻해지기 시작하고, 차가운 알들의 아래 부분을 최대한 위로 돌리고, 알들에게 열을 다시 받게 하면서, 불안 경감을 조심스럽게 받아들인다.[7] 암탉이 충분한 시간 이런 행동을 반복하였고 후에, 알들은 부화하고 암탉은 아주 놀란 자신을 발견하고 부화한 병아리를 직면하였다. 효과상, 암탉은 알들 위에 앉아있는 속임수를 해오고 있지만, 암탉이 무엇을 하고 있었는지 알았다고 하여도 똑같이 그 일은 작동한다. 똑같은 방식으로, 섹스게임을 하는 부모들은 계획한 아이인양 말하면서 건강한 아기들을 선물 받은 것처럼 할 수 있다. 분비선이 주도하는 암탉이 왜 알 위에 앉아있는지를 안다고 간주하는 것은 편안한 오해이다. 각본에 끌려가는 사람들은 일련의 행동을 왜 하는지를 깨닫고 있다고 믿어 위로 받는다. 이 경우에 유전자 혹은 부모의 가르침이 각본을 제공한다.

수컷 큰가시고기 종들이 하는 행동은 순진한 가운데 더욱 놀랍다. 큰가시고기들의 부성애는 암탉의 모성애에 해당한다. 수컷 큰가시고기는 엄마 암탉이 알에게 하는 것처럼 자손을 위하여 희생한다. 수컷 큰가시고기의 첫 번째 임무는, 교미를 하자마자 수정란들을 입속으로 모은다. 왜냐하면, 아버지가 일하기 전에 엄마는 옆에 수정란을 보면 철갑상어 알처럼 수정란을 단순히 삼키기 때문이다. 그러나 온화한 아빠는 자신이 직접 만든 풀로 덮인 둥지에 조심스럽게 알을 놓는다. 그렇게 하고, 아버지는 선의의 개구장애 한 종류, 입을 다시 벌리지 못하여 고생한다. 아버지는 알들이 부화하여 나올 때까지, 둥지 주변을 돌고 돌면서 물고기 새끼로 성장할 때까지 헤엄치면서 지킨다. 큰가시고기 아버지는 자식보호를 자식들이 독립적으로 살 수 있고 바다로 과감하게 나아갈 만큼 충분한 나이가 될 때까지 계속한다. 턱을 다시 벌리지 못하는 모든 시간 동안에 큰가시고기 아버지는 계속 굶주린다. 아버지가 알들을 지키고 있는 동안 서서히 굶주려 가고 있는 아버지의 희생은 도덕주의자로 주목받는다. 그러나 실제적인 상황은 아마도 다를 것이다. 아버지의 배가 고파지면 질수록, 둥우리 안에 있는 알들은 더 맛있게 된다. 아버지는 알들 주변과 작은 물고기 새끼들 주변에서 알들이 처음 부화할 때, 어린 새끼들의 먹이가 되려는 희망으로 머문다. 아버지는 턱을 다물어서 새끼를 먹을 수 없다. 그래서 아버지는 둥지 주변을 지키면서 입이 떨어져 나갈 때까지 기다려서 이제는 자식들의 음식 창고가 된다. 결국 아버지의 입이 떨어져 나가자마자 새로 태어난 아기들은 수영하여 멀리 나간다. 아버지의 희생처럼 보이는 것은 실제로 동족끼리 먹는 행위를 방지한다.[8]

이런 특별한 큰가시고기는 누구보다 실제생활에서 배고픈 인간을 기대하는 것보다 탄탈루스의 역할과 비슷하다. 그러나 배고픈 인간들은 단순한 인간의 역사상에 희생물이 되어, 그들은 자신을 바꿀 수 있고 바꾸어 왔다. 그동안 큰가시고기는 아무것도 할 수 없는 강력한 우주 힘의 대상에 무기력하고 자신도 모르는 상태이다. 아버지 큰가시고기는 동시대에 찰리 채플린 같은 진화, 우습고도 슬픈 한 인물로 그의 몫을 기다리면서, 몫을 잡으려고 뻗치면서 몫이 사라지게만 한다.

우리는 암탉과 큰가시고기가 해왔던 것에 주목해야 한다. 암탉에게 미끼는 뜨거워진 가슴을 진정시킬 수 있다고 약속하는 차가운 물질이다. 약속은 지켜졌지만, 병아리는 어디서 갑자기 나타났을까? 알을 품는 가금류의 어미는 경험으로 학습하지 않고 반복해서 전수한다고 "지금 그들은 우리에게 말한다!" 굶주린 큰가시고기의 경우에, 미끼는 음식을 약속하는 것이지만, 그 약속은 지켜지지 않는다. 큰가시고기 아버지의 입이 사라질 때쯤 어린 물고기는 어디로 사라졌는가? 실망한 아빠는 단지 "왜 나에게 이런 일이 일어났는가?"하고 외칠 수 있다.

진화 척도 상에서 더 높이 있는 것은, 인류와 그리 다르지 않은, 자연에 관한 농담은 일부 생물학과 분비선으로 또 일부는 게임을 하는 사람들이 선택한 것이다. 그것은 번식기간에 물개가 공연하는 뮤지컬이다. 처음에 수놈 물개들이 좋아하는 해안가에 있는 돌들과 자갈들을 모으러 암놈 물개가 들어온다. 수놈 물개들은 씩씩거리고 엄포를 부리는 소음으로 혹은 혈투로 권리를 표현하고, 가장 강한 암놈 물개가 가장 좋은 지역을 차지하려고 은밀히 감시한다. 한 달 후, 암놈 물개들은 능숙하고 우아하게 이동하지 못한다. 개별적으로 암놈 물개는 아버지 물개를 선택하거나 수놈 물개의 첩이 억지로 된다. 불행하게도, 그 결과 강하고 용감하고 잘 생긴 수놈 물개들은 공정한 몫보다 더 많이 갖는다. 새로운 싸움은 일부 수놈들이 인어를 유괴하려고 시도하는 것처럼 발발한다. 결국, 나약한 수놈 물개는 거부당하고 사랑이 없는 독신으로 살아야 한다.

흥미 있는 사실은 암놈 물개가 지난해부터 모두 임신하고 출산하기 전에 번식지에서 싸우는 것을 한두 달 지켜본다. 암놈 물개는 출산을 하자마자 어린 새끼를 물에 데리고 가서 수영하는 방법을 가르친다. 그동안 암놈 물개는 물 밖에 있고, 승리한 수놈 물개는 그들의 집안 물건들과 영역을 지키면서 집에 머물러야 한다. 그러나 노총각 물개들은 지켜야 할 어떤 영역도 갖고 있지 않아서, 수영하러 밖으로 나가서 간호학교에 다니고 있는 숙녀 물개들과 합류한다.[9] 이런 방식으로, 장기간, 노총각 물개들은 재미를 본다. 하지만 늙은 수놈 물개들은 집에 머무르며 부동산에 이익을 추구한다. 이런 방식으로 물개들이 이루어지고 인간 소설들은 빈약한 소재로 적혀진다.

위대한 유인원도 고전을 조금 읽어야만 한다. 오랑우탄들은 고대 인도의 성전을 즉각 사용할 수 있고 나무에 매달려 성생활을 한다. 오랑우탄은 힌두 철학자 전체 연대보다 곡예적인 입장을 더 잘 생각할 수 있다. 개코원숭이는 물개와 플로베르와 스탕달을 벗어난 중간쯤으로 더 낭만적이다. 큰아버지는 첩을 소유하고, 대다수의 젊은 남자는 어떤 젊은 여자도 없이 떠난다. 독신 남자들은 이슬람교국의 궁전 변두리에서, 큰아버지가 다른 곳을 보고 있을 때 일부 파피오가 큰아버지의 첩들을 지나가게 만들어서,

운이 좋다. 첩은 풋내기 독신 남자들에게 완벽한 편의를 기꺼이 도모한다. 큰아버지가 이런 소식을 듣지 못한다면, 자연의 법칙은 독신 남자에게 편의를 주는 과정을 제공하고, 사랑하는 사람들의 다정한 환호에 참여하게 한다. 그러나 만약 큰아버지가 독신 남자와 첩이 사랑하려는 것을 눈치채고 잡는다면, 첩은 빨리 이중 교잡으로 큰아버지를 유혹한다. 첩은 헤어지고 현실에 의지해야 하는 경우, 분개한 소음을 만들고 남자 로미오에게 지적한다. "이 큰 유인원이 강간을 저질렀다!" 비명을 효과적으로 지른다. 그래서 큰아버지는 "그놈이 했다고? 그놈이 했어?"하고 말한다. 그리고 그놈에게 쫓아가서 그를 골짜기 주변까지 즐겁게 추격하도록 유도한다. 이것은 라포 게임을 시작하였던 소녀를 포함하여 아내를 넓게 개방된 곳에 남겨두는 것이다. 그들의 속임수를 지켜보고 기다려왔던 나머지 독신 남자들은 어떤 여자에게라도 유용하게 접근하고 적극적이 된다.[10)]

물개와 개코원숭이들 속에서 유인원 첩들이 하는 순간순간의 생물학적 효과는 그들의 종을 번식하려는 데 있다. 이것은 진화의 다양성을 만들고 결국 유용한 목적을 내는 데 기여한다. 만약 큰 수컷이 그의 모든 어린 여자들에게 매달린다고, 병아리들이 한 수탉만 좋아하고 다른 수탉을 점지하지 못하면, 직계라인만 번식하게 될 것이고 두 종류들은 공룡과 같은 방법으로 사라질 것이다. 유쾌한 노총각의 장난으로 특권은 분배되고 이종교배와 다양성을 준다. 사실 인류는 정확하게 원숭이 같은 우리 조상들이 라포 역할을 하였고 늙은 남자가 광란을 벌이는 동안 기회잡기 게임을 하였기 때문에 유래한다. 그래서 우리는 이런 짓궂은 장난을 내려놓을 수 없는 것은 그들이 거기에 없었다면 우리도 여기에 없기 때문이다.

지금, 큰 개코원숭이에게 또는 개코원숭이들은 더 좋은 도덕관념을 가져야 한다고 생각하는 사람은 또는 무무[11)](헐겁고 화려한 하와이 여자의 드레스)를 입은 사람도, 쉽게 즐기지 않는다. 그러나 진진하게 혹은 모욕적으로 우리를 다루었던 나머지 사람들에게도 실제적인 이익은 없다. 사실은, 침통함과 분개함이 전쟁의 원인이 되고, 만약 모든 사람이 웃기 시작을 한다면 서로 사격을 금방 멈출 수 있다. 그것은 사실, 잘 확립된 화학 전투의 원리이다. 각 진영이 누구나 약물로 다른 진영을 웃게 만들 수 있다면 전쟁에서 이긴다는 것을 알고 있다. 만약 웃는 쪽이 보복한다면, 전체 전쟁이 휴전될 것이고, 군사적 관점에서는 한쪽이 이기는* 것보다 더 나쁠 것이다. 아주 엄숙하고 분개한 누군가는 당신보다 아마도 더 올바르지만, 그는 당신보다 문제도 더 만들 것이다. 만약 물개와 개코원숭이가 자신들이 갖고 있는 용감하고 괴상한 것에 웃음을 터뜨린다면, 게임들은 끝날 것이고 물건들은 더욱 공정하게 분배되고 평화로운 방법으로 삶이 정착될 것이다. 누구도 어디에서 무시당하거나 상처받지 않는다. 하지만 그들이 웃기 시작하면, 그 게임은 지속될 것이고, 이것은 사람과 동일하다.

게임은 무엇인가?

인간 존재는, 결국, 마치 확장된 해파리 같다. 인간이 하는 다수의 "자발적인" 행위와 반응은 자유의지의 결과라기보다 조상에게 물려받은 하등동물의 사발석 행위와 반응이다. 큰가시고기 같은 낮은 체계들의 "자연적 게임"은 대부분 유전적인 프로그램으로 자동적인 반응이다. 우리가 물개와 개코원숭이의 규모를 가늠할 때, 물개와 개코원숭이는 모방과 경험을 통하여 점점 더 배운다. 부모들은 인간을 심리학적 게임과 교류게임들을 통하여 상당히 많이 프로그램한다. 하지만 그 프로그램은 암탉에게 자동적인 유전자가 프로그램된 것처럼 결정적이다. 남자는 동물 중에서 가장 자유롭지만, 인생 각본과 게임을 피할 수 없는 진화되는 힘의 장난질에 희생될 수도 있다. 우리의 열망과 자각에 대한 오해에도 불구하고, 우리는 그다지 좋아지지 않는다. 우리는 시인이 향상된 시각과 무지개를 향해 팔을 힘차게 뻗고 행진하지만, 바나나 껍질을 보지 못해서 미끄러졌거나

* 나는 이 진술은 역사적 방어라고 믿는다. 군사적으로 혹은 적어도 공격적인 관점에서 전쟁을 멈추는 것은 손실보다 더 나쁘다.

발아래가 최악인 경우보다 나아지지 않는다.

"암탉 게임"과 "큰가시고기 게임"을 분석해 보자. 각 경우에 미끼가 있다. 게임을 하는 자는 정말 목표로 삼은 한 가지 혹은 그와 유사한 어떤 것을 좋아한다. 알은 병아리로 부화하지만, 암탉은 속아서 알이 시원하여 좋기 때문에 알 위에 앉는다. 암탉들은 몹시 흥분된 가슴으로 괴롭혔던 것을 끌어들인다. 마치 자연이 작동하는 것처럼, 닭은 열기를 식히고, 보상은 병아리들을 품은 것이다. 큰가시고기의 경우에, 아버지 큰가시고기는 알들과 작은 물고기에게 방어가 필요하기 때문에 속아서 알들 옆을 지킨다. 하지만 아버지 큰가시고기는 자기 알들을 철갑상어 알처럼 본다. 이것은 굶주린 큰가시고기의 순간적인 욕구를 끌어당긴다. 다시 자연의 법칙이 스위치를 당기고, 아버지 큰가시고기의 입이 헐거워질 때쯤, 아버지는 자신이 치른 대가에 실망하고 그의 점심은 헤엄쳐 멀리 떠난다.

"물개 게임"의 경우에, 군 사령관의 약점은 영역이다. 암놈은 목장을 지키기 위하여 수놈에게 감사하는 존재라기보다 간호학교에서 일을 맡는다. "개코원숭이 게임"의 군 사령관의 약점은 질투이다. 암놈 개코원숭이는 수놈의 시도를 잘 방해할 수 있도록 게임하고 스위치를 당긴다.

게임의 형태는 벌써 드러난다. 미끼는 다루기 쉬운 매력을 갖고 있지만 정말로 다른 목적에도 기여한다. 미끼는 약점을 끌어들이지만, 피해자는 스위치가 있는 곳에서 반응한다. "실제적인 목적"은 끝이 정해져 있지 않고 마지막에 놀라움을 안겨준다. 암탉, 물고기, 오랑우탄을 위한 자연의 장난은 정교한 계획이 뒤따른다. 물개는 패자가 거의 없지만, 모든 요소들이 거기에 있다. 게임은 사람들에게 삶의 방식에 개선된 형태와 무수하게 변화하는 자작극을 꾸미면서 남아있다.

전통적인 게임들은, 미끼는 정말로 의도했던 것처럼 보여, 속임수로 불린다. 약점이나 다른 경기자에게 필요한 것은 경기자에게 속임수로 가치가 있어서 술책으로 불린다. 놀라운 결말은 스위치로 불린다. 모든 교류게임을 위한 공식은 다음과 같다.

속임수 + 술책 = 반응 → 스위치 → 보상

한 예로, 한 여자와 그녀의 의사 사이에 관계를 교류 장에 따라 생각을 하면, 라포 게임과 아주 유사하다.

주디스: 내가 회복될 것이라고 생각하나요?

의사 Q: 예, 나는 그렇게 생각합니다.

주디스: 당신은 어떤 지식을 근거로 그렇게 생각합니까?

주디스의 질문은 가짜였음이 분명하고, 의사는 속임수를 썼다. 실제로 무슨 일이 벌어졌을지 아주 분명하게 이해하기 위하여, 우리는 마틴이 이름을 지은 게임 언어로 옮길 수 있다.

주디스(무기력한 어린아이처럼 말함): 도와주세요, 오 위대한 사람.

의사 Q (강력한 부모처럼 말함): 나는 강력한 사람으로 너를 도와줄 수 있다.

주디스(건방진 아이처럼 말함): 이것을 제거해, 임마.

마틴이 옮긴 것은 속임수는 "도와주세요, 오 위대한 사람."이고 주디스는 의사에게 표면상 아첨하고 도와달라고 부탁하지만, 실제로 다른 것들을 의도하고 있다는 것을 보여준다. 주디스의 속임수는 의사의 술책을 끌어들여서, 의사가 권력을 겸손하게 행사하도록 한다. 주디스가 스위치를 끌어당기고 그 결과에 따라서 의사는 반응하고, 둘 다 보상을 얻는다. 주디스는 똑똑하다고 느끼면서 즐기고, 의사가 우울을 극복하고 이성을 즐기도록 한다. 그래서 속임수 + 술책 = 반응 → 스위치 → 보상. 꺼져, 임마 게임에서 주디스가 게임하여 얻은 보상의 속성이 분명하다. 의사는 나는 당신을 도와주도록 노력하는 유일한 사람이다[12]라는 보완적 게임에서 역할을 하고 있다. 주디는 의사에게 올가미를 씌워서, 의사의 좋은 의도를 고마워하는 대신에, 당신이 나를 도와줄 유일한 사람이다라는 게임에서 표준적인 이득을 얻고 진압한다.

추가하기 전에, "게임이 아닌 것"이 무엇인지 생각해보자. 만약 우리가 고양이가 아닌 것이 무엇인지도 안다면 고양이가 무엇인지 이해하는 것은 쉽다. 일부 사람들은 어떤 교류의 장에서 무한하게 반복되는 게임을 생각하지만, 그렇지는 않다. 이런 많은 장들은 자주 반복되더라도 게임은 아니다. 왜냐하면 형식에 맞지 않게 되기 때문이다. 아래의 예를 보자.

> 환자: 당신은 내가 회복될 것이라고 생각합니까?
> 의사: 예, 그렇게 생각합니다.
> 환자: 감사합니다, 오늘 다시 그 말을 들어서 기쁩니다.

직접적인 교류분석 장에서 속임수와 스위치는 없다. 여자의 질문에는 실제 어떻게 표현되고, 재확인하기 위하여 질문 형태와 종종 무관하여도, 게임이 아닌 동안 속임수와 스위치가 없다.

모든 게임은 작은 드라마이고, 카프먼 Karpman 은 그림 13에서 볼 수 있는 것처럼 아주 간단한 방법을 고안하였다. 이것은 드라마 삼각형 혹은 카프먼 삼각형[13] 이라고 부른다. 이것은 참가자들 중에서 한 참가자의 역할이

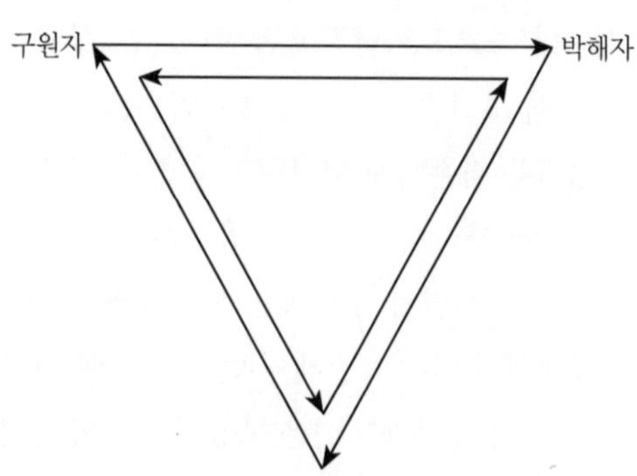

그림 13. 드라마 삼각형(저작권 1968. 교류분석 잡지 Karpman 재인용)

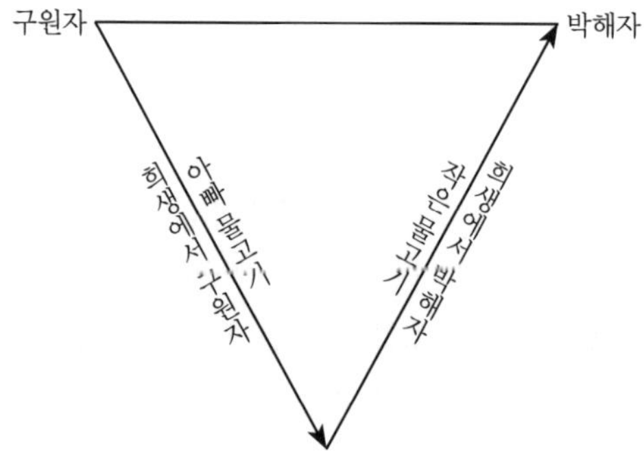

그림 14A. 큰 가시고기 스위치

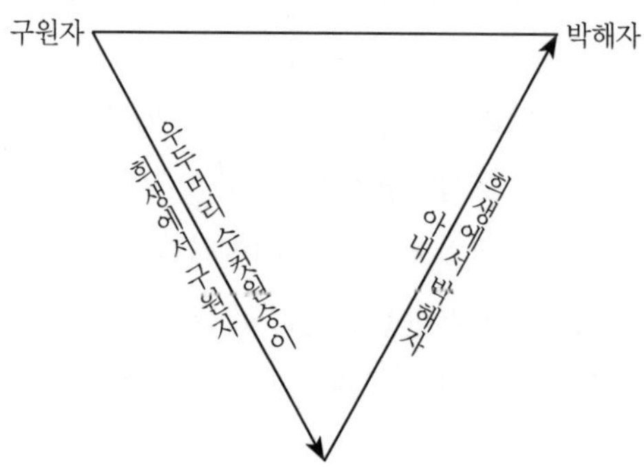

그림 14B. 개코원숭이 스위치

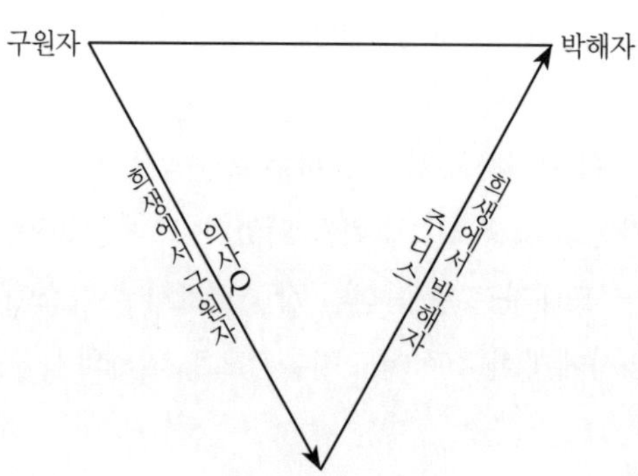

그림 14C. 환자 스위치

다른 참가자에게 게임을 어떻게 스위치 시키는지 보여준다. 게임은 극장에서처럼 실제생활에서 드라마의 핵심이다. 술 게임에서 기초로, 희생, 구원자, 박해자 세 중요한 역할들은 자기 역할을 분명하게 연기한다. "술에 대한 희생"은 "나쁜"사람들에게 박해를 받지만, "착한" 사람들이 박해자를 구해주려고 노력한다. 술은 늘 주도권을 유지하며, 잔소리를 유도할 수 있으면서부터, 아내를 때려서 고통을 받고 있는 아내를 희생으로 바꾸고 혹은 그는 구원자에게 저항하도록 시작할 수 있어, 결국 박해자로 바뀐다. 그림 14에서 삼각형들은 (a) 큰가시고기와 그의 자손들 관계 (b) 우두머리 수컷원숭이와 불륜을 저지른 그의 아내와의 관계 (c) 주디스와 의사 Q의 관계에 대한 스위치를 보여준다.

그림 14A에서, 큰가시고기는 굶주리고 야만적인 박해자 혹은 잠재적인 희생에 대한 어린 물고기 구원자로 시작한다. 스위치를 한 후, 알들은 큰가시고기 아버지를 헤엄쳐 멀리가면서 "괴롭히다", 알들의 장난은 큰가시고기 아버지를 굶주린 희생으로 내버려둔다.

그림 14B에서, 우두머리 수컷원숭이는 "박해받았던" 아내의 구원자로 움직이기 시작하고, 아내의 표리부동한 희생으로 끝난다.

그림 14C에서, 마틴이 옮긴 것에 따르면

> 주디스(정서적 문제로 희생처럼 말함): 나를 구해주세요.
>
> 의사 Q (구원자로 말함): 나는 당신을 구해 줄 것이다.
>
> 주디스(박해자의 역할로 스위치 함):. 현명한 녀석!

주디스는 지금 우위를 차지하고 있다. 그녀는 희생에서 박해자로 스위치 하고, 의사는 구원자에서 희생으로 스위치 되었다. 그녀는 2,500년 전에 홀로페르네스(네부카드네자르 왕을 섬긴 장군으로서 주디스에게 살해되었다)와 꼭 같이 의사에게 한다. 적어도 비유적으로, 의사의 목을 자른다.

'성'적 게임들

성적 게임들은 성적인 매력을 발휘하는데, 신체부위와 오르가슴을 이용하는 데 있다. 만약 우리가 두 게임 경기자를 그린과 브라운이라고 부르면, 그린의 속임수는 매력적이거나 스스럼 없는 존재로서 강하게 다가가거나 성취하기 위하여 열심히 일하는 것이다. 브라운의 술책이나 약점은 성적인 욕망과 사람들을 향한 지나친 권력욕구이다. 보상은 아마도 축축한 또는 건조한 것이다. 축축한 게임에서 최종의 보상은 오르가슴이며, 앞선 보상은 그린과 브라운 모두 심한 위선과 복합 감정에 쫓긴다. 건조한 게임에서, 그린의 보상은 승리의 감정과 브라운의 욕구좌절과 그에 따른 반작용이 다음*과 같다.

두 사람이 하는 게임의 태반이 라포 게임에서 변화가 있고 세 사람이 하는 게임 대부분은 엄마를 미안하게 만들자는 것과 닮았다. 여자들은 라포 게임을 자주 한다. 형식에 따르면 속임수 + 술책 = 반응 → 스위치 → 보상. 속임수는 유혹적인 태도이고 술책은 성이나 권력에 대한 욕구이다. 여성들의 속임수는 남자들의 술책을 끌어당기고 남자에게 반응하게 하면서, 남자들은 그 반응으로 강해진다. 여자는 스위치를 당기고, "예, 그러나."라고 말하면서, 그 이후 남자와 여자는 목적한 바를 얻는다.

모든 게임처럼, 라포는 세 단계 어려움이 있으며, 각 단계에서 스위치와 보상은 정해진 규칙으로 게임한다. 첫 번째 단계 라포는 건조한 게임에 있으며, 장난삼아 잠깐 연애하는, 여기에서 스위치는 "예, 그러나 우리 둘은 적어도 거기까지 가기에는 너무 멀리 있다는 것을 안다."이다. 보상은 성숙한 좋은 감정이고, 한쪽이나 양쪽이 가능한 희망이다.

두 번째 단계 라포는 꺼져, 임마!로 불린다. 스위치는 "그래, 비록 내가 당신을 유혹할지라도 나는 그런 종류의 소녀가 아니다."이다. 여자에게 보상은 정신을 흐뭇하게 하고 남자에게 보상은 거절당하고 우울해진다.

---

* 돈키호테는 다음과 같이 말을 하였다. "그녀는 축축한 게임에서 만약 내가 건조한 게임을 너무 많이 하였다면 나는 무엇을 해야 했는가를 추측하였을 것이다.

이 경우에 남자는 나를 차라는 상호보완적인 게임을 한다. 이것은 대부분 건조한 게임이지만, 축축한 게임에서 남자는 심하게 차였지만 재미를 본나.

세 번째 단계의 라포는 강간당했다고 가짜로 우는 것이다. 스위치는 "예, 그러나 나는 어쨌든 강간당하게 되어있다."이다. 그 여자의 보상은 정당화뿐만 아니라 앙심이고, 남자는 전체 인생과 경력을 잃을 수 있다. 건조한 게임이나 축축한 게임이 진행될 것이며, 이것은 여자가 얼마나 비열하거나 도발적인지에 달려있다.

모든 게임에서 보상은 순간을 즐기거나 고통을 받는 것뿐만 아니라 식품가게에서 도장으로 유통기한이 찍힌 것처럼 미래에 사용할 것도 보관한다. 어떤 면에서, 각 각본은 교환 가능한 소인이 찍힌 책으로 완성되었고, 책이 완성될 때까지 각본은 쓰일 수 없다. 예를 들면 소인이 찍힌 책이 두 번째 단계 라포에서 어떻게 작동하는지 여기에 있다.

이 게임에서 "존재적인" 대상인 남자가 선하지 않음을 입증한다. 어떤 여자는 정말로 "꺼져, 임마(너는 쓰레기 같은 인간이고 선하지 않다.)."라고 말한다. 그녀의 보상은 불편한 남자를 보는 것뿐만 아니라 그 사실로부터 흔적이 좋지 않은 그녀의 그림 모음집에 또 다른 것을 추가할 수 있다. 이런 그림으로 도장을 찍은 책들이 가득할 때, 그녀는 "각본 보상"을 위하여 사용할 수 있다. 그녀의 각본은 자유로운 자살, 자유로운 살인, 혹은 알코올 중독자나 동성애자가 될 수도 있다. 그녀의 각본이 무엇을 요구하든, 허락될지도 모른다. 단순히, 나를 차라는 역할을 하고 있는 남자는 상처받은 책 속에 상처를 또 하나 추가할 수 있다. 그 남자는 책을 완성하는 순간, 각본의 보상을 위하여 사용할 수 있다. 예를 들면, 엄마의 교훈에 따라 남자가 자살할 수도 있다. "나는 너를 사랑하지만, 언젠가 너는 침대에서 너의 생을 마감할 것이다." 이것의 효과는 "나는 너를 사랑하지만, 심장마비로 급사하라."의 의미이다.

보다 우호적인 라포 게임은 보라 네가 나에게 어떻게 하였는지("너는 나에게 순결을 잃어버리게 만들었다.", "너는 나를 임신시켰다.", "나는 원하지 않았지만, 너는 나를 강간했다.") 역할이 이루어진다. 이런 것들은 연애나 결혼에서 남자에게 추가적인 영향력을 갖는 데 유용하다. 또 다른 형태는 정말로 조숙한 아이들이 아니라, 성숙한 사람이 장난감 총으로 행동 연기를 보여준다. 장난감 총 게임에서 슬로건들은 다음과 같다. "나는 정말로 그것을 관철시킬 수 없다.", "나는 정말로 그런 의도가 없었다.", "나는 정밀로 준비가 되어 있지 않았다.", "너는 나의 이익을 빼앗아가지 말아야 했다." 장난감 총은 게임을 하는 사람이 "설마"라고 말할 때 드러난다. "설마"는 실제 총이 아니었다는 것을 의미하거나, 혹은 가정법으로 사용한다. "당신이 가지면 안 된다(금지)."는 말은 "너는 이것이 가짜였다는 것을 알고 있었다고 확신한다."는 의미이다. 원래, 아마추어나 부정직한 강도들을 체포하려면, 비성적인 형태의 장난감 총으로 연기한다. 아마추어나 강도가 범죄를 저지를 때 그들은 대답한다. "나는 잘못이 없다, 내가 진짜 총을 갖고 있다고 정말로 어리석게 생각한 당신에게 잘못이 있다." 고전적인 삼각형 스위치는 다음과 같다. "나는 무장한 박해자처럼 보일지도 모르고 당신은 희생자이지만, 실제는 그 정반대이다. 나는 당신의 어리석음에 희생되었다." 문학에서 성적 장난감 총의 예들 중에서 가장 대표적인 것은 토머스 하디의 비운의 주드 이다. 여기에서 영웅은 "나는 정말로 그것을 의미하지 않았다." 그러나 소녀는 울었다, "라포!" 그래서 그는 떠날 수 없었다.

라포를 남자도 다음과 같은 구호로 연기할 수 있다. "너는 나의 일자리를 빼앗아 갔다.", "너는 나를 미움 받게 하였다.", "나는 술이 취했기 때문에 단지 그렇게 했어." 그리고 "약복용을 잊어버렸다고 왜 나에게 말을 하지 않았니?"

위에서 본 "예, 그러나." 게임에서, 각 구호는 큰소리로 혹은 큰소리가 아니라도 "예, 그러나."를 포함하고 있다. 라포의 "~이면 좋을 텐데" 유형도 있다. "예, 그러나." 게임들은 엄격하게 역할을 맡는다. 사전에 거절하는 동안 방해 혹은 사후에 논란 어느 것이라도 각 사례는 여자(혹은 남자) 게임자는 공정하지 않게 유혹받았거나 강간당했던 것에 긴장한 것을 함축

한다. 그 긴장은 문자 그대로 몸 근육들 정도까지 관련 있다. "~이면 좋을 텐데." 게임들은 다음과 같은 구호 "만약 강간을 피할 수 없다면, 너는 강간이 일어나도록 내버려 두거나 즐기면 될 것이다."로 자유롭게 진행된다. 게임자는 거절할, 방해할, 혹은 비난할 권리를 이 경우에 적극적인 대신에 수동적으로 여전히 유보한다. "예, 그러나." 게임들은 공격적이고 논쟁적인 경향이 되고, 그동안 결국 "~이면 좋을 텐데." 게임은 단순히 애석함, 불평, 혹은 비난 등을 한다. "예, 그러나." 라포는 말한다. "이것은 다르다!" 그리고 극단적인 경우에 유산으로 끝이 난다. 그런 동안 결국 "~이면 좋을 텐데." 게임은 "나는 이것이 다르기를 원한다."라고 말하고 울면서 끝난다("나는 내가 임신하지 않도록 좀 더 조심하였으면 좋았을 텐데.").

"예, 그러나."는 문법상에서 서술문이나 명령법으로 불리는데, "~이면 좋을 텐데"는 가정법을 사용한다. 서부해안가에서, "설마.", "나(너)는 ~해서는 안된다, ~할 수 없었다.", "~이면 좋을 텐데." 그리고 "내가 박해자처럼 보일지도 모르지만, 나는 정말 희생이다." 이런 표현들은 "버클리 조건문"으로 불린다. 그러나 어디에나 실제를 속이려는 목적에 기초하여 게임을 하려는 사람들이 있고, 그들은 사회적 모임에서 종종 선발될 수도 있다.

냉장고 문과 노트북이, 성교를 방해하는 게임들에서는, "예, 그러나." 혹은 "~이면 좋을 텐데." 역할을 맡을 수 있다. "예, 그러나 나는 냉장고, 가스난로, 건조기를 체크하는 것에 이번 강간을 방해받아야 한다." 또는 "만약 내 노트에, 나는 냉철한 양심으로 너를 강간하였다고 적었다면 좋았을 텐데." 전화는 수동적인 형태이다. "전화를 걸어서, 신에게 감사한다. 나는 신의 응답으로 이번 강간에서 벗어날 수 있다." 전화를 거는 것은 "예, 그러나." 또는 "~이면 좋을 텐데." 둘 중 하나일 가능성이 있다. "예, 그러나 여기서 전화를 한다." 또는 "엄마가 전화를 그때 하였다면 좋았을 텐데." (남자: "너의 엄마는 언제나 정확한 시간을 어떻게 알고 전화하시니?" 여자: "너는 우리 엄마가 보통 전화하시는 시간에 맞추어 어떻게 언제나 시작하니?")

일반적으로 가까워지는 것을 두려워하는 사람이나 두 사람 모두가 게임에 참여한다. 다른 사람과 가까워지고 친밀감 요구에 불복하지 않고 의미 있는 거래를 가질 방법이 게임에는 있다. 결국 성적인 게임은 사랑의 장벽이거나 사랑으로- 검증하는 무대의 한 종류- 가는 한 단계일 수 있다. 사랑하거나 사랑을 받는 희망을 단념한 사람들은 스스로 끝나게 할 수 있으며, 어떤 이익도 그들을 지치게 할 수 있다. 여기에 이익들은 다음 장에서 논의될 것이다.

세 번째 단계 라포는 대부분 희망이 없는 사람들이 역할을 맡는다. 정말로 세 사람이 하는 게임에서 목적은 남자를 제삼자(엄마, 아빠, 변호사, 의사 혹은 경찰)에게 사과하게 만드는 데 있다. 대부분의 여자가 강간을 두려워하지만, 반대로 강간당한 여자들이 특별히 강간을 즐겼다면 죄책감을 느끼게 하려는 의도이다. 그러나 범죄적인 강간범은 여자에 대하여 그다지 신경을 쓰지 않는 경향이 있다. 그는 강간이 한번으로 끝나고 여자도 강간을 즐긴다고 생각한다. 여자도 강간을 즐기고 한번으로 끝난다고 생각한다. 강간범은 여자를 쫓아다니고 도둑잡기 게임에 더 흥미 있다. 만약 여자가 강간범을 고발하지 않는다면, 강간범은 익명의 편지나 전화로 경찰에게 각성시켜 수사를 시작하게 할 수도 있다. 극단적인 경우에, 그는 이 사건을 책으로 적어 재미있게 각색할 가능성도 있다. 도둑잡기 역할을 비평가들, 철학자들에게 분담시킨다. 세기를 뛰어 넘은 강간범 사드 후작의 책 <강간의 원리와 그 이익이 어떤 것인지>는 시장에 나오면 많이 팔릴 것이다. 왜냐하면 그는 강간에 대한 지나친 자부심으로 상업적 이익을 취할 수 없고 아직도 고등학교 도서관에 입고하지 않았기 때문이다.

강간의 가장 재미있는 형태 중 하나는 "미안해요."이다. 또한 가장 비극적인 것 중 하나는 여러 사람, 보통 또래 어린이들이 관련되어 있었다. 여기서 우(右)는 좌(左)에게 말한다. "만약 당신이 이혼을 한다면 나는 당신과 결혼을 할 것이다." 그래서 좌는 이혼한다. 그 다음에 우는 "미안해요, 나는 마음이 바뀌었다."라고 말한다. 우는 배우자도 애인도 없는 좌를 오도 가도 못하게 남겨두고 떠난다. 역전은 아직 준비가 덜 되어 있다. 전형적으로, "아이가 다 자라면 나는 이혼을 할 것이다. 그 동안에 진행합시다." 실제적으로, "미안해요."와 "아직 준비가 되지 않았어." 둘은 모두 세 명 혹은 네 명의 게임이다. 왜냐하면 그 배우자들도 무슨 일이 벌어지고 있는지 잘 알고 있기 때문이다. 여기에 예제가 있다.

Mr. 우가 이혼하여, Mrs. 좌에게 만약 이혼한다면 당신과 재혼을 할 것이라고 말하였다. Mrs. 좌가 이혼을 한 후에 Mr. 좌는 여자에게 미안하다고 말하고 곧장 전처와 다시 재혼하였다. 그 동안 Mr. 좌는 수년 동안 여자친구로 지내온 사람과 결혼하는데 자유로웠고 그래서 이혼을 하였다. Mrs. 좌는 남자를 별로 좋아하지 않았으며, 결국 자기 혼자 살아가도록 자유롭게 내버려졌다. 그러나 4명 모두 각자의 입장에서 자신들이 할 수 있는 상황을 최대한 이용하였다. Mr. 좌와 그의 전처는 아주 애통해하면서 각자 좋지 않은 상황에 있었고 Mr. 우와 우 부부는 좌 부부에게 심각하게 사과를 하였고 당황하였으며, 빨리 당긴 순간의 쾌감을 감추고 죄책감을 느꼈다(결국 우 부부는 FOOJY Fast One on Joey 변형 게임을 하고 있었다. 여기에서 Joey 는 Mr. 좌이다).

배우자들은, 믿을 만한 배우자가 그렇듯이, 아직 준비되지 않았지만 회복한다. Mr. 화이트는 아이들이 다 성장하자마자 이혼하고 결혼하자고 Mrs. 블랙에게 약속하였다. Mrs. 블랙은 Mr. 화이트가 말하면 지금 남편과 언제라도 이혼을 준비하고 있다고 말하였다. 그러나 Mr. 화이트의 막내가 대학을 간 이후에 Mrs. 화이트는 관절염에 걸렸다. 그래서 Mr. 화이트는 아내를 떠날 수 없어서, Mrs. 블랙과 통정관계를 오래된 기초 위에 계속하였다. Mr. 화이트의 아내는 자신의 이해득실을 잘 알고 있었다. 결국, 그렇지만 Mr. 화이트의 아내는 교통사고로 죽었다. 그래서 Mr.화이트는 Mrs. 블랙과 흥정하여 이득을 취할 준비를 하였다. 그런데 바로 그 다음 주에 Mrs. 블랙의 남편은 당뇨병을 진단받았고 5년 동안에 처음 신체검사를 받아야만 하였다. 그래서 Mrs. 블랙은 남편과 이혼을 양심상 할 수 없었다. Mrs. 블랙은 남편 옆에 머물렀고 화이트와 통정관계를 멈추었다.

여기에 암울하고 비극적인 유머가 그들이 거의 믿을 수 없는 "우연의 일치"와 더불어 이런 게임에 있다. 그러나 우리가 이미 본 것처럼, 자연 법칙은 유머감각을 갖고 있고 암탉 게임, 큰가시고기 게임, 물개 게임, 개코원숭이 게임을 유발하고 그들의 정교한 디자인도 마찬가지로 믿지 못하게 많다.

이 단락을 시작할 때 우리가 말한 것처럼, 세 사람이 하는 섹스 게임들은 보통 엄마를 미안하게 만드는 형태를 따르며, 사드의 방중술 철학에서 가장 섬뜩하게 묘사된다. 모든 사람은 딸의 순결에 가치를 두고 있는 불운한 엄마를 괴롭힌다. 방탕한 무리는 개인과 인체 구멍이 결합되는 모든 가능성으로 딸에게 처음 접근한다. 그래서 딸이 이전부터 소중하게 여겨왔던 순결은 광란적으로 난잡하게 노는 방탕한 무리들 잔치에서 장신구가 된다. 딸의 아버지는 방탕한 무리와 놀았던 딸의 엄마에게 굴욕감을 주고 고문을 허락한다. 그래서 방탕한 무리는 딸에게 주요한 일부를 빼앗았고 엄마의 비명과 애원을 묵살하면서 행위를 계속하였다. 방탕한 무리들은 딸의 엄마가 고통 받는 이유를 아주 분명하게 내내 만들었다. 왜냐하면 엄마는 딸이 성을 즐기지 못하도록 애를 썼고, 방탕한 무리들은 엄마가 소녀의 쾌감을 절대로 다시 방해하지 않을 것이라고 확신하고 있고, 엄마가 이전에 딸이 성을 즐기지 못하게 하였던 믿음이 무너지고 난처해 할 것이기 때문이다.

아주 흔한 형태로, 딸은 난잡하게 되어 혹은 임신하여 엄마를 난처하게 만든다. 이웃의 스캔들로 딸이 난잡해 지거나 임신할 수 도 있다. 또 딸은 끝장을 보아 소년원까지 갈 수도 있다. 딸은 엄마를 난처하게 만들 단순한 도구로서 소년의 역할을 이용하였고 이후 다시는 소년을 보지 않을지도 모른다. 만약 엄마가 지닌 의견을 바꾸지 않는다면, 그 딸은 연결된 게임을 하는 또 다른 파티에 갈 가능성이 있다. 남자는 단순히 딸에게 매춘을 알선하거나 약물로 딸을 유혹하여 상태를 나쁘게 할 가능성이 있다. 나이를 먹으면서 변화는 남자(여자) 친구를 만들어봅시다 미안해요, 남편(아내)을 만들어봅시다 미안해요, 나이가 많아져서 미안해요. 오늘날 가장 보편적인 견해는 안타깝지만 복지부를 만들어 보자는 것이다. 복지부는 섹스와 (나는 믿을만한 소식통으로부터 확실하게 들었다.) 많은 섹스를 하는 십대들을 보통 반대하고 있으며, 많은 사생아들은 주정부 자금으로 지원을 받는다. 묘미는 이런 것들이 진행되는 동안 풍선껌을 씹고 다니는 10대들에 의해서 추가된다.

누구에게 미안하게 만드는 것은 미안하게 될 것이라고 속는 사람에게 단지 적용될 것이다. 미안하게 될 사람이나 조직의 기능은 부모자아상태이고 “나는 너를 도와주도록 노력하는 유일한 사람이다.” 또는 적어도 “결국에는 너를 위하여 했어야 한다.” 게임을 한다. 그러면, 누구를 미안하게 만드는 더욱 강력한 연기자들은, 아주 터무니없이 어리숙하게 되어서, 미안하게 만드는 역할을 원하는 상태에서 연기한다. 어리숙한 사람은 대부분의 사람처럼 부모자아상태에 있고, 남자가 미치기 전에 통제할 수 있다고, 그 남자에게 게임을 못하도록 중단시킬 수 있다고, 착각한다. 그때 완전히 정반대가 사실이다. 화가 난 남자는 미안하게 만드는 게임 참가자에게 더 재미를 느낀다. 만약 어리숙한 사람이 화를 끝까지 낸다면, 미안하게 만드는 게임 참가자는 세 번째 단계 게임으로 이동하고 변호사에게 전화하는 권리의 필요성을 느낄지도 모른다. 이것은 원숭이들의 전쟁보다 흥미롭다. 일단 게임이 합법화되면, 수많은 흥미들은 사라지고 게임 참가자들은 따분한 가정 분위기로 진정된다.

다양한 이유로 이런 게임들을 할 수 없는 사람들은 다른 게임 참가자들을 발견한다. 게임들은 머리를 쓰는 게임이나 환상적인 형태로 혼자서 하는 역할일 가능성도 있다.

세 사람이 하는 많은 게임은 세 번째 게임자는 베일에 쌓여있어서 희생자는 두 사람의 게임에 자신이 있다고 생각한다. 매춘은 남자가 여자를 다룰 수 있다고 남자가 믿는 곳에서 늘 있어 왔다. 반면에 매춘 알선업자 뒤에서 실제로 상영되는 쇼에서 여자가 규칙을 가지고 있고 남자들에게 강요하는 것을 볼 수 있다. 이것은 남편이 숨겨진 연기자인 것과 아주 유사하다. 남편은 남자의 흔적을 없애라고 상대 남자에게 아내를 보낸다.

남편은 이후 아내와 성교한 남자의 교화와 여흥을 위하여 모든 것을 자세하게 말한다는 조건으로 아내를 보낸다. 가장 역겨운 형태는 남편이 아내에게 순결을 찾아오라고 지시하는 것이다. 괜찮은 사람이 되었어, 남편은 실제로 은폐의 장소에서부터 지켜보았을 가능성이 있다. 가끔 역전이 되기도 하고, 아내가 남편을 보내거나 남편이 아내의 여자 친구들과 영합하도록 혹은 레스토랑에서 어린 딸이 흔적을 없애라고 한다. 그것은 이때이 게임에서 세 번째 단계는 숨어있던 게임자가 갑자기 장면에 등장한다. 만약 그가 전문적이라면, 그는 힘이 있거나 무장한 강도, 혹은 화난 남편을 가장하여, 어리숙한 사람의 돈을 받거나, 그에게 협박하여 돈을 뜯는다. 이것은 공갈 사기 게임으로 불린다. 동성연애에서도 게임이 이루어진다. 세 번째 게임자는 부패한 경찰이 역할을 맡을 가능성이 있다. 가정적인 형태 내에서 만약 숨어있는 배우자가 스위치를 당기는 것을 결정한다면 놀랄 일이 많다. 그 다음에 게임은 살인, 자살, 소송, 혹은 이혼으로 끝날지도 모른다.

누가 당신을 필요로 하지? 아내는 남편에게 질투를 유발할 연애상대를 취한다. 혹은 그 반대로 남편은 아내에게 질투를 유발할 연애상대를 취한다. 가끔 세 사람 다 진짜 이유를 모르고 가끔 세 사람뿐만 아니라 그 이웃도 안다. 아니면 배우자는 알고 연애 상대는 모를 수 있다. 이 경우에, 그는 잘 속아 넘어가는 사람이다. 그러나 연애 상대가 어리숙한 경우는 거의 없다. Mr. 우는 Mrs. 좌와 정사를 나누고 마음을 훔친 경우에, Mr. 우가 아내에게 돌아가지 않으면, Mrs. 좌의 남편에게 미안한 마음이 들것이다. 그 동안 Mrs. 좌는 Mr. 우가 Mrs. 좌 남편 뒤에 있으라고 싸우지만, Mr. 우의 아내에게 미안하다. 한편, 이 게임은 악의적인 게임이라기보다 경쟁적인 게임이며, 이 경우에 "나는 어떤 남자들보다 잘 할 수 있지 그렇지?" 게임이라고 부른다. -"누가 널 필요로 하겠니?", "하나를 훔치다.", "나는 다른 사람들보다 잘해."- 이 세 가지 게임은 연극, 오페라, 소설, 단편소설, 특별히 각 연기자가 힘을 갖고 연기를 하면서 논박 게임을 원하면, 아주 치열한 경쟁을 만든다.

샌드위치는 게임이 아니고 곧 바로 세 사람이 작동한다. 누구나 기분 좋게 느껴야 하고 누구도 미안한 감정을 느끼지 않아야 한다. 섹스의 어떤 조합도 작동이 가능할 것이다. 남자 세 명, 여자 세 명, 남자 두 명과 여자 한 명(삼각관계), 두 여자와 한 남자(최고 샌드위치). A가 B와 성관계를 가진 후, B는 C와, 이후 C는 A와 성관계를 한다. 결국 각자는 두 번 성관계를 하고 한번은 지켜본다. 이것은 감자 샌드위치에서 사기로 변한다. A와 B가 성관계를 하고 있는 지점에서 C는 지켜보면서 기회가 오기를 기대하면서 기다리지만, 절대로 기회는 오지 않다. 이런 사기들은 어린이의 성적 놀이에서 아주 흔하다. 너는 나에게 너의 것들을 보여주고 나는 너에게 나의 것들을 보여주는 것은 두 사람이 참여하는 게임이고, A는 남자의 것을 보여주지만, B는 여자의 것을 보여 주지 않는다. 그 역도 가능하다. 중요한 밀고자 샌드위치는 세 사람이 참여하는 게임이고 여기서 C는 형세를 역전시킨다. A는 남자의 것을 보여주고 B는 여자의 것을 보여주지만 C는 그 대신에 집으로 달려가서 엄마에게 말을 한다. 두 가지 중요한 것은 네 사람이 하는 게임에 있다. Mr. 그린은 아내와 가장 가까운 Mrs. 브라운과 성관계를 가졌다. Mrs. 그린과 Mr. 브라운도 성관계를 가지고 싶지만, 다른 사람들이 이 일을 처리하여서, 그들은 중요한 것을 간직한 채 할 수 없었다.

사람들은 왜 게임할까?

게임에 참여하는 이익은 성적인 게임들에서 아주 분명하게 보인다.

(1) 곧바로 성은 직접적인 방법으로 사람을 행복하게 유지한다. 성적 게임은 다른 욕구들이나 성을 대신하는 욕구를 만족시킨다. 다른 욕구에는 미움, 앙심, 화, 죄책감, 부끄러움, 당황, 상처받고 부당하게 혼자 지내는 것, 사랑을 정착시켜야 하는 일부 사람들이 지닌 이전의 다른 모든 감정들이 있다. 게임 참가자는 미끼뿐만 아니라 쾌락을 목적으로 자신의 성적인 면을 사용하여 그들의 곤란한 점과 욕망을

안전하게 할 수 있다. 결국 게임 참가자들은 외롭게 영원한 패자의 길에서 이성적으로 자족하는 상태를 유지한다. 게임은 내적 심리적 이익이 있다. 게임은 계속 억압하고 화내는 것을 차단한다. 가끔, 억압이 너무 심하여 게임이 억압을 줄일 수 있는 양을 넘어선다. 예를 들면 사드는 그의 엄마를 난처하고 난처하게 만드는 일을 샤랑통에 있는 정신병원에서 죽었을 때까지, 독실된 흔적을 남기고 떠나고 그에게 맞은 소녀들, 보들레르와 스윈번과 도스토옙스키와 카프카도 지금도 그들을 따르는 다른 사람들이 아주 감탄하기까지 계속하였다.

(2) 두 번째 이익, 게임에서 외적 심리학적 이점은 사드가 감탄하는 실존학파가 간과한 사실로, 대립, 책임, 관여를 피한다. 건조한 게임은 알몸 및 소위 행위와 대립을 피한다. 건조한 게임은 처녀성 상실, 임신, 자극, 열정, 그리고 성교의 다른 결과에 대한 책임도 피한다. 축축한 게임들은 오르가슴, 혹은 적어도 삽입으로 끝나지만, 그들은 게임을 하고 있고 있기 때문에 파트너에게 관여하는 것을 피한다.

(3) 그러는 동안에 게임은 사람들이 편안하게 너무 가까워지지 못하도록 한다. 게임은 게임 참가자들을 한꺼번에 데려오고 지킨다. 게임 참가자들은 지루할 때까지 서로에게 숨기고 가까워지지만, 심각하게 관여할 만큼 충분히 가깝지 않다. 이것이 게임 참가자들에게 인류의 한 부분으로 존재하고, 혹은 적어도 저 방향에 있다는 오해를 불러일으킨다. 실제적으로, 게임들은 "~까지" 프로그램들의 한 부분이다. 게임의 전제는 착한 사람은 혼자서 올 것이라고 가정한다. 지나치게 착한 사람에게 산타클로스의 아들 매력적인 왕자이거나, 산타클로스의 딸이 눈 공주로 절대로 오지 않으며, 많은 경우에 죽을 것이다. 게임은 그 동안에, 운명의 버스 정류장에서 기다리는 동안에 시간을 구조화하는 방향으로 진행된다. 그리고 게임들은 실생활과 마찬가지로 버스 정류장에서 기다리고 있고 햇볕이 있는 날에 열대 암초 위를 헤엄치는 것과 관련 있다. 게임은 실내에서나 개인적으로 가짜로 친밀하게 하는 틀을 제공한다. 이것이 소위 내적인 사회 이득으로

불린다.

(4) 게임들은 사건들과 작은 드라마로 가득 차 있는 이후, 가끔씩 실제이고 가끔씩 가짜이며, 게임들은 사람들에게 이야깃거리를 외부세계에 제공한다. 이것이 게임의 외부적인 사회적 이득으로 불린다.

(5) 성적 게임은 자극을 갈구하고 인식을 갈구하고 구조를 갈구하는 데 만족한다. 대부분의 사람들에게 게임은 가만히 앉아 있는 것보다(철회), 칵테일파티에서 얌전하게 있는 것보다(의례상), 아침에 일을 하러 가는 것보다(활동), 혹은 골프를 이야기하는 것보다(시간을 보냄) 재미있다. 게임들은 신진대사를 일으키며, 분비선들을 자극하며, 과즙이 흐르도록 만들고 몸과 마음과 정신이 서서히 시들해지는 것을 방지한다. 축축한 게임들은 건조한 게임보다 이런 것들을 더 잘한다. 왜냐하면 축축한 게임 상태에서 향기, 피부 전율, 적외선과 유동체들이 변화되기 때문이다. 이런 활성화 효과를 생물학적 게임의 이익이라고 부른다.

(6) 어떤 것들이 항상 성과 함께 섞여 있다. 그것은 존재 혹은 자기 질문에 대한 대답이다. "나는 누구인가?" 그 다음 질문은 "여기서 나는 무엇을 해야 하나?"들이 존재적인 질문들이다. 성적인 게임에서 존재적인 이익은 이런 두 퍼즐들의 대답을 향해, 비록 실제적인 친밀감이 아닐지라도, 오래 간다. 게임들은 세 번째 질문 "누가 다른 사람들 모두에게 존재하는가?"에 대답으로 특별히 유익하다.

모든 각본은 세 가지 질문을 기반으로 하고 있고, 부모들의 프로그램은 대부분 이미 만들어진 답들을 주는 것이다. 주어진 각본을 따르기만 하는 사람은, 그에게 각본으로 제시된 답들이 옳다는 것을 증명하는 데 헌신할 것이다. 승리하는 각본에서 개요는 다음과 같을 수 있다. "당신은 왕자이다. 당신은 여기에서 다른 사람들에게 당신 자체를 보여 주려고하고 있다. 다른 사람들은 당신이 필요하다." 성적인 게임을 통하여, 개인은 반복하여 '자신이 정말로 왕자이다. 적어도 더비 경기에서 우승자이다.'와 비슷한 것을 확인하려고 노력한다. 이 상황에서 그는 정말로 관대할 수 있다. 다른 사람들(여자들)이 정말로 그에게 감사하게 여긴다. 일단 이런 모든 사실에 대하여 그가 만족하고 있다. 어떤 것을 입증하려고 노력하는 데 관심두지 않아도 아주 친밀한 관계를 위하여 정착할 준비가 되어있을 가능성이 있다. 패자는 답을 읽을 가능성이 있다. "당신은 쓸모없는 매춘부이며, 당신 엉덩이를 들고 여기서 일해라, 그렇지 않으면 다른 사람들의 엉덩이가 당신 일을 대신할 것이다." 이런 사례에서 게임은 그 여자가 정말 매춘부라는 것을 입증하도록 구성될 것이다(그녀가 비록 매춘부를 저항할지라도). 모든 남자가 그녀에게 언제라도 가능하면 재미를 볼 수 있도록, 그녀는 인생동안 자신의 방식대로 골반 근육을 돌려야만 한다. 각본 속에 그 여자가 있는 한, 단지 은밀하게 가질 수 있는 것은 또 다른 매춘부나 매춘 알선업자이다. 이것은 억울한 누명이지만, 똑같은 방식으로 보아도 좋을 각본들도 작동한다.

부모들의 프로그램이 자녀들의 존재에 실제적인 그림을 주고 세상은 그런 그림으로 자녀를 둘러싸고 있다. 그래서 게임들은 사람들에게 편안하게 행복한 것 혹은 친숙하고 비참한 것을 유지하게 한다. 성적인 게임들은 적당한 배역을 뽑고 요구하는 방식대로 배역이 잘 반응하도록 구조화하여 각본이 실현되도록 조심스럽게 준비되어 있다.

자율성에 대한 오해

나는 자유가 웃음을 통하여 도달하는 것을 보여주려고 하였다. 사람은 이것을 배울 때까지 노예가 되어 주인에게 영합하거나 혹은 새로운 주인에게 죽을 지경으로 봉사할 것이다. 주인은 이런 것을 잘 알고 있고, 주인이 되는 이유도 알고 있다. 마지막으로 주인들이 허용하는 것은 꼴사나운 웃음이다. 자유국가들에서, 모든 대학은 유머 잡지를 가지고 있지만, 나치 독일이나 아라비아 같은 노예제 국가에서는 이런 농담들이 없다. 한사람이

제거된 어디에서나 다른 것이 갑자기 생겨나기 때문에 힘이 권위를 죽게 할 수는 없다. 손자가 군사훈련[14]의 병법을 발견하였을 때 알았던 것처럼, 이것은 단지 웃음으로 넘겨질 수 있다. 손자는 황제가 이용하는 빈민가의 어린 소녀들에게 명령을 할 때 그녀들이 킥킥거렸지만, 첫 번째로 보여주었다. 그는 어린 소녀들이 웃고 있는 한, 규율은 작동되지 않았다는 것을 알았다. 그래서 손자는 어린 소녀들 중에서 두 명을 처형하여 어린 소녀들에게 웃음을 멈추게 하였고, 그 후 살아남은 그녀들에게 장엄하고 분개하여 말하였다. 정반대로 개그맨은 지역 대표가 된 후에 그 직책을 아주 오랫동안 유지 하지 않았다. 지역 주민들은 개그맨을 대표로 봐 줄 수 있었지만 개그맨은 할 수가 없었다.

인간은 자유롭게 태어났지만, 그는 들은 말대로 하는 것을 첫 번째로 배우고 여생을 그것을 하면서 지낸다. 결국 인간을 처음 노예 상태로 만든 것은 부모님이다. 인간은 부모님의 지시를 자신이 갖고 있는 방식들 중에서 선택할 권리가 있는 경우와 자율에 대한 착각으로 스스로 위로할 수 있을 때 영원히 따르고 유지한다. 만약 부모들이 자녀에게 무능한 감정을 유발하고 싶다면, 부모들은 자녀에게 네모 똥을 누라고 요구하고 어떤 것에도 만족하지 않고 거절하면서 시작할 수 있다. 어떤 조건에서도 부모는 자녀가 자기의 각본을 지키려고 노력하면서 살아가도록 강요하고, 자녀에게 애초부터 성공이 가정되어 있지 않다고 알린다. 이런 길에서 자녀들은 부모님에게 받은 지시를 현실화하는데 무능함을 적절히 수집하면서 인생을 끝마칠 것이다. 만약 자녀가 독립적인 구석을 갖고 있다면, 자신의 노력으로 주제와 형상을 바꿀지도 모르지만, 이런 노력의 본질은 드물다. 만약 자녀는 갈등을 네모 모양의 똥에서 배 모양의 오르가슴으로 옮긴다면, 무능한 감정으로 인생을 마칠 것이라고 계속 확신할 것이다. 반대로 부모들이 자녀가 성공할 것으로 키운다면, 자녀는 성공 운명이 요구하는 모양에 맞추어 그의 인생이 끝나도록 어떤 방법을 사용하더라도 재단해야 하며 그렇게 할 것이다.

이런 각본 프로그램들로부터 벗어나기 위하여 사람은 멈추고 생각해야만 한다. 그러나 사람은 자율성에 대한 착각을 처음부터 포기하지 않는다면 자신의 프로그램을 생각할 수 없다. 사람은 자유롭게 지금까지 존재하지 않았다는 것과 자신의 존재에 대하여 상상하는 것을 즐기는 것도 반드시 깨달아야 한다. 그러나 사람은 몇 세대 전부터 어떤 운명의 꼭두각시 역할을 한다. 등 뒤의 원숭이에게 몸을 돌리고 응시할 수 있는 용기나 탄력성을 가진 사람들은 거의 없다. 사람들은 나이를 먹으면서 힘든 것들이 목까지 차오르는 상태에 빠진다.

이런 프로그램은 신체 장기들이 배꼽에 신기하게 웅크리고 엄마의 자궁에서부터 꼬여있는 탯줄이 연결되어 아래에 누워 있을 때부터 시작한다. 병장들이 기초훈련을 받으려고 도착한 신입 모병들에게 하는 전형적인 인사를 생각하라. 자동적인 군대 상사가 꿈을 꾸는 것보다 더 자동적으로 부하에게 전달한다. 병장이 말하는 것이다(이것은 여군 병장들도 사실이다). "당신의 영혼은 엄마에게 속하지만, 당신의 몸은 나에게 속한다." 이것은 "당신의 골반 내부는 엄마에게 속하지만, 당신의 외부는 나에게 속한다."로 진실하게 서술될 수 있다. 거의 모든 인간 존재의 골반 기관은 엄마에게 속하고 운 좋은 사람들의 골반 기관은 엄마에게 속한 채 끝난다. 다른 경우에 엄마는 위와 머리도 통제한다. 실제로, 군대는 외적인 근육들이 군대에서 정말로 필요한 전부이므로 바깥부분의 나머지들을 갖고 있다. 군사들이 명령을 따르는 한, 나머지는 단지 의료부대에만 관심이 있다.

각본에서 중요한 지시는 바꾸지 않고 남아있다. 단지 각본의 방법과 대상은 변화를 수용한다. "당신의 지도자에게 전념하라." 나치 아버지는 말하고, 그 아들은 파시스트 지도자, 혹은 기독교 지도자 혹은 공산주의 지도자에게 똑같은 열정으로 스스로 몰입한다. 성직자는 일요일 예배에서 영혼들을 구하고, 성직자 딸의 재치있는 농담은 기타로 포크 송을 노래하면서 영혼들을 구한다. 아버지는 거리의 청소부이고 아들은 의료 기생충학자가 된다. 각자 자신의 길에서 질병의 원인인 내장을 깨끗하게 하고 있다. 좋은 품성을 지닌 창녀의 딸은 자라서 간호사가 되어 좀 더 위생적인 방법에 대하여 고민하는 데 위안을 삼는다.

이런 유사점과 차이점은 생물학자들이 말하는 유전자형과 표현형과 일치한다. 모든 개들은 개다운 유전자를 갖고 있고, 개들이 되는 것 말고 다른 것을 시작할 수 없다. 단지 각 개는 자신의 방식대로 한 마리의 개가 될 수 있다. 부모에게 받은 기본적인 지시는 유전자와 같다. 후손들은 유전자를 잇는 것 말고 다른 어떤 것도 시작할 수 없지만, 각 개인은 각기 자기방식대로 유전자를 이어갈 수 있다. 형제와 자매들이 같게 될 것이라는 의미는 아니며, 부모님들의 각본에서 다른 역할을 연기하도록 길러진 이후 각 형제자매들은 대부분 다른 지시를 받았을지도 모른다. 예를 들면, 신데렐라는 승자가 되라고 지시를 받는 동안 신데렐라의 이복자매는 패자로 길러졌고, 그들은 모두 부모님이 계획한 프로그램을 따랐다. 신데렐라는 따뜻하고 승자적인 특성으로 가장 부각되는 고유한 방법을 발견하였다. 신데렐라는 이것을 부모에게 보고 배운 방법일 수도 있고 아닐 수도 있지만 성취하였다. 신데렐라 이복자매들은 짜증내고 부루퉁하게 교육을 받았다. 신데렐라의 왕자가 신데렐라의 얼간이 이복자매에게 청혼을 할 것이라고 아무도 생각하지 않는다.

이미 결정된 목표에 도달하기 위한 방법을 선택하기 위한 자유는 자유로운 선택이나 자율성에 대한 착각을 지지하게 도와준다. 이런 착각을 수술 동안 하나의 전극으로 뇌에 자극받아왔던 사람은 대부분 분명하게 실제로 보여준다. 수술 받는 사람은 오른쪽 팔을 통제하는 부분을 자극받고 오른 팔을 들었다. 그때 수술한 사람이 왜 팔을 움직여 들었는지 수술 받은 사람에게 물었고 그는 대답하였다. "왜냐하면 나는 팔을 들기를 원하였기 때문이다." 이런 똑같은 것들이 일상생활에서도 계속된다. 개인은 중요한 문제에 대해서 부모의 지시를 따르지만, 자신의 시간과 장소를 선택하면서, 자신의 결정을 자유롭게 하고 그의 행동은 자유의지의 결과라고 착각한다. 양쪽 관점들은 내정되어있다. 부모님의 지시로 형성된 것은 전극과 같이 작동할 것이라서, 사람은 거의 자동적으로 부모님의 지시를 따르면서 자신을 위한 결정을 전혀 변화시키지 않으면서 혹은 아주 약간 변화시키면서 끝낼 것이다. 부모님의 지시는 자식이 자유의지를 발휘하고 있는 것처럼 미래에 생각할 것도 내정되어있다. 부모의 지시를 잊어버리거나 부모에게 들은 것을 기억하지 못하는 사람들만 성취할 수 있다. 기억을 하는 순간, 인간은 부모들이 그의 감정, 행동과 반응을 결정해왔다는 것을 깨달을 가능성이 있다. 이런 자각은 굴레에서 벗어나게 하여 스스로 결정할 수 있게 한다.

어떤 사람들은, 일정 수준에서 모든 사람과 더불어, 자율성을 오해하지 않고, 자신의 행동이 부모가 어릴 때 자신에게 말한 것에 따라 결정되어 있다고 잘 의식한다. 예를 들면 이런 사례가 있다. 많은 숫처녀와 불감증 여자들은 자신들이 그렇다는 것을 널리 알린다. 왜냐하면 그들 부모가 그렇게 되어야 한다고 말하였기 때문이다. 어떤 면에서 숫처녀이고 불감증이 있는 사람들이 반대인 것처럼 과장하는 사람들보다 더 낫다. 그리고 도박꾼이 치유받기를 원한다고 치료자에게 말하여 부모의 명령에 대한 연구가 시작되었다. "도박을 하지 말라고 나에게 말하지 마라. 소용이 없다. 내가 필요한 것은 잃어버리지 않는 것에 대한 허락이다." 도박꾼은 갑자기 잃어버렸던 것을 자각하였다. 왜냐하면 그는 잃어버리는 것을 명령받았기 때문이다. 도박꾼에게 필요하였던 것은 "왜 도박을 멈추지 않느냐?"같은 추가적 지시가 아니었고, 어릴 때 받은 지시를 묵살하는 허락이었다.

결국, 호색, 가학증, 동성연애, 난잡한 성행위, 성적인 게임, 그리고 성적 활동에서 생물학적으로 부적절한 형태를 대부분의 사례에서 부모들이 프로그램한다. 그러나 이런 사람들은 "나는 이런 방법을 원하기 때문에 이렇게 한다."라고 말한다. 이것은 간접적으로 사실이다. 사람은 그렇게 지시를 받았기 때문에 그 방법대로 하고, 복종하지 않는 것에 대한 두려움 때문에 그 지시에 복종하길 원한다. 사람은 이런 필요성을 자유의지를 주장하는 미덕으로 바꾼다. 자유의지는 보들레르를 속일 수 있을지 모르지만, 다른 사람들을 속일 필요는 없다. 만약 사람이 지시를 회상하면 그리고 회상할 때, 그는 머릿속에 전극이 어떻게 삽입되었는지 발견한다. 사람은 부모님이 프로그램한 것과 부모님의 프로그램과 함께 간다는 착각과 아마도 정말로 자유롭게 되는 것을 포기할 준비가 되어있을 가능성이 있다.

생물학에 관하여 이야기하는 것과 오래된 동향을 이해하는 것은 중요하다. 어린 시절에 프로그램된 것은 어쨌든 계속 진행된다. 부모님의 프로그램은 부모들의 "잘못"이 아니다. 부모는 그들 부모에게 전수받은 것을 단지 전달하고 있다. 조상들에게 물려받은 유전자를 단지 물려준 이후로 후손들의 신체적인 모습이 더 이상 아니면 부모들의 "잘못"이다. 그러나 뇌 화학은 신체적인 표현형을 결정하는 화학적 유전인자보다 각본 프로그램을 쉽게 변화시키는 데 관여한다. 그래서 부모는 자녀가 자신의 고유한 각본이 무엇인지 찾을 수 있도록 최선을 다하기를 원하고 부모는 자녀에게 각본을 전수할지 말지를 결정한다. 만약 부모가 방향을 결정하지 않았다면, 각본을 어떻게 바꿀지, 도처에 개구리로 과거에 있었던 것을 어떻게 왕자로 자라게 할 것인지 해결책을 찾아야 한다. 이렇게 하는 것은 쉽지 않다. 이것은 혼자서 머리를 자르는 것보다 어렵다. 각본 분석가의 도움을 대부분 요구하지만, 각본 분석가는 항상 일하지 않는다. 사람은 각본을 전달하고 있고 각본은 손자에게까지 전달될 가능성이 있다는 것을 알면 용기가 더욱 나지 않는다. 이런 각본 전수는 "숙녀를 만들어라, 할머니와 함께 시작하라." 속담에 기초한다. 그리고 왜 시민전쟁이 아직도 끝나지 않았는지를 설명하고, 화난 각본들이 오늘날 차분한 삶이 괜찮은 방식으로 전환되는 데 또 다른 백년이 걸릴 것이다. 지금은 신사숙녀인 부모들이 다음 세기의 프로그램을 시작하는 시간이다. 만약 우리가 원하는 것들이 나중에 따뜻하고 똑바르게 되려면, 우리는 차갑고 왜곡된 인식을 지금 멈추어야만 한다.

각주와 참고문헌

1) Liddell and Scott *give Odyssey* 4. 221 seq.; Theophrastus, H.P. 9.15.1; Plutarch 2. 614 C; Antholoigia Palatina 9.525, 13; and Protag. (presumably Protagoras) ap Plutarchus 2.118 E. Nepenthe is best known nowadays as the name of a restaurant in Big Sur, California. Oxford gives "*Med.* A drink possessing sedative properties (1681), and the plant supposed to supply the drug (1623)." *Nepenthes* is used now only for a genus of carnivorous pitcher plants, but these are not used as materia medica; at least they are not listed in pharmacology texts, nor in the US pharmacopoeia, nor in the US Dispensatory as far back as 1866, nor even in Culpeper's *Complete Herbal.* Nevertheless, they are of some interest from an evolutionary point of view if we remember that *Homo sapiens* is very likely descended from monkeylike tarsiers who fed on insects. *Tarsius spectrum* likes to rob pitcher plants of their insect prey. Hence, according to the late Professor Francis E. Lloyd (Encyclopaedia Britannica), *Nepenthes bicalcarata* has developed sharp hooks "as an adaptation for catching the tarsier if he tries this game" on that species. This ancient battle between tarsiers and pitcher plants no doubt played a modest part in the evolution of the human race, as it did in the genetic selection of certain Nepenthes.
For those who like gossip, I might add that the owner of Nepenthe, William Fasset, is a great and genial poker player, and the father of several remarkable children. Professor Lloyd taught botany at McGill and from him I learned what little I know of the subject. I once extrapolated his personality into a story I wrote under a pen name, which was published in the old *Adelphi* for August 1933 ("An Old Man", by Lennard Gandalac). He fathered two sons, one celebrated for his researches in neurology, and the other for the beauty of his children and the number and excellence of his grandchildren. As for tarsiers, although I freely acknowledge them as my many-greats grandparents, I have never had the pleasure of a personal acquaintance with one. Concerning pitcher plants, I do not understand their ways at all. They have their ideas of what a flower should be, and I have mine, but I bear them no ill will.
2) The following figures from the *World Almanac*, 1968, show suicide rates for males per 100,000 for 1962-3 according to the World Health Organization: Hungary, 35.5; Austria, 29.5; US White, 18.0; US Non-White, 9.6; Poland, 16.6. The corresponding rates for females are 14.1, I I.I, 6.7, 2.7, and 3.5. (In

1966-7, West Berlin was far, far ahead of the rest of the world both in suicide rate [40.9] and in general mortality rate [1798.8], exceeding in each even the most backward countries of Africa and Arabia. *United Nations Demographic Yearbook*, 1968.)

3) Mao Tse-tung: *On Art and Literature*. China Books & Periodicals, San Francisco, 1960.

4) Cf. Young, D.: 'The Frog Game'. *Transactional Analysis Builetin* 5: 156, July 1966. Also Berne, E.: *Principles of Group Treatment*. Oxford University Press, New York, 1966, and Grove Press, New York, 1968.

5) That paraphrases Herrick's version (c. 1630). Other versions are: 'Let us crown ourselves with rosebuds, before they be withered' (*Wisdom of Solomon*, 2: 8). 'Gather ye therefore roses with great glee, sweet girls, or ere their perfume pass away' (Angelo Polizeano, 'A Balla ta', c. 1490, trans. by J. A. Symonds). 'Gather the Rose of love, whilst yet is time' (Spenser, *Faerie Queene*, I, 12, c. 1590).
As for us passing through time, rather than vice versa, this idea was most neatly expressed by Ronsard in his poem 'Le temps s'en va', later elaborated by Austin Dobson in *his* poem 'The Paradox of Time'.

6) Lorenz discusses this dilemma in *King Solomon's Ring* (op. cit.). He has one chapter on 'Laughing at Animals' and another on 'Pitying Animals'.

7) This cynical interpretation of brooding behaviour is adapted from Ruth Crosby Noble: *The Nature of the Beast* (Doubleday, Doran & Company, New York, 1945, pp. 161 f.), but it arouses considerable feeling among those who love poultry. In my efforts to verify it among textbooks and teachers of poultry science, I received categorical and sometimes heated denials. 'That … is pure imagination. It is not to cool her breast.' Poultrymen much prefer to hypostatize an anthropomorphic concept of gallinaceous brooding. 'If the weather is hot, the hen may stand over the nest to *shade* the eggs. If the weather is cold, the bird nestles down *to keep* them warm. When a hen becomes "broody", you can't keep her from sitting on eggs or potatoes or smooth stones' (teleological italics mine). But none of this is inconsistent with the view set forth by Noble. Thus opinion is divided between an altruistic bird who wants to keep her eggs comfortable and a less estimable hen who merely wants to cool herself off. Noble cites in support of the icebag theory the fact that if the breast of an incubating bird is immersed in cold water, thus counteracting the abnormal heat, the bird will no longer be interested in brooding. But as she also notes, birds do recognize and prefer their own eggs to those of other birds. So there may be something more to it than mere poulticing.

8) I came across an account of this unusual stickleback behaviour some years ago and made some notes, but neglected to record the source. Since then I have hunted for it assidiously but vainly. I have talked to and written to several fish men, but they were all sceptical, including Desmond Morris, who is a stickleback man of many years' standing. With the pride of a poultryman, he replied, "My sticklebacks never, to my knowledge, developed 'lockjaw.'"

9) Wendt, Herbert: *The Sex Life of Animals*. Simon & Schuster New York, 1965; Chapter 7. See also LeBoeuf, B. J., and Peterson, R. S.: 'Social Status and Mating Activity in Elephant Seals'. *Science* 163: 91-3, 3 January, 1969.

10) Wendt, Herbert: *Ibid*. For the most careful study to date of baboon harems, see Hans Kummer: *The Social Organization of Hamadryas Baboons*. University of Chicago Press, Chicago, 1968.

11) The idea of putting muumuus on apes is no more original than the proposal of SINA, the Society for Indecency to Naked Animals, to put panties on pets, half-slips on cows, and Bermuda shorts on horses. Started as a hoax, with the slogan "Decency Today Means Morality Tomorrow," SINA hoped to expose some aspects of sexual hypocrisy through satire, but failed because millions of people took their crusade seriously. For an account of the barely credible results, see: *The Great American Hoax*, by Alan Abel. Trident Press, New York, 1966. For additional information about how violently some "pet-lovers" feel about … "immorality" in animals, see: *Petishism*, by Kathleen Szasz. Holt, Rinehart & Winston, New York, 1969.

12) Berne, E.: *Games People Play*.

13) Karpman, S.: "Fairy Tales and Script Drama Analysis." *Transactional Analysis Bulletin* 7: 39-43, April 1968.

14) Sun Tzu: *The Art of War*, translated by Lionel Giles, *in Phillips*, T. R. (ed.): *Roots of Strategy*. Military Service Publishing Company, Harrisburg, Pa., 1940.

6

'성'과 웰빙 또는 예방적 친밀함

SEX AND WELL-BEING OR PREVENTIVE INTIMACY

서론

인간 행동의 원인과 결과를 결정한다는 것은 매우 어렵다. 왜냐하면 대부분의 심리학 이론은 지난 시간에 무슨 일이 일어났는가를 설명하기 위한 것이기 때문이다. 그러나 이것은 똑같은 설명이 다음에 무슨 일이 일어날 것인지를 예측하는 데 사용될 수 없다면 어떤 것도 증명하지 못한다. 만일 설명이 과거뿐 아니라 미래에도 적용된다면, 그것은 인간의 본성에 대하여 말할 가치가 매우 클 것이다. 과거에 대해서도 미래에 대해서도 적용되는 이론은 견고한 이론이라고 말할 수 있고, 과거에 대해서는 적용되지만 미래에 대해서는 적용되지 않는 이론을 부드러운 이론이라 한다. 따라서 정신분석과 교류분석 이론은 잘 훈련받은 사람들이 적절하게 사용하여 과거의 행동을 설명할 수 있을 뿐 아니라, 앞으로 무엇을 할지에 대하여도 예측할 수 있기 때문에 견고한 이론이라 한다. 사회학자와 같이 부드러운 이론을 사용하는 사람들은 환경 변화 때문에 미래를 예측할 수 없다고 일반적으로 말한다. 그것은 사실이다. 그러니까 인간 행동에 대한 견고한 이론은 견고한 사실 즉 시간이 흘러도 변화하지 않는 국면들을 다루고, 부드러운 이론은 외적 환경에 의해 쉽게 변하는 부드러운 사실을 다룬다.

부드러운 이론은 견고한 이론만큼 강력하지 않다. 왜냐하면 부드러운 이론은 그것을 검토하기에 믿을만한 방법이 없고 치료를 말하지 않기 때문이다. 일반적으로 그것은 끔찍한 것, "끔찍하네요." 게임을 하는 사람들 사이의 스탬프처럼 교환될 수 있는 것들을 다루지만, 그 스탬프를 다른 스탬프와 비교하는 것 외에 그들이 수집한 끔찍한 것들로 무엇을 할지를 모른다. 예를 들어, 대학 졸업 대학원생들과 초등학교 졸업 대학원생들 사이에 성적 채찍질의 빈도를 비교하는 것은 그것을 멈추기 위하여 어떤 것도 하지 못한다. 그러나 숫자를 검토할 믿을만한 방법은 없어도 끔찍한 것에 대하여 말하는 것은 흥미 있는 일이다. 실제로 그러한 연구는 주로 채찍 제조사이 관심을 끌 것이다. 그러한 것에 대하여 읽고 싶은 대부분의 사람들은 동물원에 간 노부인과 같을 것이다. 그녀는 경비원에게 하마가 암놈임지 수놈인지 묻자, 경비원은 "부인 그것은 다른 하마에게만 관심이 있는 것이죠."라고 대답했다.*

부드러운 이론은 보통 "얼마나 많은 사람들이 무슨무슨 행동을 할까?"와 같은 질문에 기초한 것이기 때문에 행정인, 정치인, 경제인, 사업가 등에게 가치가 있다. 그러나 "인간 존재는 그렇게 만들어졌기 때문에 특별히 그것을 예방하지 않으면, 언제나 그러한 행동을 할 것이다."라고 말하는 견고한 이론은 과학자들에게 훨씬 더 유용하다. 부드러운 이론은 대부분 의존적인 사상가, 다른 사람에게 유익한 것에 대하여 생각하는 사상가들이 만는다. 견고한 이론은 독립적인 사상가, 발견을 위하여 사물을 발견하고 싶어 하는 사상가들이 만든다. 그러나 결국 그들은 부드러운 이론보다 더 유용한 것을 증명해낸다. 따라서 다음에 나오는 부분에서는 가능한 한 부드러운 사실을 피하고 견고한 사실에 집중할 것이다.

신체적 접촉 그리고 신체적 건강

만일 생쥐를 어미 쥐나 인간이 돌보지 않는다면 그들은 발달하지 못할 뿐 아니라 많은 생쥐가 병에 걸려 죽을 것이다. 그와 같은 일이 받아들여

* EW: 그 여인이 결국 우습게 보이지 않는 다른 농담이 있을까?
EB: 네. 제3장의 77쪽을 보세요.

지지 않는 인간 아기에게도 적용된다. 그들은 안겨서 토닥거림을 받을 필요가 있다.[1] 사실 기분 좋은 말이나 부드러운 손으로 스트로크를 받지 못한 어떤 사람도 내면에서 말라 죽을 것이다. 해리 할로 Harry Harlow 박사와 그의 동료들은 아기 원숭이를 연구했는데, 태어나면서 바로 어미 원숭이에게서 떼어내어 부드러운 타월로 감싸주었다.[2] 그들은 아기 원숭이가 본성적으로 다른 원숭이들과 신체적 접촉을 하게 되어 있음을 증명했다. 만일 그들이 그것을 박탈당하면 다 자라서 다른 원숭이들처럼 성적 관계를 맺을 수 없다. 그리고 임신을 하더라도 아기 원숭이를 무시하고 학대하기 때문에 아기 원숭이가 죽기 쉽다. 인간 부모도 마찬가지이다. 자신의 아기를 무시하거나 학대하여 심지어는 상해를 입히거나 죽이기도 한다. 그러한 부모는 일반적으로 사람의 토닥거림을 받지 못해 슬프거나 화가 난 아이들처럼 희생자들이다.[3] 우리는 이 모든 것을 다음과 같이 간략하게 말할 수 있다. 어떤 사람이라도 사람의 스트로크를 받지 못하면 그의 마음은 말라서 인간성이 고갈된다.

그런 방식으로 고통 받는 두 집단의 사람들이 있다. 어디에나 매일 아침 직장에 갔다가 매일 밤 집으로 와서는 자신의 방에서 홀로 거의 모든 시간을 보내면서 할 일도 없고 이야기하거나 싸울 사람도 없는 수천 명의 여자들이 있다. 전형적인 사례로, 샐리 Sally 는 데이트를 하지 않는다. 그녀는 자신을 별로 좋아하지 않는 친구 몇 명이 있다. 그들은 두 달에 한 번씩 저녁 식사에 그녀를 초대하여 캔사스나 마인에서 온 젊은 변호사를 만난다. 그들 사이에서 그녀는 영화나 콘서트에 가려고 하지만 그녀는 혼자 가고 외로운 삶을 산다. 그러다가 그녀는 자신을 위한 요리에도 흥미를 잃고 결국은 먹지도 않는다. 그녀의 피부는 나빠져 가고 다리는 영양 부족으로 말라간다. 그녀의 근육은 약해지고 위장도 줄어든다. 이렇게 나쁜 결과의 원인은 사회적 활동이 없어서가 아니라, 사회적 활동이 그녀의 식욕을 없애기 때문이고 그것이 신체적 붕괴의 원인이다. 사회적 자극이 없다는 것과 그녀의 신체적 약함 사이에서 그녀는 우울해지고 그녀의 역동과 에너지를 잃는다. 이것은 그녀가 약물 복용을 하게 할 것이다. 종종 그 약물은 암페타민이나 각성제가 된다. 그러나 그것은 그녀의 의욕을 더 꺾고 일을 더 악화시킨다.

그녀의 경우에 대부분 그렇지만, 약물은 사람 대신이다. 그것은 악순환이 되어 결국 사회적 접촉만이 해결책이 될 수 있다. 따라서 그녀는 외로운 삶을 살면서 외로운 사람들에게 일어나는 다른 일들과 의욕상실로 인하여, 결국 체형도 안 좋게 변한다. 만일 그녀가 식욕을 잃는 대신 과식을 한다면 안 먹는 것만큼 나쁜 결과를 보일 것이다. 어떤 경우에는 사람 대신 약물을 복용하고, 다른 경우에는 사람 대신 음식을 먹는 것이다. 두 경우 모두 그녀는 점점 더 매력을 잃어가고 그녀에게 필요한 인정과 스트로크를 줄 사람을 찾지 못할 것이다.

그와 같은 방식으로 고통당하는 또 다른 집단은 싼 호텔에서 사는 야간 경비원처럼 외로운 삶을 살게 되는 노인들이다. 그들 중 많은 사람들은 결국 슬픈 상태로 빠지게 되는데, 그것을 야간 경비원병이라고 한다. 그들 또한 사회적 삶이 없어서 음식에 관심이 없다. 자신을 위하여 요리하지 않고 그들을 위하여 요리해주는 사람도 없다. 그들의 몸은 영양실조와 비타민 부족과 폐렴이나 다른 면역력 저하로 말라간다. 그들의 뇌도 말라가서 그것이 느린 사고와 혼란 때로는 섬망의 원인이 되기도 한다.

대엽성 폐렴 자체는 사회적 접촉이 얼마나 중요한가를 보여주는 좋은 예이다. 요즈음 이런 폐질환은 보통 페니실린과 다른 의약품으로 정복될 수 있다. 그러나 그런 치료약이 개발되기 전에, 그것은 33% 정도의 매우 높은 사망률을 보였다. 도시의 병원은 한겨울에 폐렴으로 고통당하는 외로운 사람들로 가득 찬다. 때로는 너무 많은 폐렴 환자들이 병실의 침상을 모두 차지해서 복도에 침상을 놓을 정도이고 그들 모두를 죽음에서 구하기는 매우 어렵다. 그럴 때 많은 인턴들은 돌볼 사람이 아무도 없어서 거기에 온 환자들이 방문자가 있는 환자들보다 사망률이 높다는 것을 확신한다.[4] 이렇게 낮아진 저항력은 단지 접촉이 없어서인지 아니면 거기에서 비롯된 외로운 사람의 질병인지는 (영양실조와 알코올 중독) 사람 기아가 삶과 죽음의 문제라는 것을 의미한다. 이마에 차가운 손을 얹고 다정하게 안아주는 것은 혈청 주사를 맞는 것만큼 강력한 효과를 낸다. 이것은 보통 흔한 질환에도, 특히 소아 소모증으로 알려진 상태에 적용된다.

사회적 신체적 접촉, 또는 접촉의 부재는 삶의 세계를 밟는 방식에 영향을 미친다. 경험이 많은 관찰자는 다른 사람들과 사물을 보는 방식 그리고 거리를 걷는 방식만으로도 외톨이를 알아낼 수 있다. 이것은 외향성과 내향성과는 상관이 없다. 외향적인 많은 사람들이 실제로 외톨이이고 내향적인 많은 사람들이 지속적이고 친밀한 관계를 형성할 수 있다. 때로는 외톨이가 전화로 말하는 방식으로 진단될 수도 있다. 나의 친구 홀스레이 박사 Dr. Horseley 는 낯선 정신과 의사가 그에게 전화할 때, 전화 건 사람이 첫 인사를 하는 방식만으로도, 어떤 때는 두세 마디 말만으로도 이 사람이 집단 치료를 받는 사람인지 또는 개인 치료만 받는 사람인 거의 즉시 말할 수 있다.

위에서 말한 예들은 신체적 접촉이 건강하고, 활기차며 기민한 아이를 낳는 데 필수적이며, 사회적 접촉이 나중에 그러한 특성을 유지하는 데 필수적이라는 사실을 보여준다. 전염병과 영양실조는 사람들을 많이 죽일 수 있지만, 신체적 접촉은 선택할 수만 있다면, 그 두 가지를 예방하고 정복하는 데 유용하다. 인간의 손을 다정하게 만지는 것은 몸의 모든 부분에 유익한 영향을 미칠 수 있고 싸워서 먹고 살고자 하는 욕망을 일깨운다. 질병과 기아가 도움의 손길을 넘어선 곳도 있지만, 모든 사람이 그 도움이 의미하는 것을 잘 안다. 다른 사람의 다정한 접촉이 연고를 바르고 약을 복용하며 음식을 먹는 것과 같다는 것이다. 일단 회복되기 시작하면 사랑의 돌봄은 더 좋은 효과를 낼 것이다.

여섯 가지 기아

인간의 신체가 음식과 비타민을 안 먹으면 쇠약해지는 것처럼, 신경체계도 감각의 기아에 빠지면 허물어질 것이다. 많은 나라의 정치 경찰 그리고 독방에 감금된 재소자들에게 잘 알려진 사실이다. 1930년대 러시아의 트로츠키 재판에서 처음으로 이 사실이 드러났을 때 매우 놀랐다. 대부분의 사람들은 범죄를 자백했던 트로츠키파들이 잘못을 시인하게 하려고 모진 고문을 받았을 것이라고 생각했다. 그러나 거의 모든 것을 고백하게 만든 것은 그 사람을 항상 불이 켜져 있거나 아예 깜깜한 독방에 오래 동안 감금시킨 것이었다. 단조로움이 핵심 단어이다. 그것은 어떤 인간의 접촉도 환경의 변화도 없이 심지어는 해가 지고 뜨는 것도 못 보면서, 매일 똑같이 음침한 그릇에 음침한 튜브로 똑같은 음식을 주는 것이었다. 그러한 상황에서 신경체계는 부패하고 마음도 말라간다. 감각적 욕망이 점점 커져서 희생자는 담배를 피우거나 아무리 악한 말일지라도 다른 사람과 몇 마디 말을 하기 위하여 거의 모든 것을 할 것이다.

안기지 않는 아기도 그와 유사한 고통을 겪는다. 그는 언제나 매일 먹을 때 빼고는 아무런 변화나 자극도 없이 감옥 같은 침대에 누워 있으면서, 점차 신체적 정신적 붕괴를 겪게 된다. 이런 일이 일어나는 이유는 뇌의 특별한 부분, '각성 체계'가 있기 때문인데, 그것은 건강을 유지하기 위하여 규칙적으로 자극을 받아야 한다.[5] 만일 자극을 받지 못하면 퇴보한다. 이것은 사람들의 접촉을 막기 위하여 눈을 가린 채 방에 있도록 한 가벼운 '감각 박탈 실험'에서 볼 수 있다. 사람들은 이것을 48시간 이상 견딜 수 없었고 많은 사람들은 약물의 영향을 받은 것과 매우 흡사하게 환상과 망상을 보이기 시작했다.[6]

대부분의 사람들은 대부분 접촉이나 스트로크에 대한 욕구, 최소한 보기와 듣기의 접촉에 대한 욕구가 있다. 그러한 접촉은 실제로 신체적 정신적 건강이나 붕괴 그리고 심지어는 삶과 죽음 사이의 차이를 만든다는 것을 우리는 안다.

모든 형태의 감각 중에서, 대부분의 사람들이 선호하는 한 가지는 다른 사람의 피부와 접촉하는 것이다. 이것은 접촉뿐 아니라 특별한 따뜻함이나 열기를 제공한다. 인간의 피부는 적외선을 방출하고 흡수하는 것으로 가장 잘 알려져 있다.[7] 사실 적외선을 연구하는 사람들은 다이아몬드가 강도의 표준으로 사용되는 것처럼 인간의 피부를 표준으로 삼는다. 적외선은 열파이며 특수 필름으로 쉽게 사진 찍을 수 있다. 또는 저격수들이 어두움 속에서 적군을 보는 데 사용하는 것과 같은 특수 렌즈로 볼 수 있다. 신체에서 방출되는 적외선은 특정 파장이 있다. 그것은 다른 사람의 피부에 가장 좋은 영향을 미칠 수 있는 적절한 파장이다. 그것은 아기들이 어머니와의 신체적 접촉에 그렇게 잘 반응하고, 어머니는 아기의 따뜻함을 느낄 수 있는 사랑을 주는 이유이다. 성적 쾌락은 다른 사람으로부터 적외선을 받는 것이다. 실제로 36.5도의 체온을 가진 생물은 아마도 적절한 적외선을 방출할 것이다. 그것은 36.5도의 체온을 가진 동물, 어린아이, 같은 성이나 이성의 사람이 같은 조건에서 성적 대상이 될 수 있는 이유이다.

인간의 신경 체계는 언어적 인지가 신체적 접촉이나 스트로크를 부분적으로 대신할 수 있도록 구성되어 있다. 그 의미는 당신에게 안녕 하고 인사하는 사람이 있다는 것은 거의 신체적 스트로크만큼 당신의 척수를 지킬 수 있지만 결코 그리 만족스럽지는 않다. 그리고 신체적 스트로크에 대한 기아는 억압될 뿐 여전히 남아 있다. 우유를 먹고 자란 아기들은 어머니의 피부를 직접 느끼지 못하고 언제나 어머니의 옷을 통해서만 느낄 수 있다. 따뜻함은 느껴지지만 아마도 어머니의 맨살만큼 좋지는 않을 것이다. 따라서 아기에게 그것은 "옷 입고 목욕하기"라는 옛말과 같은 것으로, 그때 아기는 어머니의 블라우스로 적외선 목욕을 하는 것이다.

그것보다 더 특수화된 것도 있다. 아기는 옆에 있는 다른 사람의 따뜻함을 원할 뿐 아니라, 무엇보다도 입의 스트로크를 원해서 어머니의 가슴이 아기의 입을 스트로크해주며 양육하는 어머니를 원한다. 양육 기간이 끝나면 이러한 욕망은 사춘기가 될 때까지 아기에게 잠재되어 있다가, 신체의 특정 부분에 가까운 접촉을 다시 원하는 것이 된다. 이것은 성인의 성적 욕망이 된다.

이 모든 것들을 결합해보면, 그것들을 기아라고 부를 수 있는데, 성은 그 모든 것을 한 번에 만족시킬 수 있는 가장 좋은 방법이다. (A) 자극 기아: 보기, 듣기, 만지기, 미식가를 위한 보너스처럼 냄새와 맛에 대한 감각적 자극. (B) 인정 기아: 행동이나 말로 특별한 따뜻함과 접촉을 원함. (C) 접촉 기아: 신체적 스트로크. 그러나 어떤 사람들은 고통을 만족스러워하거나 그것을 더 좋아하기도 한다. (D) 성적 기아: 침투하고 침투된다. 다른 기아를 만족시킨다.

따라서 성적 기아는 어느 시점에서나 어느 곳에서나 시작될 수 있다. 벽에 사진 한 장 없이 자은 방에서 외롭게 사는 성적 기아 소녀는 만족을 줄 아무것도 없을 것이다. 대도시에서 자신해서 이런 방식으로 사는 사람들이 있다. 그들이 치료를 받게 되면 화려하거나 편안할 수가 없다. 그들은 수입을 저급 음식 값과 가스비에 쓰고 나머지는 치료사에게 써서, 천천히 우울한 폐경기를 맞이하게 된다. 어떤 사람들은 (A)를 일깨우기 위한 취미를 갖지만, 인정, 접촉과 사랑까지는 가지 못한다. 여전히 어떤 사람들은 직장이나 놀이에서 감각적 자극 (A)와 인정자극 (B)를 원하지만, 접촉이나 침투로부터 멀리 있는데, 아마도 다른 명분을 더 좋아할 것이다. 이들은 거의 언제나 겁이 많지만, 성적 배신이나 범죄를 저지르면서 사람들을 놀라게 한다. 성관계를 갖지만 삽입은 하지 않는 사람들은 자극 (A), 인성 (B), 접촉 (C) 기아를 좋아하지만 침투는 회피한다. 그 이유는 그들이 "강간범! 나는 또 당했어."라고 소리치고 풀이 죽은 상대방은 쓸쓸하게 집으로 돌아가는 마지막 순간이 될 때까지 노골적인 유혹과 놀림을 당하지 않으려는 미심쩍은 원칙이나 두려움 때문이다. 적절한 상대방을 찾는 사람들은 (A), (B), (C), (D) 모든 기아를 만족시킬 수 있다.

삶에서 큰 문제들 중 하나는 시간을 어떻게 구조화하느냐는 것이다. 이것은 다섯 번째 기아를 만들어낸다. 하루는 24시간, 일주일은 168시간, 일 년은 52주, 그리고 50년 내지 100년은 더 남아 있다. 이 모든 시간은 채워지거나 구조화되어야 한다. 구조 기아는 더 광범위하고 말라리아나 영양실조만큼 해롭다. 그것이 심각하게 되면, 사건 기아로 되는데, 그것은 많은 사람들이 문제를 일으키게 하고 그 문제가 그들의 지루함을 달래주게 한다.[8] 그것은 사람들이 열심히 놀고 파괴적인 게임을 하는 이유이다 (그들은 게임을 멈추고 생각할 시간이 없을 것이다). 이 여섯 번째 기아인 사건 기아는 현대의 사회학자들보다는 옛날의 시인, 철학자, 행동가들이 훨씬 더 잘 이해한다. 왜냐하면 그것은 컴퓨터나 정부보조금을 위한 불쌍한 먹이가 되기 때문이다. 아이작 와츠 Isaac Watts 는 그것을 다음과 같이 말했다. "사탄은 여전히 할 일 없는 자들을 위한 나쁜 짓을 찾는다." 군장교, 선장 그리고 권위적이며 기술이 있는 사람들은 언제나 그것을 와츠와 키에르케고르만큼[9] 알고 있었을 뿐 아니라, 그것에 대하여 무엇을 해야 할지도 알고 있다. "부대를 (어쨌든) 바쁘게 돌려라 아니면 그들은 당신에 대한 도덕과 존경을 발로 찰 것이다."

가끔 가장 강한 역동을 가진 사람들도 심한 구조 기아를 느낀다. 반복되는 삶을 살고 계속해서 원고를 써야 하는 대부분의 사람들은 만성적으로 구조 기아를 가지고 있다. 장기 구조화는 압박감이 거의 없고 직업을 선택함으로써 다루어질 수 있다. 짧은 기간의 구조 기아는 기대가 되는 졸업, 다음 휴가, 승진, 오락 등을 계획함으로써 채워질 수 있다. 대부분의 사람들에게 가장 힘든 문제는 지금 또는 오늘 휴가나 구조화되지 않은 시간이 있다면 무엇을 해야 할지 고민한다는 것이다. 할 일이 있는 사람도 있고, 그렇지 않으면 다른 사람들을 무시하고 시간을 재미있게 보내기 위한 방법이 있을 수도 있다. 명상, 자위, 배변, 도취 등은 당신이 그러한 활동으로부터 유익을 얻을 수 없다면, 당신의 영혼을 고갈시키거나 빈둥거리게 하는 좋은 방법들이다.

그러나 당신이 생각하지 않는다면 당신 쪽에서 아무런 주도권도 없이 당신 자신을 언제나 바쁘게 할 사람들과 많은 사건들을 만들 수 있다. 그들은 오늘과 내일 그리고 이번 주의 168시간 그리고 다음 해의 52주에 해야 할 일이 충분하다는 것을 알 것이다. 그러면 당신은 그것에 대하여 좋은 의지를 가지고 있다면, 결국 매 순간이 가치 있다고 느낄 것이다. 이렇게 주어진 시간을 구조화하기 위하여 필요한 것은 달력에 표시된 정해진 날에 자발적인 상대와 한 번만 섹스를 하는 것이다. 아기는 구조 기아와 사건 기아가 고안해낸 최고의 치료이다.

'성'과 윤리

나는 냉정한 사람과 마음이 약한 사람들에게 감동을 줄 확실한 사건들을 제시하려 한다. 신체적 접촉은 신체적 발달과 건강에 필수적이고 종종 목숨을 구하기도 한다. 그것은 또한 정신 발달과 건강에 필수적이고 종종 정신을 구하기도 한다. 성적 접촉은 마음 (또는 신경 체계의) 여섯 가지 기본적인 기아를 채워주기 위한 가장 간단하고, 가장 즐거우며, 가장 건설적이고 가장 만족스러운 방법이다. 따라서 다른 사람들이 동의하는 성인들 사이의 성적 행위에 간섭할 이유는 없다(그러나 몇 가지 안 좋은 이유가 있긴 하다.). 그러한 간섭은 윤리 체계의 빈약한 근거이다. 이 나라에서 그 결과는 성이 대부분 불법이고 폭력은 그렇지 않다는 것이다. 성은 대부분의 가판대에서 금지되어 있지만 살인은 자유롭게 판매되고, 텔레비전에서 폭력을 자유롭게 보여준다. 그것은 서양에서처럼, 동의하는 어른들 사이의 폭력일 뿐 아니라 권련과 드라마를 받아들이게 하는 정당한 이유 없는 난동이다. 열성적인 십대 아이들은 모든 모퉁이 가게로부터 배울 수 있고 어떤 거실에서도 기분 나쁜 죽음이나 상처에 대한 새롭고 더 좋은 방법을 배울 수 있다. 그러나 아무도 육적인 사랑에 대하여 새롭고 더 좋은 방법을 가르치지 않는다.

덴마크 같은 곳에서는 그 반대이다. 그곳에서는 12살 이상의 사람들이 성에 관련된 영화를 볼 수 있지만, 16살이 안 된 사람들은 폭력적인 영화를 볼 수 없다. 미국의 어린이들은 증오는 보고 사랑은 볼 수 없지만, 덴마크에서는 그 반대이다. 물론 두 나라 모두 괜찮은 부모의 괜찮은 아이들은 예의 바르게 행동할 것이다. 다만 내가 얘기하는 것은 공식적인 승인에 대한 것이다.

어떤 때는 단순하고 합리적인 가치 체계가 있어야만 한다. 나는 단순할 뿐 아니라 합리적이라고 생각되는 것을 제안한다. 더 나아가 그것은 매우 믿을만한 사람들로부터 판단 받을 수 있기 때문에 많은 나라가 비교될 수 있지만, 그런 논쟁은 올바른 책으로 쉽게 해결될 수 있다. 그것은 삶에서 중요하고 가치 있는 것은 어머니와 자녀 사이의 사랑이라는 생각에 기초해 있다. 그것은 어머니들이(아버지와 삼촌과 할아버지도) 자신의 아기가 살기를 바란다고 가정한다. 항상 그렇지는 않을지라도, 그것은 인간의 욕망에 대하여 말할 수 있는 것만큼 견고한 사실이다. 따라서 제안된 윤리 체계는 거기에서 나온 한 가지에 기초해 있다. 이제 나의 제안을 말한다. 이제부터 모든 사회의 선함이나 악함은 유아 사망률로 판단될 것이다. 그것이 낮으면 그 사회는 좋은 사회이고, 높으면 나쁜 사회이다. 그 사이에 흑백을 좋아하지 않는 사람들의 회색 지대가 있다(유아 사망률은 1살 미만의 아기 1,000명 중에서 죽은 아기들의 숫자이다).[10)]

이 사망률은 실제로 국가 관리의 문제이고 각 정부의 편견에 의해 결정되어, 거기에 돈을 쓴다(보통은 정치 경제 정책에 의해 책임자들의 말로 알려진다.). 우리는 그것을 설명하기 위하여 우리의 윤리를 말할 것이다. 우리는 전체 유아 사망률을 정부의 통치를 받는 모든 곳에서(전쟁 때나 평화의 때나 질병, 기아 무시, 살인 등) 모든 원인들로 살펴볼 것이다. 만일 유아 사망률이 낮으면 좋은 체계이고, 높으면 나쁜 체계이다. 예를 들어, 내가 인도를 싫어하는 이유는 국민들 중 몇몇이 국민들의 정신을 빨아먹고 소에게는 굽신거리고 있는 동안, 아기들은 그들 주변에서 파리처럼 죽어가고 있기 때문이다. 따라서 그 체계는 나쁜 체계이다(이것은 환원적 체계로, 이유야 어떻든, 체계는 잘 작동하기도 하지만 나쁘게 작동하기도 한다고 단순하게 말한다는 것이다. 거기에는 온갖 이유가 있겠지만, 병든 유아와 그의 어머니는 그 이유에 감동받지 않을 것이다.). 이러한 접근법을 사용함으로써 성적 윤리의 모든 문제는 하나의 질문으로만 해결될 수 있다. 어떤 결정이 태어난 아기들의 사망률을 줄일 것인가? 그것은 아기를 낳으라는 질문이 아니다. 거의 누구라도 아기는 낳을 수 있다. 진짜 문제는 아기가 태어난 후에 그들을 지키는 것이고 신중한 사고와 좋은 통치를 하면서 제대로 된 관심을 기울이는 것이다. 그것은 분명히 아마릴리스 Amaryllis가 "냄새를 잘 맡는 사람", "숫을 잘하는 사람"이라고 말한 것에 의해 주의를 받아야 할 것이다.

'성'과 심미학

멋진 그림은 멋진 액자에 넣어야 하고 미술관은 깨끗하게 잘 지어져야 한다고 제안함으로써 '한 미학적 체계'가 수립될 수 있다. 이것은 내면의 아름다움이 추한 외모를 가려준다는 오류를 그리고 진리와 아름다움이 쓰레기통에 있을 것이니 우리 모두가 거기 가서 그것을 찾아야 한다는 마지막 도전을 폐지한다. 그림 액자는 단지 금박 입힌 액자일 뿐이라고 무시당할 수 있고, 미술관을 건립한 사람들도 그럴 수 있지만, 레오나르도 Leonardo 와 르누아르 Renoir 는 가장 돋보일 수 있다. 실제로 그림은 액자 없이도 존재할 수 있지만 즐거움은 단순한 존재 이상이다. 그리고 사람이 팔레트를 어떻게 다루는가를 보려면 어두운 골목보다 밝은 빛이 더 낫다. 실존이 사람들의 세계에 사는 것을 의미한다면 어떤 그림도 어두움 속에서는 존재할 수 없다(이것은 버클리 Berkeley 주교의 역설이다).

이 원리는 인간 행동에도 적용될 수 있다. 예를 들어 청소년 비행이 그렇다. 어떤 경우에 유아 사망률을 증가시키거나 증가시킬 위험을 가지고 있다면 비행은 도덕성의 문제이다. 그러나 어떤 경우에는 그것이 단지 밉고 부끄러운 일일 뿐이다. 악은 일을 엉망으로 만들기 때문에 나쁘다. 이 접근법은 많은 청소년들에게 호소력이 있다. 청소년들은 당신이 그들의 행동이 사악하다고 말할 때보다 곱지 않다고 말할 때 당신의 말을 더 잘 들으려 할 것이다. 사악함은 눈에 보이지 않고 사실은 마음의 허구일 뿐인데, 보도의 낭자한 유혈은 정말 있는 것 같고 누가 봐도 알 수 있게 거기에 있다.

이제 눈에 보이는 결과에 기초해 있는 윤리적 원리와 심미학적 원리를 수립하기 위하여, 우리는 성적 친밀함이 아름다운 몸에는 좋고 신중한 몸에는 덜 좋은지를 고찰해볼 것이다. 친밀한 부부는 보통 아이들을 사랑하고 돌보며 그들 자신과 환경의 아름다움에 반응한다. 그런 방식으로 그들은 유아 사망률을 줄인다. 그것은 (우리가 제안한 윤리적 체계에 따르면) 도덕적이고, 사물이 아름답게 있기를 원한다. 그것은 심미적이다. 따라서 그들은 전반적으로 사회의 건강과 아름다움에 기여한다. 그것을 넘어서 그들은 너무 많은 것을 받기 때문에 더 많이 줄 수 있다. 게임을 하지 않기 때문에 누구도 이용하려 하거나 어떤 것도 증명하려 하거나 누구도 미안하게 하지 않는다. 그들은 서로 자연스럽게 가까우며, 다른 화학물질이나 알코올을 필요로 하지 않는다. 그런 것들은 아이들의 마음이나 몸에 해를 입히기도 하지만 아이들에게 안 좋은 모습을 보이게도 한다. 이 모든 것은 도덕적 관점과 심미학적 관점에서 보면, 성적 친밀함이 인간의 영혼과 마음의 갈망을 만족시켜주기 때문에 개인에게도 사회에도 가장 바람직한 방법이라는 것을 보여준다. 우리는 가짜 친밀함을 조심해야 한다. 그것은 분노, 두려움, 상처, 죄책감을 달콤한 말로 가리고, 알코올에 빠지게 하여 다음날 아침이나 그 다음 해에 악취가 온 집안에 퍼지면서 표면으로 드러난다.

따라서 결혼은 관습법이든 교회법이든, 만일 그것을 소중하게 여기지 않고 서툴게 다루면, 또는 혼란과 도덕적 간섭과 부패한 마약판매원의 간곡한 권고와 위협으로 상처를 입히거나 학대하지 않는다면, 그것은 진실한 성례가 될 수 있다.

'성'과 친밀함 Sex and Intimacy

위에서 성적 친밀함에 대하여 말한 이유는 가족 외부에서 성 없는 친밀함은 거의 없기 때문이다. 모든 부부는 성적 욕망을 가지고 있어서, 다른 어떤 방법으로도 친밀하다면 그 욕망을 알게 될 것이다. 만일 그 욕망을 드러내지 않는다면, 그들은 자신의 많은 것을 감추고 있기 때문에 친밀해지지 않는다. 예를 들어, 결혼을 기다리는 약혼한 부부들처럼, 어떤 부부는 나중에 성적 욕망이 채워질 것을 기대하면서 부분적으로만 친밀하다. 어떤 부부는 동성애를 하는 사람들처럼 성적 친밀함에 대한 가능성이 거의 없는 것 같다. 그러한 부부는 오랫동안 중요한 친밀함의 주제를 그들의 희망, 두려움, 전화 요금 등과 같은 것으로 제한시켜 말한다. 그러나 그것을 계속해나가면, 그들도 곧 침대로 가서 적외선을 보내어, 비록 실제적인 성관계는 없어도 서로의 몸을 탐할 것이다.

실제적인 친밀함은 실제적인 사람들 사이에서 생겨서, 보통 약간 빠르게 성으로 진행된다. 처음에는 발견의 전율을 느낀다. "나는 정말로 누군가에게 말할 수 있어.", "너무 오래 기다렸는데 당신을 알게 되어 정말 기뻐." 이야기는 24시간 숨 가쁘게 계속 이이지고, 서로 자신의 삶에 대하여 감정과 열망을 쏟아내고 곧 실제적인 이야기만큼 서로를 미소 지으며 진심으로 바라본다. 그 바라봄은 바로 서로를 만지게 하여, 황홀한 스트로크로 이어진다. 그리고 그 감정은 더 커져서 손이 아래로 안으로 움직인다. 이때 그 움직임이 지연되거나 끝나지 않는 한, 더 따뜻한 곳을 찾으려는 욕망이 솟아올라 열정이 살아난다. 그런 후에 그들은 성관계를 맺을 것인지에 대하여 결정해야 한다.

이들 단계마다 부모자아의 간섭에 대한 위험이 있다.

너는 그렇게 말하면 안 되지
너는 빤히 쳐다보면 안 되지
너는 그 사람을 그렇게 만지면 안 되지
너는 그녀를 느끼지 말아야 해
분명히, 사랑하는 나의 아이야
너는 그것을 조심해야 해
말하기, 바라보기, 만지기, 느끼기
얼마나 악한 것이니!

이러한 경고는 부드럽게 그리고 적의 없이 극복되어야 한다. 왜냐하면 저항이나 노골적인 반항은 때가 되면 죄책감과 후회로 이어질 것이다. 그것은 기쁨을 훼손하고 친밀함을 떨어뜨릴 것이다. 그러나 대부분 두 사람이 서로 정말로 이야기하거나 바라본다면, 그들은 솔직하고 게임하지 않는 관계의 위대한 모험으로 들어가고 싶어진다. 본부에서 온 명령은 후방에서 온 명령으로 강화될 것이다. 그런 다음 또 다른 말이 이어질 것이다. "우리가 와우wow 성공할 수 있을 때 왜 삶을 소비하지?" 그들이 둘 다 냉정하다면, 앞으로 읽어도 뒤로 읽어도 WoW 는 WoW 로 쓴다. 그러나 일이 뒤죽박죽되면 WoW 는 양쪽 모두 MoM 으로 읽을 수 있다. 만일 그들의 모험이 신중하고 성공적이면, 적절한 때에 아기가 생길 것이다. 아기는 그들의 유전자 속에 감추었던 가치 있는 것들 모두를 보여줄 것이다. 무엇이 그것보다 더 도덕적이고 심미적일 수 있을까?

'성'과 결혼 Sex and Marriage

결혼 면허증은 부모자아의 간섭을 부모자아 축복으로 대신함으로써 위에서 말한 부모자아 간섭을 돌보기 위하여 사회가 제공하는 서비스이다. 그것은 종종 성공적인 서비스가 된다. 그러나 운전 면허증이 좋은 드라이버를 만들지 않는 것처럼 결혼 면허증이 좋은 배우자를 만드는 것은 아니다. 좋은 배우자와 좋은 드라이버는 각본에 포함된 부모명령으로 만들어진다. 승자는 좋은 배우자와 좋은 드라이버를 만들 것이고, 패자는 둘 다 잘하라는 허가를 받지 못하기 때문에 둘 다 잘 못 할 것이다. 물론 많은 의견이 있다. 좋은 배우자가 형편없는 드라이버가 되고, 그 반대가 되기도 한다. 이들 중 대부분은 터벅터벅 걸으면서 몸을 사리거나 아주 빨리 달리다가 충돌하는 승자가 아닌 것으로 판명된다.

좋을 땐 면허증이 죄책감을 없애기 때문에, 비록 비공식적인 볼과 소켓이 종종 용접된 족쇄보다 더 나을지라도, 결혼한 사람들에게는 그것이 지속적인 친밀함을 위한 최고의 기회가 된다. 어쨌든 친밀함이 있으면, 거리를 걷는 방식으로 그 부부를 알아챌 수 있다. 그들의 눈은 생기 넘치고 그들의 발걸음은 활기차다. 자녀가 있다면 자녀들은 대부분 즐겁게 웃을 것이다. 여자는 예뻐 보여서 축하받을 것이고 남자는 일을 잘해서 축하받을 것이다. 나의 친구 홀스레이 박사Dr. Horseley 는 부부가 함께 있을 때는 진짜 친밀해

보였지만 문제가 많은 결혼의 사례를 이야기한다. 그는 그 부부에게 다음과 같이 질문했다. "당신들처럼 친밀하면 사람들의 눈을 생기 있게 하고 발걸음을 활기차게 한다고 말해도 될까요?" 그 질문에 대해 그들은 다음과 같이 대답했다. "그럼요, 그것은 아이들을 더 행복하게 만들기도 하죠." 아이들은 어른들이 그런 대화를 할 때 무슨 일이 일어나고 있는지를 모를 것이다. 그러나 뭐가 다르다는 것을 알면서도 매우 호의적으로 반응한다.

성과 친밀함의 신체적 정신적 효과는 이렇게 행복한 상태와 많은 연관이 있지만, 또 다른 요소가 작용하기도 한다. 그것은 자유 의식으로, 바로 이혼하고 결혼 관계에서 해방된 사람들이 그와 같은 활기와 생기를 보여준다는 사실에서 나타난다. 그것은 안전과 자유 사이의 오래된 갈등이 드러난 모습이다. 결혼이 사랑과 안전에 기초해 있을 때 구속받음을 즐겁게 받아들이고 즐기기까지 한다. 그러나 그것이 의무가 되고 인간성의 자유 정신에 찬물을 끼얹는다면, 성보다 더 중요한 것을 위하여 그리고 냉담보다 더 활기찬 것, 즉 자유를 위하여 결혼의 구속은 기꺼이 포기한다. 성과 자유의 중요성을 시험하기 위한 간단한 질문이 있다. 배우자의 수감 죄수 방문으로 감옥에서 동침을 할 것인지 아니면 성 없는 가석방을 할 것인지 둘 중에서 무엇을 선택할 것인가?

성 연구 Sex and Research

성과 웰빙에 대한 연구는 거의 수행되지 않았다. 가장 잘 알려진 연구는 결혼한 사람들이 혼자 사는 사람들보다 더 오래 산다고 예측할 수 있다는 것이다. 그 주제에 대한 체계적 연구는 1904년 독일에서 출판되었는데, 그것은 순수 혈통을 유지하기 위하여 그리고 신체적 결함이 있는 누구와도 (피임약을 써서라도) 성관계를 금지하는 전 나치 권고로 가득 차 있다.[11)]

그 당시 그곳에서 성을 반대했던 태도는 여전히 이 나라에서도 발견된다. 마지못해 연구를 허용하긴 하지만, 많은 사람들은 연구가 전체 주제를 전보다 훨씬 더 끔찍하게 보이게 할 것이라고 생각한다. 성이 인류에게 유익한지 아니면 해로운지를 알아내려는 연구는 많은 곳에서 반대에 부딪힐 것이지만, 단호한 탐구자는 그것을 관철시킬 수 있을 것이다. 나는 다음과 같은 연구로 시작할 것을 제안한다.

(1) 나는 이미 양성 모두의 대학생 집단의 건강과 성에 대한 기록을 보관하는 프로젝트를 설명했다(제1장, '성'과 과학). 그것은 성행위의 특징, 규칙성, 빈도와 신체적 건강을 비교하는 간단한 문제일 것이다.
(2) 학교 시스템 안에 있는 1,000명의 여선생을 대상으로 한다. 반은 섹시한 옷을 입고, 반은 보수적인 옷을 입는다. 모든 학급의 학업 성취도와 IQ를 비교한다. 선생은 자원을 할 것이기 때문에 우리는 실제로 섹시한 교사와 보수적인 교사를 비교할 것이다. 이 연구는 섹시해 보이는 선생이 학생의 IQ를 높이지만, 보수적인 교사는 학업 성취도를 낮춘다는 것을 보여줄 것이다. 아니면 그 반대일 것이다. 아니면 성이 전혀 영향을 미치지 않을 것이다. 누군가 그것을 시도하기 전에는 아무도 모른다(그러한 실험에서 섹시-보수적 그리고 IQ 성취 외의 변수는 기대 이상으로 이루는 사람-기대 이하로 이루는 사람, 학생들의 나이, 성이 될 것이다). 이것은 민첩한 마음이 성과 웰빙 사이의 연관성을 시험하기 위하여 고안할 수 있는 많은 것들 중에서 더 실제적인 프로젝트들 중 하나이다.

'성'과 웰빙 Sex and Well-Being

이제 우리는 대부분 홀스레이 박사의 임상 경험에 근거하여 성적 친밀함이 예방하고, 완화하거나 치유할 수 있는 특별한 조건을 성찰하려 한다. 그는 정신의학이 아닌 다른 분야의 전문가들이 그가 하는 많은 말들에 대하여 동의하지 않는 것이 당연하다고 말한다. 사실 그렇기 때문에 그의 동료들 중 많은 사람들이 눈살을 찌푸리고 어떤 사람은 의심하기까지 한다. 그가 말하는 것은 요통증 비만, 체액저류, 고혈압, 방광염, 위궤양, 위암, 치질, 심계항진, 불안정, 발한과 악몽, 천식, 습진, 목 염증, 알코올 중독, 약물중독, 불면증, 평발, 침침한 눈, 모든 종류의 고통들이다.[12)]

그것은 약 광고 같지만, 다행히 누구도 유럽의 광천수, 열대의 모든 나무, 동양이 모든 약초보다 더 치유력 있는 자연의 영약을 혼합해놓은 것에 대한 특허를 얻을 수 없다.

(1) 요통 | "스트로킹은 척수가 오그라드는 것을 방지한다."라는 말도 있지만,[13)] 어떤 면에서는 그것이 문자 그대로 사실이라고 홀스레이 박사는 말한다. 예를 들어, 좋은 성관계는 척추를 바로 세우고, 바른 척추는 성관계를 좋게 한다. 아마릴리스Amaryllis는 "뻣뻣한 목, 차가운 성관계"라고 말한다. 많은 여성들이 목 통증 재발을 막기 위하여 수술용 부목을 사용한다. 그 통증은 예측할 수 없기로 악명 높다. 엑스레이가 척추뼈 사이의 연골에 문제가 있다고 말해주긴 하지만, 이 증상에 별 차도 없이 불평만 늘어난다. 그의 경험으로 보면, 마음이 잘 맞는 결혼이나 원기 왕성한 정사 뒤에는 영구적으로 치유되어 목이 다시는 아프지 않게 된다. 요통에도 똑같이 적용된다. 그것은 만족스럽지 못한 성생활을 하는 사람들 사이에서 가장 흔한 불평 중 하나이다. 이러한 상태는 군대에서 가장 많이 나오는데, 일반적으로 군 부대 밖에서는 없는 정신과 상담에 자주 의뢰된다. 일반인들의 성적 치료는 너무 격렬하지 말아야 한다. 왜냐하면 "신부의 허리"로 알려진 상태가 있는데, 그것은 성에 지나치게 탐닉해서 생긴다. 미온적이거나 의무적으로 하지 말아야 한다. 왜냐하면 만족스럽지 않은 오르가슴은 불편을 악화시키거나 통증을 재발시키기 때문이다. 그런 이유로 군대에서 받는 국부 치료는 효과가 없고, 집에 가면 나을 것이다.

그러나 사랑은 목에서부터 엉치뼈까지 허리 통증에 대한 치료제라는 것은 모든 사람에게 해당되는 것이 아니기 때문에, 많은 사람들이 그 제안을 받아들이지 않거나 심지어는 불쾌하게 여기기도 할 것이다. 그런 경우에 환자는 일상의 활동에서 어떤 원인이 있는지를 찾을 것이다. 그와 의사는 통증이 잔디 깎다가 생긴 것으로 결론 내린다. 그는 아마 오랫동안 매일 같은 잔디를 깎았지만, 그가 다치던 날 풀은 유난히 많았을 것이다.

그러나 성적 흥분이 잘 발달된 오르가슴으로 가라앉지 않으면 남녀 두 사람의 성기가 너무 충혈되어 척추 아래쪽의 인대와 근육의 구조적 안전 수준을 넘어설 것이다. 이는 마치 정량 초과 짐이 자동차의 지지장치를 넘어서고 운행할 때 이상한 소음의 원인이 되는 것과 같다. 흥분된 자궁은 평상시의 크기와 무게보다 세배나 될 것이고, 그런 상태로 한 시간 이상 지속될 것이지만, 만족스러운 오르가슴 후에는 그것이 5분 내지 10분 후에는 정상으로 돌아갈 것이다. 만일 자궁에 가득 찬 혈액이 다른 골반 부분을 충혈시킨다면, 작고 보통은 해롭지 않은 뒤틀림이 이미 긴장된 허리를 탈골시킬 수 있다. 그와 같은 일은 남성의 성에도 적용된다. 따라서 생리학적으로 효율적인 오르가슴을 경험하지 못하는 사람들은 마음이나 몸에 모두 성적 자극을 주지 말거나 그렇지 않으면 한쪽에만 힘쓸 것을 권장한다. 그들은 결심할 때 아마릴리스의 권고를 기억해야 할 것이다. "성적 불감증은 지적 경직이다." 그녀는 그것을 다음과 같이 설명한다. "그것은 불감증인 사람들이 배울 수 없다는 의미가 아니라, 자신이 배운 것을 적용하는 데 유연하지 못하다는 의미이다." ('불감증' 이라는 단어는 때로는 '성에 대하여 편협한 태도를 가진다는' 특별한 생리학적 의미가 아니라 일반적으로 변명할 때 사용된다. 이것은 불감증 여성은 보류하고 내숭 떨고 위선적인 사람들 그리고 실제로 차갑게 물리치거나 냉정한 사람들을 포함할 것이다.)

(2) 과체중 | 서양의 많은 여성들은 과체중이 남성에게 혐오감을 준다고 생각하지만, 동양의 몇몇 하렘에서는 뚱뚱할수록 더 좋아한다. 이

나라에서는 통통한 여성들이 그런 자신을 좋아하는 상대방을 찾는다. 그럼에도 불구하고 결혼, 사랑, 친밀함, 또는 그냥 성관계를 하려는 여성들은 날씬하고 싶어 한다. 의사들은 이것을 건강하다고 생각한다. 왜냐하면 날씬한 사람들이 전반적으로 뚱뚱한 사람보다 혈압이 더 낮고 더 오래 살기 때문이다. 이렇게 간접적인 방식으로 성 또는 성적 욕망은 고혈압, 건강에 안 좋은 결과를 예방할 수 있고, 이미도 생명을 연장시킬 수 있을 것이다.

과체중은 비만과 체액저류라는 두 가지 유형이 있다. 비만 여성들 사이에 잘 알려진 '나를 바라보지 마세요.' 이론에 따르면, 과식의 목적은 남성이 자신에게 수작을 걸지 못하게 하려는 것이거나 남편을 멀리하려는 것이다. 이것은 그들이 친밀할 준비가 되어 있을 때 날씬해진다는 의미이다. 마찬가지로 성은 비만을 치유한다고 볼 수 있다. 때때로 관계는 보다 직접적이다. 연인이나 남편을 상실한 여성은 종종 과식을 하면서 남성을 식료품으로 대신한다. 한편 상대를 찾는 외로운 여성은 다이어트를 하고 체중을 줄인다.

체액저류는 비만보다 더 다양해서 매일매일 체중에 큰 변화를 줄 것이다. 밤에 화가 나는 여성들은 다음날 아침 체중이 늘어난 것을 발견하는데, 이 분노는 성적 행위와 밀접한 관련이 있다. 그런 경우에 달콤한 성생활은 신장을 부드럽게 만들어서 배수가 잘 되게 하고 체중이 줄어들게 한다.[14] 방광도 튼튼해진다.[15]

(3) 위장 장애 | 남성의 경우에, 많은 남편이 성이 어떻게 암을 예방하는지 안다. 그는 자신의 위장을 뒤틀리게 하고 산이 나오게 하는 사람이 아내, 아니 아내에 대한 그의 반응과 아내에 대한 그의 선택이라는 것을 안다. 그는 또한 만일 뒤틀림이 자주 맹렬하게 일어나면 결국 궤양에 걸리고, 그 궤양이 심각할 때는 오래지 않아 암으로 된다는 것을 안다. 그는 산의 수준을 낮추기 위하여 고급 민트를 왕창 먹고 각본 분석가들이 '최소한'이라고 말하는 것을 바란다. 예를 들어 그는 암에 걸리기 전에 그리고 더 기쁜 최후를 맞이하기 전에 최소한

고혈압에 걸릴 것이다. 그는 좋은 성생활이 뒤틀림, 산, 민트, 궤양, 마지막에는 암이나 뇌졸중 등 온갖 질병을 예방할 것이라고 말할 것이다. 많은 경우에 이 모든 것들은 사실이 될 수 있다고 그는 말한다.

(4) 치질 | 이것은 정말 이상하지만 성적 좌절에서 올 수 있다. 그것은 화장실에 너무 오래 있으면 걸리기 쉽다. 그러나 좋은 성생활을 하는 사람들은 화장실에서 책을 읽기보다는 침실에서 한 시간 즐겁게 뛰놀 것이다. 이런 방식으로 성은 책을 쌓아놓지 않을 수 있게 한다. 한편 이런 관점에서 보면 문맹은 더 간단한 해결책이 될 수 있다.

(5) 불안 증상 | 프로이트는 불안에 대한 그의 첫 번째 이론에서 불안은 단순히 성적 좌절에서 비롯된 것이라고 말하였다.[16] 그는 나중에 그것을 더 정교화했지만 그의 첫 번째 등식은 많은 사례에서 진실로 드러난 것 같다. 이것은 두근거림, 흔들림, 땀 흘림, 악몽 등은 만일 그것들이 갑상선 질환과 같은 신체적 또는 화학적 장애의 원인에 의한 것이 아니라면, 성적 흥분을 억누른 결과라는 의미이다. 이것은 단순히 적당한 상대방이 없어서이겠지만, 실제적인 친밀함이 없어서 생기기도 한다. 그러면 성은 어쨌든 탐닉한다 할지라도, 건강하게 하는 친밀함과 몸의 기운을 북돋우고 그러한 병을 막을 수 있는 자유 없이 부적절하게 완성되거나 단순한 성교가 된다.

어떤 경우에 기회가 없거나 분노와 다른 문제 때문에 성적 자극에 대한 반응이 없으면, 그것은 만성적이고 걱정스러운 그리고 때로는 장애가 되는 숨 가쁨, 나약함, 가슴 조임, 임박한 심장마비 느낌의 원인이 될 것이다. 이 상태는 의학적으로 신경순환계 무력증으로, 군인들과 호주 사람들 사이에선 '진기한 하와이 질병 라카누키lakanuki'로 알려져 있다. 그것은 종종 많은 양의 진정제와 수면제 처방을 받기 때문에 그 사람의 효율성과 사회성을 감소시켜 악순환이 된다.

(6) 알레르기 반응 | 좋은 성관계는 천식, 습진, 두드러기에 대한 좋은 예방책이다. 나쁜 성관계는 그것을 악화시킨다. 마찬가지로 노인들의 관절염과 류머티즘, 종종 여성들의 백색증의 원인이 되기도 하는

편모충 감염에도 그것이 적용된다. 이 상태는 특별히 몸에 아무 이상이 없는 남편에게 (아마도 직감적으로) 반응하지 않는 사람들에게 흔하다.

(7) 알코올과 약물은 사람들을 대신하기 때문에 좋은 성관계는 이러한 중독을 위한 최고의 치료제이다 | 그것은 간경변에서부터 헤로인 과다복용까지 다양하게 죽음의 원인이 될 수 있다. 엉망으로 운영되는 감옥의 냄새나는 지옥에서 매트리스에 불을 지르거나 진땀을 흘릴 수 있다. 흡연도 여기에 해당된다. 성적 좌절과 결혼의 긴장은 더 심하고 더 빠른 그리고 더 깊은 흡연을 하게 하여 폐암을 재촉한다.

(8) 좋은 성관계는 불면증의 치료제이다 | 정신적인 면에서 침대에서 그것에 대하여 생각하는 것은 유쾌한 일이다. 상쾌한 생각은 상쾌한 잠을 줄 것이다. 비록 잠을 푹 자지 못해도 축복의 생각은 아늑하게 그것도 편안하게 깨어 있게 할 것이다. 당신이 미운 사람들에 대하여 걱정하면서 뒤척이거나, 왜 돈을 벌지 못했을까, 당신이 했거나 하지 않은 일에 대하여 얼마나 죄책감을 느끼는지, 날이 밝으면 당신이 만나야 할 사람들이 얼마나 두려운지에 대하여 걱정하면서 뒤척이는 것보다, 그녀가 새벽하늘을 물들일 때 새벽의 오로라가 있는 황금빛 일출 봉우리에서 구를 수 있다는 생각은 더 기분 좋을 것이다(당신의 활기찬 놀이로 오로라에게 충격을 줄 것이라고 생각하지 마라. 티탄족[거인족]의 한 사람으로 여명의 여신 Eos 의 남편이며, 바람과 별의 아버지 아스트라이오스와 새벽의 여신의 애인 티토누스 그리고 세팔루스가 당신 앞에 있다. 오리온이 언제나 하늘에서 미소 짓고 있는 이유는 그녀 때문이다).

4살이 되면 침대에서 뒹굴면서 거대한 근육을 자기 마음대로 움직인다. 아이가 부루퉁하거나 어머니가 아이를 밀쳐내기 전에는, 어떤 것도 피곤하거나 걱정하면서 어머니에게 바짝 붙어 누워 있는 4살 아이를 말릴 수 없다. 똑같은 일이 어린 소녀와 아버지에게서도 일어난다. 이런 경우에 근친상간보다 외부인과의 성관계가 훨씬 더 낫다. 생물학적으로 좋은 성관계는 자연의 수면제여서, 자동적으로 건강한 졸음이 깊은 밤잠을 자게 할 것이다. 이것은 규칙으로 설명될 수도 있다. 만일 성관계를 충분히 했는데도 연인이 잠이 안 온다면 성관계에 뭔가 잘못이 있을 것이다. 실제로 불안하게 느낀다면 뭔가가 매우 잘못되었을 것이다. 그러나 잘 되었다면 아침에 아픈 발과 침침한 눈을 치유할 것이다. 그들은 가벼운 발걸음과 반짝이는 모습을 보여 줄 것이다.

(9) 위에서 말한 모든 상태들 외에 성적 문제로 인하여 직간접적으로 몸의 여러 부분들에 신체적 증상에 영향을 미치는 것에 대하여 의사들이 매년 발표하는 수만 가지의 사례가 있다 | 이것을 살펴보면 의학적 탐구에서는 흥미로운 일이 되겠지만, 대부분 증상을 직접 치료하는 데는 그리 많은 도움이 되지 않을 것이다. 그럼에도 불구하고 때때로 그것은 놀라운 방식으로 치료가 된다. 예를 들어, 워블 Woble 여사의 사례를 생각해보자. 그녀는 성적인 것과는 거리가 먼 테니스엘보로 고통을 겪고 있었다. 그녀는 테니스를 치지 않았기 때문에 오른 팔이 거의 마비된 그녀의 상황이 당황스러웠다. 그녀는 물건을 집으려 하거나 출입문을 통과하려고 하루에도 몇 차례씩 아픈 팔꿈치를 부딪쳐서 그 증상은 더 악화되었다. 정형외과 의사는 노보카인 주사, 초음파 등 일반적인 방법으로 그것을 치료하였다. 그러나 그녀는 팔꿈치를 부딪칠 때마다 그 치료의 효과를 허사로 만들었다. 의사는 그녀가 삼각건으로 고정시킬 것을 제안했지만, 그러면 집안일을 할 수 없기 때문에, 그것을 꺼렸다. 더 나아가 그녀는 오른팔에 삼각건을 하자 왼쪽 팔꿈치를 부딪치기 시작했다.

한 친구는 그녀가 피학성애자라서 그렇다고 말했고, 또 다른 열성인 독자는 그것이 적대감이라고 말했지만, 어떤 것도 왜 엘보가 생겼는지 설명할 수 없었다. 그녀의 가정부는 워블 여사가 바로 그 사람을 세게 치면 그 증상이 사라질 것이라고 진실에 가까운 말을 했지만, 그 사람이 누구인지에 대하여는 감히 말하지 않았다. 그러자 그녀의 정신과 의사는 어느 날 그녀가 이전과는 다르게, 즉 그녀의 팔은 바짝

> 긴장해 있고 손을 허리에 대고 팔꿈치를 약간 구부려서 양 옆으로 뻗는 자세로 걷는다는 것을 알게 되었다. 그것은 마치 그녀가 정말로 누군가를 때리지 않으려고 노력하는 것 같았다. 그들은 그 누군가가 누구인지 알고 있다. 그것은 그녀의 남편이었다. 그녀는 남편에게 화가 나 있었고 성적 좌절에 대해 남편을 비난했다. 그녀의 테니스 엘보는 다음과 같이 생겼다. 그녀는 팔을 경직되게 하기 시작하여 팔꿈치를 약간 구부리면서, 팔의 긴장을 푼 정상적인 상태 때보다 2-3인치 넓어졌다(정상 너비는 20", 분노의 너비 23", 출입문의 너비 29"). 그러나 그녀가 출입문을 통과할 때 양쪽으로 약간 튀어나왔다는 사실을 감안하지 못해서, 너무 자주 팔꿈치를 부딪쳤다. 성적 문제가 해결된 후에야 그녀는 정상으로 돌아와서 정형외과 치료가 효과를 내기 시작했다.

이러한 사례들로부터 분명하게 드러난 것은 성이 웰빙과 밀접하게 관련되어 있고 생물학적으로 건강하고 바람직하다는 것이다. 그러니까 우리는 예방적 친밀함을 중요한 공공 건강 척도라고 말할 수 있다는 것이다. 특정 상태에서 그것은 좋기보다는 더 해가 될 것이다. 그리고 수영이나 자전거 타기처럼, 어느 정도 조심해야 한다. 거기에는 언제나 조심해야 할 사기꾼과 유막이 있다. 그것은 제1장의 5행 희시에 나오는 젊은 여인 와일드 양Miss Wilde으로 언급된 위험과 유사하다. 그녀는 원하지 않는 임신을 하거나 성병에 걸리까봐 또는 교회에서 비난받거나 빨강 큰 A로 그녀의 유방을 가려야만 하게 될까봐 두려워했다. 그러한 일들은 언제나 일어날 수 있는 것이다.

성은 다른 활동에 영향을 미칠 것이다. 많은 운동선수들은 경기 시즌 동안이나 큰 경기를 앞두고 있을 때 자제하려 한다. 옥스퍼드와 캠브리지 조정 경기팀 멤버들은 큰 시합을 대비하는 훈련을 하고, 그러한 사고를 피하기 위하여 즐겁지 않은 예방책을 쓰는 동안 몽정을 할 때도 사정을 하지 않으려고 애를 쓸 것이다. 몇몇 영화제작자들은 배우들이 사랑 장면에서 연기 능력이 손상될까 두려워서 영화를 찍는 동안 연애를 하지 못하도록 한다. "만일 그들이 밤새 흥청망청 놀았다면, 다음날 아침 카메라 앞에서 더 놀고 싶어 하는 것처럼 보이지 않을까?"라고 하소연하듯이 말했다. 몇몇 노거장들은 그들이 일시적인 동정을 지킬 때 최선을 다했다고 느꼈다.

최악인 것은 성적 관계나 심지어는 자위가 때로는 관동맥성심장병이나 동맥경화증이 있는 남자에게 치명적일 수 있다. 그것은 심장마비나 뇌졸중의 원인이 될 수 있다. 이것은 흔히 집 밖에서, 모텔이나 여자 친구의 아파트에서, 보통 든든한 식사와 음주 후에 일어난다. 이 비극적인 결말은 사창가의 마담들이 매우 두려워하는 것이다. 왜냐하면 그들은 거의 분명히 급습을 당하기 때문이다. 집에 죽은 사람이 있다면 검시관이 올 것이다. 그때 부검을 하는 검시관은 관상동맥 환자들이 익숙한 환경과 위를 비운 상태에서 아내와 성관계를 하라는 주의를 준다.[17]

한편 성적 만족을 무제한으로 누릴 수 있는 기회를 가진 동양의 통치자들은 종종 (암살당하지 않는다면) 동시대인들보다 더 오래 산다. 그리고 그들이 젊은 상대를 만나면 많은 노인들은 분명히 회춘한다. 따라서 플로리다와 다른 이국적 장소에서 열렬히 찾았던 청춘의 샘 Fountains of Youth 은 바로 우리의 눈앞에(대략 2'6" 아래) 있을 것이다. 결혼한 사람들은 미혼인 사람들보다 평균적으로 더 오래 산다.[18] 노화 방지는 진귀한 약이나 광물에 있는 것이 아니라 적극적인 성생활에 있을 것이다. 따라서 나의 젊은 친구 아마릴리스는 노인들 두 사람이 잘 어울려 보이기 때문에 "장수하고 좋은 관계"이기를 원할 때 성적 농담을 하기보다 더 인자할 것이다.

노인을 위한 보다 구체적인 질문은 성적 행위가 전립선 수술을 예방하는가이다. 성적 좌절이 전립선 확장의 원인이 되는지는 분명히 알 수 없으나, 그것이 충혈의 원인이 되어 증상을 더 악화시키는 것은 맞다.[19]

개 주인은 개 발정기에 이런 일을 본다. 그때 좌절된 수캐가 너무 힘들어하기 때문에 주인은 개를 동물병원에 데려가서 한 대에 35달러하는 주사를 맞춰야 한다. 좋은 성관계는 증상을 완화할 것이다. 그러면 심각하고 매우 힘든 수술 절차를 피할 수 있게 된다. 이와 관련된 질문은 그것이 여성의 자궁경부암을 예방하는가인데, 그 답은 아니라는 것이다.[20] 만일 그것이 사실로 증명된다면, 그러한 상태로 만든 바이러스가 남성의 포피에 숨어 있기 때문에, 남편의 작은 희생이 크게 도움이 될 것이다. 그는 그 후에 재미있는 이야기를 함으로써 충분히 보상받을 것이다.

이제 치과 의자에 대한 실제적인 힌트를 보자. 겁이 많은 사람들은 종종 간단한 봉을 하기 위하여 노보카인 주사를 요구한다. 문제는 그 후 한쪽에 콘크리트 턱을 하고 있어야 한다는 것이다. 노보카인이 떨어지면 그는 처음에 드릴 치료를 했을 때보다 더 큰 고통을 겪는다. 주사를 안 맞기 위하여 그는 먼저 자연 마취를 하게 되는데, 그것이 성적 환상이다. 이것이 효과가 있으려면, 드릴이 아픈 만큼 그의 성적 환상도 커져야 한다. 만일 그의 상상이 충분히 반응적이라면 전혀 고통을 느끼지 않고 치료 절차 전체를 이겨낼 것이다. 사실 그는 치과 치료를 축제 시즌으로 여기게 될 것이다. 그것은 성이 바로 지금 즉석에서 웰빙에 기여하는 방식이다. 불행하게도 이것은 덜 예민한 위턱만큼 아래턱에도 작동하지 않는다. 그러나 그것은 지켜봐야 알겠지만 치과 외에 다른 고통에도 효과가 있을 것이다.

이번 장을 마감하면서 나는 친밀함과 그것이 가져올 수 있는 웰빙을 예방하는 핵심 단어를 말하고 싶다. 그것은 육두문자를 뜻하는 네 글자 단어가 아니라 세 글자 b-u-t 단어이다. "But"은 영어에서 다른 어떤 단어보다도 더 사랑을 막는다. "~면 좋을 텐데 If only."가 두 번째이다. 친밀함을 지금 여기에 있는 것을 즐기고 경험하는 것이다. "그러나 But"는 지금 여기를 거부하고 "~면 좋을 텐데."는 다른 곳으로 옮기거나 나중으로 미룬다. "그러나"는 미래에 대한 우려를 의미하고, "~면 좋을 텐데."는 과거를 후회한다는 의미이다. 좋은 성관계는 바로 지금이기 때문에 웰빙에 기여한다. 바로 지금 산다는 것은 나무를 보고 새의 노랫소리를 듣는 것이다. 나무를 보고 새의 노랫소리를 들을 필요가 있다. 그리고 사람들의 얼굴을 보고 그들의 영혼이 노래하는 소리를 듣고 따뜻한 태양이 거기에 있다는 것을 알 필요가 있다. 그것이 친밀함을 얻는 방식이다. 실내로 들어가서 각자에게 닫힌 지금 여기에서 살기 전에 있어야 할 것은 밝고 환한 지금 여기의 열린 우주이다. 일어날 일들에 대하여, 우선 필요한 것은 깨끗한 마음으로 따분하고 지루한 온갖 일들 - 머리속에 있는 어지럽게 널린 종이들, 힘들게 하는 사람들, 힘든 일들 - 을 잊는 것이다. 그것이 내가 오래 전에 요구했던 이유이다. 당신은 오늘 새의 노랫소리를 들었는지를, 그리고 지금 지나가고 있는 것은 시간이 아니라, 멈춤이 없는 시간을 통과하고 있는 사람은 바로 당신이라는 것을 기억하는지를. 내가 마지막으로 하는 말은 그것에 대하여 말했던 것을 반복하는 것이다. 멈추어라! 그리고 처음에 했던 말 안녕! 으로 다시 시작해라.

이 말로 이 글을 마치려 한다. 더 많은 것을 원하는 사람을 위하여 짧은 논의, 지혜의 말, 행동주의 학자들을 위한 간단한 부록을 실을 것이다. 그러나 대부분의 사람들은 여기에서 멈추는 것이 더 나을 것이다.

각주와 참고문헌

1) On rats see Levine, S.: "Stimulation in Infancy," *Scientific American* 202:80-86, May, 1960. Also "Infantile Experience and Resistance to Psychological Stress." *Science 126:405*, August 30, 1957. On babies, see Spitz, R.: "Hospitalism: Genesis of Psychiatric Conditions in Early Childhood." *Psychoanalytic Study of the Child* 1:53-74, 1945.
2) On monkeys, see Harlow, H. F., and Harlow, M. K.: "Social Deprivation in Monkeys." *Scientific American* 207: 136-146, November, 1962.
3) Parents of "battered children" were often battered children themselves.(Personal communication, Ellen Berne, Bellovue Hospital, New York City.) Cf. Silver, L.B., Dublin, C. C., and Lourie, R.S.: "Does Violence Breed Violence? Contributions from a Study of the Child Abuse Syndrome." *American Journal of Psychiatry* 126:404-407, September, 1969.
4) Cecil's Textbook of Medicine (W.B. Saunders Companyu, Philadelphia)의 1940년 또는 '페니실린 전' 판은 유럽과 미국의 큰 도시 병원에서 사망률은 약 30%이고, 벨뷰 Bellevue 병원에서는 30%에서 거의 50%에 이른다고 말하고, 그리고 "개인 시설에서의 사망률은 병원에서의 사망률보다는 분명히 낮다"고

말한다. 이것은 집에서는 덜 심각한 병을 치료하고, 심각한 병은 병원으로 보내졌기 때문이다. 이 말을 한 사람을 세실 Cecil 자신이었지만, 내 생각엔 그 책에서 말하는 이론에 따라 사망률을 다르게 해석했을 수 있다고 생각한다. 개인시설에 있었던 환자들은 분명히 벨뷰 복도에 있는 환자들보다 더 인간적 관심을 받았을 것이다. 알코올 환자들의 사망률은 56%였다. 세실은 계속해서 말하기를 환자의 상태도 중요하다는 것이다. "더 많이 걷고, 잘 먹고 잘 입는 환자들, 보통 신체적 조건이 좋은 환자들은 가난하고, 잘 먹지 못하며, 옷도 잘 입지 못하는 환자들보다 덜 위험하다." 잘 먹고 입는 환자들은 잘 먹지 못하고 입지 못한 채 복도에 누워 있는 환자들보다 방문객이 더 많을 것이다. 따라서 개인적 방문자들이 생존율을 높인다는 인턴들의 확신을 반박할 것은 아무것도 없다. 그러나 요즘엔 그러한 문제에 대한 진지한 연구를 하지는 않는 것 같다.

5) French, J. D.: "The Reticular Formation." *Scientific American* 196:54-60, May, 1957월.

6) Brownfield, C.A.: *Isolation: Clinical and Experimental Approaches*, Random House, New York, 1965.

7) Barnes, R.B.: "Thermography of the Human Body." *Science* 140:870-877, May 24, 1963.

8) Heron, W.: "The Pathology of Boredom." *Scientific American* 196:52-56, January, 1957.

9) Kierkegaard, S.: *Fear and Trembling & Sickness Unto Death*. Anchor Books, New York, 1954.

10) UN *United Nations Demographic Yearbook* 1966년에 따르면 모로코 Morocco 와 류큐섬 Ryukyu Islands 의 유아 사망률은 태어나는 아기 1,000명 당 10명이다. 캐나다와 미국은 23명이다. 남아프리카공화국에서는 백인은 29명이고, 흑인은 136명이어서, 인도를 제외하고 문명국에서는 가장 높다. 인도는 146명으로 추산된다. 이것의 윤리체계에 대한 논의는 *Transactional Analysis Bulletin* 8:7-8, 1969년 1월에 있는 나의 성명서를 보아라.
(1967년 세계에서 가장 낮은 사망률을 기록한 나라는 놀랍게도 파푸아Papua <4.3, 비원주민 인구> 였다. 류큐섬의 숫자는 그 지역에 주둔한 미국 군직원은 제외되었다. 그러나 그 숫자는 오류가 있다. 왜냐하면 그것은 출생신고 전에 죽은 유아들을 포함하고 있기 때문이다. *U.N. Demographic Yearbook*, 1968)

11) Senator, H., and Kaminer, S.: *Health and Disease in Relation to Marriage and the Married State*. Allied Book Company, New York, 1929. Two volumes, translated by J. Dulberg from the German original of 1904.

12) 킨제이 Kinsey 외는 성적 행위에 영향을 미치는 건강에 대하여 말하지만 그 반대에 대하여는 거의 말하지 않는다. Senator와 Kaminer는 성, 결혼, 질병 사이의 관계에 대하여 1,200페이지가 넘는 책을 썼지만, 그들의 결론은 왜곡되어 있고 믿을 수 없다. 가장 흥미로운 것은 그들이 (Vol. 1, p.19) 1881-1890년 스웨덴에서의 사망률을 제시한 것이다. 20세에서 90세의 거의 모든 연령대에서, 양 성 모두 결혼하지 않은 사람들의 사망률은 결혼한 사람들보다 의미 있게 높았다. 많은 연령대에서 그것은 거의 두 배였다. 미망인과 이혼한 사람들의 사망률은 그 중간에 있었다. 그 당시에 특히 혼자 사는 여성들은 아마도 성관계가 거의 없거나 아예 없었을 것이다. 기껏해야 대부분 가끔 만족스럽지 않은 성관계였을 것이다. 미망인이나 이혼한 사람들은 한동안은 규칙적으로 성행위를 하다가 가끔 성행위를 하거나 하지 않았을 것이다. 이 가정에 따르면, 성관계가 많을수록 더 오래 살고, 성관계가 없을수록 더 많이 죽는다. 때로는 두 배가 되기 때문에, 광범위하게 말해서 성적 금욕은 치명적인 질병이다. (호기심을 갖고 보자면, 20대에 결혼한 사람들의 사망률은 가장 낮은 4.64/1,000 이고, 90대에 홀로 남겨진 사람들의 사망률은 가장 높은 318.97/1,000 이었다.)

연구가 부족한 상태에서 우리는 이어지는 논의를 위한 임상 사례에 의존할 수밖에 없다.

13) Berne, E.: *Transactional Analysis in Psychotherapy.*

14) For psychiatric aspects of urological phenomena see: Smith, D. R., and Auerbach, A.: "Functional Diseases," in *Encyclopedia of Urology*, Springer Verlag, Berlin, 1960, Vol. XII.

15) Smith, D.R.: "Psychosomatic Cystitis." *Transactions of American Association of Gentito-Urinary Surgeons* 53:113-116, 1962. 이 학술지는 물과 전해물 배출에 대한 논문을 포함하여 그 주제에 대한 18편의 참고 논문이 있다.

16) Freud, S.: *Complete Introductory Lectures on Psychoanalysis.* W.W. Norton and Company, New York, 1966. 제25장.

17) Symposium: "Sudden Death During Coitus - Fact or Fiction?" *Human Sexuality* 3:22-26, June, 1969.

18) Senator, H., and Kaminer, S.: op.cit.

19) Finkle, A. L.: "The Relationship of Sexual Habits to Benign Prostatic Hypertrophy." *Human Sexuality* 2:24-25, October, 1967.

20) *Time*, November 11, 1969.

제 III 부

후희

Afterplay

7

질문

QUESTIONS

질문과 답변

이 책에 기초한 강연이 대중에게 공개되었어도, 여기에 왔던 사람들은 대부분 캘리포니아 대학 관련자들이다. 그들은(대략 나이와 교양에 따라) 버클리와 산타크루즈에서 온 학생들, 의과대학의 젊은 의사들, 의과 학생들, 사회학과 의학의 대학원생들, 비서들, 그리고 버클리, 산타크루즈와 샌프란스시코의 의과대학 교수진들이었다. 그들은 강연 후에 많은 질문을 했다. 어떤 질문은 이 책을 읽은 독자들이 한 것이다. 여기에서 말하는 답은 처음에 말했던 답과 언제나 꼭 같지는 않다.

질문 | 당신이 말했던 것의 기본적인 의미는 무엇인가요? 당신이 정말로 말하는 것은 무엇인가요?

답 | 기본적인 의미가 있다고는 생각하지 않아요. 나는 마음속에 질문을 가지고 생각하곤 하죠. 만일 "성적 질문"과 같은 것이 있다면, 나는 그것에 답을 하려 할 것이지만, 그런 것은 없어요. 내 마음속의 질문은 "많은 사람들이 그러한 경우에 말하는 사소하거나 엄숙한 또는 곡예 같거나 통계적인 모든 것을 단순하게 반복하지 않고 성에 대한 다섯 강연을 할 수 있을까?" 바라건대 나는 어느 정도 성공한 것 같아요. 나는 몇 가지는 반복했을 거예요. 그러나 전부 그랬다고는 생각하지 않아요. 내가 당신에게 말했던 것은 50년 남짓한 결혼 생활과 35년의 정신과 의사 생활을 한 후에 그 주제에 대한 나의 생각이었습니다. 그때 나는 수 천 명의 사람들이 그들의 성적 기쁨과 슬픔에 대하여 자세하게 말하는

것을 들었습니다. 내가 얻은 주요 유익은 해부학, 생리학, 정신의학, 정신분석 훈련과 나에게 일어났던 질문을 빈틈없이 할 수 있었던 특권이었습니다.

아마 나는 이 강연들을 기본적인 메시지가 아닌 교훈적이고 생각하게 하는 에세이라고 불리는 데 만족할 것입니다. 그러나 그것에 대하여 전적으로 기쁘지는 않습니다. 왜냐하면 나는 기본적인 것을 더 좋아하기 때문입니다. 내가 말했던 것 중에서 가장 기본적인 것은 자율성의 느낌이 대부분 망상이고, 우리가 우리 자신의 삶을 정직하게 살고 싶다면 멈추어서 보고 듣고 생각해야 한다는 것이었습니다.

질문 | 당신이 이 주제에 대하여 말할 때, 언제나 청중들 중에 여성이 더 우세하다고 보나요? 여기에서도 그런가요?

답 | 전에 그 주제에 대하여 말한 적이 없습니다. 그러니까 잘 모르겠어요. 그것을 알기 위한 방법은 여성 강연자에게 무슨 일이 일어났는가를 보는 것입니다. 마거릿 미드 Margaret Mead 는 몇 년 전에 이 강연을 했어요. 그녀는 청중들 중에 남성이 우세했을까요?

루시아 박사 Dr. Lucia | 여성들은 더 두려워할 수 있어요. 그 주제에 대한 그들의 정보는 아마추어 수준이지만, 그들은 안전에 대하여 알고 싶을 거예요. 남성은 자유로운 반면, 여성들은 이 숭고한 관계에 대한 짐을 져야 해요.

질문 | 그렇게 진지한 주제에 대하여 말하는데 많은 사람들이 저렇게 웃는 이유를 설명해주시겠어요?

답 | 내가 그것에 대해 우울한 기분이 들었다면 누구도 나의 허락 없이 웃을 수 없었을 거예요. 그러나 성은 재미있는 것이기 때문에 그것에 대한 강연도 재미있어야 한다고 생각해요.

질문 | 성도착이 뭐죠?

답 | 그것이 너무 끔찍하고 사람들을 해치거나 창피하게 하지 않으면 나는 그것을 성도착이라고 부르지 말아야 한다고 생각합니다. 왜냐하면 그것은 스스로 정의롭다고 하는 사람들이 공통적으로 사용한 끔찍한

단어이기 때문입니다. 프로이트는 '전치 displacements' 를 말했는데, 사전은 성도착을 일탈적인 행동으로 정의합니다. 나는 대부분 그 단어를 선호합니다. 동물은 짚신벌레에서부터 호저와 사람에 이르기까지 일탈 행동을 많이 합니다. 그들은 대부분 그들의 종의 표준 규정에 따라 이성간의 성관계를 선호함에도 불구하고 언제라도 일탈할 준비가 되어 있습니다. 그러니까 우리는 인간이 다르다고 가정하지 말아야 합니다. 왜냐하면 인간도 정형화된 성생활을 하지 않기 때문입니다.

질문 | 당신은 성의 실제적인 목적은 수태라고 말하는 것 같군요. 그렇다면 즉각적인 만족과 "와우 Wow" 는 무엇인가요?

답 | 생식을 위한 성도 있지만 대부분 인간의 성은 와우를 위한 것이며 동물은 수태에 대하여 모르기 때문에 그들의 성도 그렇다는 것이죠. 만일 인간이 그것을 수태보다 더 복잡한 것으로 만들지 않았다면 말할 것이 별로 없었을 거예요. 사람들은 즉각적인 만족을 위해 성행위를 하고, 수태는 환경이 허락하면 자연히 따라오는 것이죠.

질문 | 그러나 어떤 사람들은 성행위가 수태를 하게 한다는 사실을 모르기 때눈에 성은 인구 폭발을 가져오는 이유가 되죠. 그러니까 그들과 그것을 논의해야 하지 않을까요?

답 | 나는 누구도 그렇게 어리석다고는 생각하지 않아요. 인류학자들은 몇몇 사람들이 그런 연관성을 모른다고 말하지만, 나는 뉴기니아를 포함하여 많은 나라를 여행해보고 그렇지 않다고 생각하게 되었어요. 거기에는 다른 것이 있어요. 몇몇 사람들이 말하기를 "그들에게 성은 아기와 연관이 있다고 설명한다면, 그들은 피임약을 사용할 거예요." 그러나 그것은 소용이 없어요. 그들이 무지해서 피임약을 사용하지 않는 것이 아니에요. 나는 그것이 가난 때문이라고도 생각하지 않아요. 왜냐하면 피임약을 주어도, 사람들의 의향이 없으면 그것을 복용하지 않을 거예요. 그러니까 그것은 무지도 가난도 아니고, 뿌리 깊은 무엇인가가 있어요. 아마 가난하고 무지몽매한 사람들이 영생하기를 원하는 것 같아요.

질문 | 성에 대하여 말하는 것이 그것을 이용하는 것이라고 생각하나요?

답 | 아마도, 그러나 그것은 그리 효과가 없어요. 성이 다른 어떤 것보다 더 많은 상품을 판매한다는 것은 진실이 아니에요. 요즘엔 성 없이도 엄청나게 많은 콘플레이크가 있고, 다른 상품도 엄청 많아요. 나는 성이 판매하는 상품보다 그런 상품이 더 많을 것이라고 생각해요. 가짜 성 광고는 크로미 자동차와 연속극 같은 가짜 상품을 팔죠. 그 질문에 대한 답은 당신이 상상 속 사람들은 착취할 수 있지만 진짜 사람들은 착취할 수 없다는 것이죠.

질문 | 성과 경제는 어떻게 연결되어 있나요? 성은 가족과 밀접하게 연관되어 있고, 가족은 경제적 공동체죠. 그것은 진실한 관계, 경제적 성인가요?

답 | 나는 가족이 경제적 공동체로 활용될 수는 있지만, 경제적 공동체라고는 생각하지 않아요. 나는 사람들이 경제적인 이유를 포함하거나, 그런 이유에도 불구하고 결혼할 수는 있지만 실제로 경제적인 이유로 결혼한다고 생각하지 않아요. 나는 가족을 경제적 공동체로 보는 생각에 반대하는 편견을 가지고 있어요. 엥겔스 Engels 가 경제적 공동체를 이용하지만, 잘못된 전제가 잘못된 결론과 잘못된 행동을 하게 하죠. 그것은 문화의 개념과 같은 것인데, 내가 보기에 관리인, 돈 버는 사람, 경제학자, 연구보조금을 원하는 사람을 제외하고 그것은 거의 가치가 없는 학문적 용어입니다. 개인에 관한 한 문화는 얼간이를 위한 것이죠. 51%나 되는 대다수의 사람들은 법 안에서 매우 많은 일을 할 수 있어요. 그리고 다른 모든 사람이 하듯이 그들도 그렇게 하기로 선택한다면, 그것은 책임을 회피하는 좋은 방법이 됩니다. 그것이 내가 얼간이라고 말하는 이유입니다. 법은 정치가 심지어는 한 사람의 정치가에 의해 만들어지고 뒤집어질 수 있기 때문에, 문화가 아닙니다. 내 판단에 문화는 히틀러 Hitler 와 스탈린 Stalin, 아타튀르크 Ataturk, 그리고 마거릿 미드 Margaret Mead 의 마을에 사는 사람들이 보여준 것처럼, 밤사이에 바뀔 수 있는 낡은 옷 한 벌과 같아요. 대부분의 사람들이 낡은 옷 한 벌을 진지하게 본다고 해서 나도

낡은 옷 한 벌을 진지하게 볼 이유는 없죠. 문화는 황제의 낡은 옷이고, 이전 세대의 영속화된 오류입니다.

질문 | 왜 침실에 있는 사람들은 승자이고 욕실에 있는 사람들은 패자인가요?

답 | 가장 명료할 수 있는 상황을 봅시다. 왜냐하면 당신이 그것에서 아는 것은 다른 상황들에도 적용할 수 있기 때문입니다. 승자와 패자를 연구하는 가장 간단한 방법은 그들과 포커를 치는 것이죠. 어느 게 어느 건지 말할 때엔 문제도, 질문도, 연구도, 의심도 없어요. 당신은 그들이 문 밖으로 나갈 때 그들의 주머니 안에 있는 것 한 가지만 알아야 하죠. 그러나 당신이 노련한 포커 플레이어라면, 당신은 신참자가 승자인지 패자인지를 보통 세 판 안에 말할 수 있습니다. 그는 세 판 모두 이기지만, 당신은 여전히 그가 패자라는 것을 알거나, 세 판 모두 지지만 당신은 여전히 그가 승자라는 것을 알고 있어요. 여기에 당신이 패자에게 말하는 방법이 있어요. 우선 그는 포커가 운의 게임이라고 생각하죠. 그래서 그가 나쁜 카드를 가지면 그는 몹시 화가 나서 "오늘 밤 나는 운이 안 좋아."라고 말하죠. 심지어 그는 카드를 테이블에 던질 수도 있어요. 두 번째, "~하기만 했다면[If only]." 그리고 "나는 ~했어야 했는데[I Shoulda's]."로, "내가 밖에 나가지만 않았어도.", "내가 밖에 나가기만 했다면.", "2 대신 3을 뽑았을 텐데." 등의 말을 하죠. 세 번째, 판이 끝난 후에 계속해서 하고 싶어 해서, "내가 이 카드 대신 다음 카드를 가졌다면 내 것이었을 다음 카드를 보게 해줘."라고 말해요. 승자는 좋은 동료가 되기 위하여 또는 상대편을 속이기 위하여 같은 말을 하지만, 그들의 속셈은 실제로는 다르죠. 그들은 그 판에서 지면 카드를 잘못 친 것이거나 또는 나쁜 카드를 받은 것이고, 그런 일은 거기에서만 일어날 뿐인 것이고, 저주는 도움이 되지 않는다는 것을 알죠. 그들은 더 잘하기 위하여 다음 판을 기다릴 수 있어요.

승자는 자신이 하기로 결정한 것으로 시작해서 가능하면 그것을 끝내는 사람이죠. 처음에 그 일이 잘 안되었다면 다음엔 제대로 할 것입니다.

그는 모든 사람이 실수한다는 것을 알지만, 승자는 예외라는 것도 알죠. 그는 어린이자아나 부모자아가 그의 판단을 흐리게 하지 않습니다. 그것이 포커가 남자의 게임인 이유입니다. 만일 게임에 여자가 있다면 모든 남자는 그들의 어린이자아나 부모자아 때문에 곤경에 처하게 됩니다. 당신의 아버지가 여자에게서 돈을 따는 당신을 보았다면 무엇이라고 말할 것인가요? 더 심한 것은 당신이 여자에게서 돈을 땄다고 정신과 의사에게 말했다면 정신과 의사는 무엇이라고 말할까요? 당신이 어떻게 해서 이겼는가를 분석하는 데 상담 시간을 써야 할 것입니다. 정신과 의사에게 가지 않을 불량배만 여자들과의 포커 게임에서 이길 수 있습니다.

패자가 될 가능성의 또 다른 표시는 패자가 말도 안 되는 이야기를 많이 한다는 것입니다. 승자는 그런 말을 가끔씩 하지만, 언제나 하는 것은 아닙니다. 내가 지금까지 알고 있는 패자 가운데 가장 심한 패자는 내기에 아내와 딸 그리고 가족 목장까지 모든 것을 걸면서 게임하는 동안 내내 그런 방식으로 말하는 사람이죠. 그러나 다른 때는 매우 정상입니다.

패자는 "나는 운이 없어. 운이 있다면 분명히 이겼을 거야."라고 말하고, 승자는 "다시는 그런 일이 일어나게 하지 않을 거야."라고 말하고, 실제로 그런 일이 일어나지 않죠. 물론 패자가 가끔씩 이기기도 하지만 계속 이기지는 않죠. 그러나 승자는 가끔 지지만 다시는 지지 않을 것을 확신합니다.

질문 | 자아상태와 역할 사이의 차이는 무엇인가요?

답 | 자아상태는 중립적인 현상이고, 역할은 특별히 주어지는 것이죠. 우리는 자아상태를 바꾸지 않고도 많은 역할을 할 수 있어요. 예를 들어, 어린이자아상태에 있는 사람은 부모, 성인, 어린이의 역할을 할 수 있어요. 어린이들은 소꿉놀이할 때 역할을 맡죠. 한 아이는 어머니 역할을, 다른 아이는 의사 역할을, 어떤 아이는 어린 소녀 역할을 맡지만 그들 모두는 어린이자아상태에 있는 것이죠. 성인도 제스처 게임을 할 때 그렇게 할 수 있어요.

질문 | 교류분석은 악감정이 있는 위대한 사랑을 설명할 수 있나요?

답 | 어떤 자아상태가 사용되고 있고 교류가 어떻게 시작되는지를 분석하기 위해서라면 가능하죠. 부모자아는 많은 애정을 가지고 있을 것이고 어린이자아는 질투에 근거한 반감을 가지고 있을 것입니다. 또는 어린이자아는 다른 사람의 어린이자아를 사랑할 것이고 부모자아는 증오할 것입니다. 또는 어린이자아상태는 실제 어린이들이 하듯이 둘 사이를 왔다 갔다 할 것입니다. 교류분석적으로 말하자면, 그것은 어머니의 양가감정으로 시작하죠. 즉 음식을 줬다가 없애고, 배변을 보라 하고는 던져버리고, 아이에게 입맞춤하고 아이를 밀쳐내죠. 초기 어린 시절에 있었던 그러한 양가감정에 대한 설명이 정신분석 문헌에 매우 많아요.

질문 | 대부분의 사람들이 특별한 순간에 어떤 자아상태에 있는지를 어떻게 자각한다고 생각하나요?

답 | 교류분석으로 훈련을 받거나 치료를 받지 않으면, 또는 그것에 대한 생각을 아주 많이 하지 않으면 그들은 전혀 자각할 수 없어요. 따라서 어떤 자아상태에 있는지를 자각하지 못하는 사람이 대부분이고, 약간의 사람들만이 자각할 거예요. 만일 그 많은 사람들이 하룻밤 사이에 자각하게 되었다면, 모든 일은 다음 날 아침에 더 좋아질 거예요. 그것을 하기 위한 쉬운 방법은 당신의 머리에서 무엇이 진행되고 있는지를 경청하는 것이죠. 그러면 당신의 세 자아상태가 서로 이야기하고 있는 것을 들을 거예요. 만일 모든 사람이 자신의 마음의 소리를 듣는다면, 그들은 모두 아름다운 사람이 되어 매력을 주변에 발산할 것이고, 매우 많은 문제를 바로 거기에서 해결할 거예요.

교류분석은 부모자아상태, 어른자아상태, 어린이자아상태를 처음으로 체계적으로 분석했어요. 그것들은 교류분석의 주춧돌이고 특징이죠. 자아상태를 다루는 것은 무엇이나 교류분석이고, 그것을 간과하는 것은 무엇이나 교류분석이 아닙니다. 그것이 자아상태를 자각하기 위하여 특별한 훈련이 필요한 이유입니다.

질문 | 자신이 하나의 역할을 하고 있다는 것을 깨닫는 사람은 어떤가요?

답 | 당신이 하나의 역할을 하고 있다는 것을 깨닫는 것 자체가 하나의 역할입니다. 나는 그런 말, 즉 그것이 사라질 때까지 그 자체를 삼켜 버리는 역설을 증오해요. 그러나 이번에는 그것이 사실이에요.

질문 | 당신은 게임을 어떻게 극복하나요?

답 | 첫 번째 규칙은 다른 사람의 게임이 아닌 당신 자신의 게임을 알아차리는 데 시간을 쓰는 것입니다. 두 번째 규칙은 게임을 오래 하지 않는 것입니다. 그러면 당신이 선택한 게임 상대방은 당신이 게임을 멈추었다는 것을 깨닫고 멈출 거예요. 그리고 무슨 일이 일어나는가를 보세요. 일이 잘 되어 가면 당신은 좋은 결말의 보상을 받을 것입니다. 예를 들어, 소란 Uproar 이라는 게임을 하면서 분노를 통하여 결말을 내는 부부는 성이 분노보다 더 재미있다는 것을 발견할 것입니다. 그러나 그들은 실제로 성관계를 할 때까지는 그것을 믿기 어려울 것입니다.

질문 | 우리가 줄곧 인간관계에 대하여 계속해서 배우고 있는데, 당신은 어떻게 인간관계에 대하여 성인들보다 아이들이 더 잘 안다고 말할 수 있죠?

답 | 당신이 배우고 있는 것은 줄곧 인간관계에 대한 말을 더 많이 하는 것이죠. 그러나 아이들은 어른들보다 가짜를 더 빨리 알아챌 수 있어요. 성인들은 사람들을 바라보면서 직접 말할 수 없지만, 아이들은 어느 정도 나이가 들 때까지는 그렇게 할 수 있어요. 아이들은 당신을 똑바로 보기 때문에 숨길 수가 없어요. 성인들은 노려보기 I Can Outstare You 게임을 하거나, 사랑에 빠져 있거나, 심리치료와 같은 특정 상황에 있을 때를 제외하고, 몇 초 이상 상대방을 결코 바라보지 못하죠. 만일 당신이 사회적 모임에서 당신의 눈이 움직이는 대로 따라가거나, 다른 사람들의 눈을 똑바로 보면, 그것이 사실이라는 것을 알게 될 것입니다. 그러나 당신이 사람들에 대하여 알기를 원한다면 그들을 바라보아야 할 것입니다. 아이들은 그렇게 할 수 있어요. 그것이 답입니다.

질문 | 예방 친밀함이 무슨 의미였죠?

답 | 적절한 친밀함은 경추보호대, 허리 통증, 위암, 치질, 침침한 눈을

예방할 것입니다. 그것이 나의 답입니다.

질문 | 척추가 쪼그라드는 데 얼마나 걸릴까요?

답 | 꽤 오랜 시간이 걸릴 겁니다. 처음에는 스트로크 기아가, 아기는 몇 주 동안, 어른은 몇 년 동안 계속됩니다. 그런 다음 짜증나는 때가 오는데, 그때 그는 스트로크를 기쁘게 받지 않고, 스트로크를 회피하면서 그것을 받아들이지 않을 것입니다. 그 시점이 지나면, 그는 무방비 상태로 롤러스케이트를 타거나 언제나 싸우기 시작할 것입니다.

질문 | 당신은 강한 성적 관습과 정신적 질병에 대하여 어떻게 말할 수 있나요?

답 | 그것에 대한 일화 하나를 말하죠. 사람들이 타히티 섬에 가면 "멋져요, 성적 자유, 그들이 얼마나 건강한지 보세요."라고 말하죠. 태국에 갔던 한 리포터가 똑같이 말했어요. 글쎄요, 당신이 정신 건강에 대하여 알고 싶으면, 먼저 정신적 질병에 대하여 알아야 할 겁니다. 정신 병원이 그것을 하는 곳이죠. 그러나 성적 자유가 있는 파페에테 Papeete (타히티 Tahiti 섬 서북부의 도시)에서 조금 떨어진 거리에 가면, 거기에서 정신 병원을 발견할 거예요. 그 병원에서 당신은 정신적으로 아픈 사람들이 뉴욕과 캘리포니아 등 세계의 다른 어떤 곳과 같은 비율로 그리고 정확하게 같은 정신적 질병이 있음을 알게 될 겁니다. 만일 당신이 방콕의 멋진 댄스홀에 가서 강 주변을 바라보면, 정신 병원을 볼 수 있을 거예요. 그 병원에도 다른 어떤 곳과 같은 정신적 질병으로 고통 받는 사람들이 같은 비율로 있습니다.

정말로 재미있는 것은 피지의 작은 섬들, 포투마 섬 같은 곳엘 가면 거기에는 정신적 질병이 전혀 없다는 것을 발견한다는 것이죠. 아주 멋지지 않나요? 그러나 수바의 정신 병원에 가면, 로투마 섬에서 배를 타고 온 정신병 환자들이 있습니다. 자연이 살아 있는 뉴기니아, 생동감 넘치는 아프리카, 청교도 러시아, 중국에서도 마찬가지입니다. 그 질문에 대한 답은 내가 본 성적 관습이 정신적 질병과 직접적인 관련이 거의 없다는 것입니다. 성적 양심은 사람들을 당황스럽게 할 수 있지만, 그것은 개인적인 문제입니다. 사실 관습이라는 단어는 마을과 같은 매우 작은 사회에 적용될 뿐이고 종종 오용되거나 최소한 실제로 지속되고 있는 개인적 부모의 프로그램을 알아내기를 회피하는 데 사용된다고 생각합니다.

질문 | 당신의 척수가 감각적 자극이 없어서 오그라드는데, 환각제를 사용하지 않는 이유는 무엇입니까?

답 | 왜냐하면 그러면 척수가 아니라 뇌가 오그라들 것이기 때문입니다. 오비디우스(Ovid, B.C.43-A.D.17?, 로마의 시인)는 그것을 2,000년 전에 알고 있었어요. 자극은 외부에서 와야 해요. 마리화나를 많이 사용하는 사람들은 그것에 동의할 것입니다. 약물이 사람들을 대신하고 있죠.

질문 | 당신은 만족스러운 여성을 묘사했어요. 만족스러운 남성은 어떻게 나타납니까?

답 | 그의 발걸음은 탄력 있고, 그의 눈은 생기가 넘치고, 그의 자녀들은 즐겁게 웃어요.

질문 | 당신의 척수가 오그라드는 것을 막기 위하여 척추지압사에게 가는 것은 어떻습니까?

답 | 나는 척추지압사를 좋아하지 않아요. 멩켄 H.L. Mencken 은 척추지압사를 격려해야 한다고 말했어요. 왜냐하면 복지 차원에서 자연스럽게 남아 있는 유일한 선택은 척추지압사이기 때문에 그들에게 가기를 원하는 사람들은 가게 해야 한다고 했습니다.

질문 | 여자 친구가 없는 남성의 활기와 생기는 어떻게 봅니까?

답 | 모르겠어요. 그러나 여자 친구가 없다면 그는 어떨지를 상상해보세요.

질문 | 당신이 말하는 대부분의 것은 장난치는 것 같아요.

답 | 당신이 나의 장난을 제대로 읽을 수 있다면, 내가 하는 장난은 모두 진지한 것입니다.

질문 | 오만한 것 아닌가요?

답 | 내가 지금 무슨 말을 하고 있는지 분명하지 않기 때문에, 나는 작게 느껴질 때만 오만하게 행동합니다. 그렇게 하는 것은 재미있죠. 내가

겸손해지기보다 오만하게 행동하는 것이 더 재미있어요. 듣는 사람은 자유롭게 비판할 수 있다고 느끼기 때문에 더 재미있어 하죠. 결국 당신은 겸손한 사람을 비판할 수 없어요. 당신은 머리를 숙이거나 그를 호되게 비판하지만, 나는 둘 다에 준비되어 있지 않아요.

질문 | 당신은 많은 책을 말했어요. 어떤 책을 권장합니까?

답 | 권장 도서를 보세요.

권장 도서

흥미롭게도, 고대 로마에서나 샌프란시스코와 런던에서도 괜찮은 읽을 만한 성 서적은 2,000년 전에 쓰였다. 그것은 특별한 감흥이 아니라, 여자를 만나려면 어디로 가야 하는지, 여자와 대화하려면 어떻게 해야 하는지, 여자를 재미있게 하려면 어떻게 해야 하는지, 정해진 돈으로 어떻게 해야 할지 등 일상의 실제적인 문제를 다룬다. 그것을 넘어서, 그것보다 훨씬 더 중요한 것, 즉 거절당할 때 사랑에서 어떻게 빠져나올 것인지를 다룬다. 또한 침실에서 어떻게 운동이 아니라 사교적일 수 있는지, 여성이 어떻게 자신의 외모를 향상시킬 수 있는지에 대한 내용도 있다.

The Art of Love, by Publius Ovidius Naso (43B.C.E.-18A.D.) called Ovid. Written 1 B.C.E. Translated by Rolfe Humphries, Indiana University Press, Bloomington, 1957, Paperback.

약물에 대하여 오비디우스는 다음과 같이 말한다.

"마법의 약은 의미 없을 뿐 아니라 위험하다. 여성들은 위장된 약물을 복용하고 미쳐간다. 마법의 약은 뇌에 해를 끼칠 수 있다. 위험한 것은 금기시하라. 만일 당신이 그녀로 하여금 당신을 사랑하게 하고 싶다면, 사랑스런 남자가 되어라. 얼굴과 인물은 그렇게 하지 못할 것이다. 그것으로는 충분하지 않다는 것을 알게 될 것이다. 좋은 마음을 더해라." 이것은 매우 좋은 충고 같다.

다음으로 해브록 엘리스 Havelock Ellis 의 작품인데, 그것은 읽기 쉽고 신랄하게 성행위와 그것에 영향을 미치는 여러 요소들에 대하여 말한다. 그의 사례사들은 대부분 자전적인 것이고, 빅토리아 시대의 소설만큼 감동적이다. 그의 설명은 박식하고 매력적이며 신뢰할만하다. 그는 엄격하거나 현학적이지 않고 인간적이다. 그는 고전과 중세 작가들을 인용하기 때문에 지적으로 자극을 주고 교육적인 유익을 더해주었다.

Studies in the Psychology of Sex, by Havelock Ellis. Written in 1898-1908. 1940년 뉴욕에 있는 Random House에서 7권으로 된 책을 편리하게 2권으로 엮었다.

성적 본능의 초기 발달에 관심을 갖고 있는 사람들은 이 주제에 대한 엘리스의 연구에 바로 이어서 나온 프로이트의 책을 보고, 엘리스의 책이 영국에 큰 소동을 일으켰던 것처럼, 유럽에서도 프로이트의 배짱에 큰 소동을 일으켰다. 그러나 이 책은 '계통발생', '개체발생'과 같은 단어들 때문에 읽기가 어렵다. 번역도 정확한 의미와 원서의 맛을 고수하려는 시도로 매끄럽지 못하다. 그럼에도 불구하고 요즘 대부분의 사람들에게 성과 정신분석이 여전히 인기 없는 주제라고 보지만, 그 책은 무슨 내용이 있는가를 알기 위하여 탐색할만한 가치가 있다.

Three Essays on the Theory of Sexuality, by Sigmund Freud, Written in 1905. Published as *Three Contributions to the Theory of Sex*. E.P. Dutton & Company, New York, Paperback.

성에 대한 정신분석적 접근을 좀 더 분명하게 알려면 페렌찌 Ferenczi 의 논문을 읽는 것이 훨씬 쉽다.

Sandor Ferenczi의 *Sex and Psycho-Analysis*. 1906-1914, Dover Publications, New York, 1957, Paperback.

이 책 또한 다른 정신분석 주제들에 대한 논문을 싣고 있다. 그리고 발기부전, 자위행위, 남성의 동성애에 대한 논문들, 특히 외설적 단어들에 대한 주제는 이 문제들에 대한 정신분석적 개념을 잘 보여준다.

오래된 연구들이 아주 많다. 좋거나 나쁜 습관에 대한 호기심을 만족시키고 싶은 사람, 또는 그것을 안심하거나 정당화할 필요가 있는 사람들은 킨제이 Kinsey 와 그의 동료들의 주요 연구인 두 권의 책을 보고 싶어 할 것이다.

Sexual Behavior in the Human Male, by Alfred C. Kinsey, Wardell B. Pomeroy and Clyde E. Martin. W.B. Saunders Company, Philadelphia and London, 1948, and *Sexual Behavior in the Human Female*, by the same authors plus Paul H. Gebhard, from the same publisher, 1953.

이 두 책에서 가장 가치 있고 중요한 부분은 남성에 대한 것이 앞의 153쪽(제1부) 분량이고, 여성에 대한 것이 앞의 97쪽(제1부) 분량이다.이 부분은 이런 유형의 연구에 포함되어 있는 방법과 문제를 묘사하고, 성적 문제에 대한 대부분의 수치 연구가 얼마나 믿을만하지 못한가를 보여준다. 킨제이 집단은 12,000명을 인터뷰했고, 궁극적으로는 88,000명 이상의 사람들을 인터뷰할 계획을 세운다. 그들은 작은 인원으로 통계 연구를 하는 것이 왜 가치가 없는지를 분명하게 보여준다. 그리고 독자의 회의론에 대한 건강한 태도를 증진시키기 때문에 그 책을 읽은 독자는 아마 1,000명 이하의 사람으로 통계를 낸 연구는 신뢰하지 않을 것이다. 그런 사람은 소수의 사람들에 기초하여 성에 대한 통계를 낸 다른 논문을 읽으면서 얻은 잘못된 생각을 좋아하지 않을 것이다.

그러나 지나치게 열심인 통계학자와 컴퓨터에 대해서만 그의 환상을 깨는 것이지, 하나의 사례로 타당한 결론을 이끌어 내거나 작은 수의 사람들을 매우 능숙하게 다룰 수 있는 진지한 사상가들에 대해서는 환상이 없을 것이다. 요즘의 성을 좀 더 광범위하게 이해하기 위하여, 세계의 다양한 곳들 그리고 고등 동물들의 성적 관습과 실제 그리고 성적 행위에 영향을 미치는 생리학적 요소들에 대하여 알고 싶을 것이다. 그런 사람은 다음의 책들을 읽어야 한다.

Patterns of Sexual Behavior, by Clellan S. Ford and Frank A. Beach, From lectures delivered in 1949. Harper & Brothers, New York, 1951.

이 책은 190개의 인간 사회 집단과 많은 영장류 집단에서 일어나는 성적

행위를 다룬다.

가장 작은 세포에서로부터 벌레, 곤충, 물고기, 새, 그리고 우리 인간들에 이르기까지 동물들의 성적 생활에 대하여 쓴 매력적인 이 책은 독일어를 번역한 것이다.

The Sex Life of the Animals, by Herbert Wendt, Translated by Richard & Clara Winston, First published in 1962, Simon and Schuster New York, 1965.

이 책은 그 주제에 대한 책들 중에서 가장 읽을 만한 책이다. 여기에서 당신은 달팽이가 느리고 둔해보여도 그들은 자웅동체이면서 동시에 이중 성행위를 하기 때문에 누구보다도 성을 즐긴다는 것을 알게 될 것이다(그것을 어떻게 보느냐에 따라 138, 165, 192가 떠오를 것이다).

인간의 사회적 행동과 일반적인 인간 행동에 대하여 과학적으로 연구한 많은 사실들과 함께 인간의 성에 대한 많은 발견을 요약한 책이 있다.

Human Behavior, an Inventory of Scientific Findings, by Bernard Berelson and Gray A. Steiner, Harcourt, Brace and World, New York, 1964.

몇몇 연구 결과는 매우 재미없지만, 놀라운 것도 있다. 모든 것을 한 곳에 모아놓는 것은 멋진 일이다.

이 모든 책들에 대하여 핵심적인 것은 그것들이 믿을만하다는 것이고, 그것을 읽는 독자는 누구라도 현재 우리의 지식 단계에서 가능한 근거를 확신할 수 있다는 것이다. 그 책들은 우수한 지식과 지성을 가진 양심적인 사람들, 그들 중에서도 어떤 사람은 매우 의욕적으로 쓴 것이다.

성관계를 맺는 동안 무슨 일이 일어나는가를 임상적으로 자세하게 쓴 것은 산부인과 의사, 비뇨기과 의사, 해부학자, 생리학자, 내분비학 의사, 동물학자, 정신과 의사들에게만 흥미로울 것이다. 왜냐하면 그들은 그것을 평가하도록 가장 잘 준비되어 있는 사람들이기 때문이다. 그러나 다른 많은 사람들도 좋은 이유든 나쁜 이유든 그것들에 대하여 알고 싶을 것이다. 그것은 다음의 책들에 자세하게 묘사되어 있다.

Human Sexual Response, by William H. Masters and Virginia E.

Johnson, Little, Brown & Company, Boston, 1966.

만일 좌골해면체근, 난관난소절제술이 무엇이고 그 기원이 무엇인지를 모르면, 저자들이 말하는 것을 잘 이해하지 못할 것이다.

위의 책들 어떤 것도 성적으로 당신에게 무슨 일이 일어나고 있는지 또는 그것에 대하여 무엇을 할 수 있고 무엇을 해야 하는지를 실제로 알려주지 않을 것이다. 그것에 대하여 필요한 것은 실제적인 매뉴얼이다. 그것에 대한 책이 많은데, 대부분 가식적이고, 감각적이거나 감성적이고, 어떤 것은 부정확하다. 가장 좋은 방법은 신뢰하는 사람들이 선택해주는 책을 읽는 것이다. 그들 모두가 당신을 흥분시키는 것은 아니지만 어디에 뭐가 있는지 최소한 올바른 답을 줄 것이다. 어린 시절과 청소년의 발달과 성적 관심으로 시작하는 두 권의 책이 있는데, 하나는 단지 성에 대한 것이고, 다른 하나는 초기의 성이 사회에서 개인적 삶으로 어떻게 적응해 가는가를 다룬다.

The Normal Sex Interests of Children, by Frances Bruce Strain, Appleton-Century-Crofts, New York, 1948.

이 책은 주로 학교 교사들이 볼 수 있게 쓴 기본서이다.

Childhood and Society, by Erik H. Erikson, Published 1950, Revised edition. W.W. Norton & Company, New York, 1964.

이 책은 이 분야에서 선구자였던 프로이트의 이론보다 더 알기 쉽고 유용한 유아의 성 이론을 새롭게 보여준다. 에릭슨은 유아기의 성보다 훨씬 더 많이 나아가, 인간의 심리적 발달 8단계, 특히 청소년을 강조하여, 다른 것들 중에서도 성이 정체감에 어떻게 적응해 가는지를 보여준다.

여성에 대하여는 노련한 정신분석가가 쓴 매우 민감한 책 한 권이 있다.

The Psychology of Women, by Helene Deutsch, Volume 1, *Girlhood.* Grune & Stratton, New York, 1944. Volume 2, *Motherhood* is equally valuable.

불행하게도 소년과 아버지를 위하여 볼만한 책은 없다. 그것에 대하여는 안 됐다. 그럼에도 불구하고 Hanns Reich가 편집한 책 Children and

Their Fathers (Hill and Wang, New York, 1962)은 도움이 될 것이다.

흥미롭게도 피임보다는 임신중절에 대한 책이 더 많다. 이 주제에 대하여 가장 잘 알려진 책은 다음과 같다.

Birth Control and Love, by Alan Guttmacher, Revised edition, The Macmillan Company, New York, 1969.

거트마허 Dr. Guttmacher 는 아주 우수한 산부인과 전문의로(Johns Hopkins, Mount Sinai Hospital, Harvard), 그에게서 당신은 그 주제에 대하여 가장 유용한 정보를 얻을 수 있을 것이다. 그는 수태와 출생에 대하여도 말한다.

인공수정과 피임의 문제 그리고 결혼의 즐거움에 대하여 수년 동안 관심을 갖고 있었던 부부의 결혼 매뉴얼은 다음과 같다.

A Marriage Manual, by Hannah and Abraham Stone (revised edition). Simon and Schuster, New York, 1952.

이 책을 권장하는 이유는 스톤 부부가 건전한 학문적 배경을 가진 믿을 만하고 경험이 많은 사람들이기 때문이다.

성생활이 자유분방한 사람들은 여성 잡지 Cosmopolitan과 남성 잡지 Playboy를 통하여 자신의 분야에서 최후의 국면을 이해할 수 있을 것이다. 나이든 사람들은 다음의 책들에서 약간 점잔 빼는 것 같지만 유용한 것을 발견할 수 있다.

Everything You Always Wanted to Know About Sex, by David Reuben, M.D. David McKay Company, New York, 1969.

위에서 제시한 제목의 책들로 답을 얻을 수 없는 질문을 가지고 있다면, 질문과 답을 모아놓은 Dr. Schoenfeld의 Berkeley Barb에서 당신이 원하는 답을 얻을 수 있을 것이다.

Dr. Hip Pocrates, by Eugene Schoenfeld, Grove Press, New York, 1969.

20권도 안 되는 권장도서를 신중하게 읽는 누구라도 성의 분야에 대한 정보를 역사적으로, 이론적으로, 실제적으로 많이 알게 되었을 것이다.

마지막으로 포르노그래피에 대한 것이다. 이것은 세 가지로 분류된다.

(1) 문학의 사실주의(Joyce의 Ulysses, Roth의 Portnoy's Complaint). 이것은 성적 장면이 나오는 부분을 스스로 읽을 만한 가치가 있는 책들이다.

(2) 성애물(요즘 명성 있는 서점에서 볼 수 있다). 이 책들은 디자인이 잘 된 표지와 눈길이 가는 제목의 페이퍼백으로 나온다. 그 목적은 최소한 그럴듯한 이야기로 위장하여 묻혀 있었지만 합리적으로 건강한 성애의 다양성을 자극하는 것이다. Evergreen 잡지는 (1)과 (2)의 중간쯤된다.

(3) 추잡한 것(경마 예상표를 파는 담배 가게에서 볼 수 있다). 이것은 저자도 없이 일반적인 거리의 은어나 저질스런 말의 표지와 제목의 페이퍼백으로 나온다. 그것은 종종 외설스럽고 보통은 불쾌하다.

8

남성의 세계

A MAN OF WORLD

서문에 언급된 키프로스인 생시르 Cyprian St. Cyr 와 그의 친구 홀스레이 박사 Dr. Horseley 는 자신들을 세계 속의 남성들임을 자랑스럽게 생각한다. 그들의 문장과 짧은 글의 일부는 여기서 기록할 가치가 있다. 그러나 이것들은 한 번에 먹는 것이 아니라, 조금씩 먹을 수 있는 박하사탕과 같다.

사랑과 결혼

어떤 일이 발생하는 것이, 일이 어떻게 일어나는가보다 재미있고, 일이 어떻게 발전해나가는지가, 일이 발생하는 것보다 더 재미있다. 그래서 미스테리 소설은 줄거리가 어떻게 구성되었는지, 소설은 실제로 무슨 일이 일어났는지를 말해 준다. 그러나 러시아 소설은 사람들이 어떻게 성장하는지를 말해 준다. 그리고 그것이 바로 톨스토이 Tolstoi 와 도스토옙스키 Dostoevski 가 성공한 이유이다. 같은 방식으로, 성행위는 '성'기관보다 흥미롭고 오르가슴은 성관계보다 더 사람의 마음을 끈다.

⚜⚜⚜

스탕달 Stendhal 은 낭만적인 프랑스식으로 사랑을 구체화한다. 남성과 여성은 파수꾼으로부터 자유가 없으며, 속임수는 그날의 명령이다. 솔로몬의 노래는 왕이 어떻게 노예를 사랑할 수 있는지 알려준다. 그러나 우리의 시간과 장소, 선택이 문제이며 속임수 또는 감금이 아닌 곳에서는 그것이

다르게 진행된다. 한 남자가 매주 일요일 미술관을 방문하게 되면 이런 일이 벌어질 것이다.

먼저, 그는 그녀를 처음으로 본 순간, 서서 움직이면서 그는 "아마 이게 아닐까?"라고 생각한다. 그런 느낌은 이미 인생을 가치 있게 만든다. 그리고 그가 너무 많은 의심을 품으면, 그는 그녀의 얼굴을 엿볼 수 없다. 그래서 남은 생애 동안 몹시 후회할 수 있다.

그러나 그가 그녀와 이야기하는 것에 대한 실망을 무릅쓰고 받아들이면 그는 "이것이 그렇게 될 수 있다."라는 것을 알게 될지 모른다.

그가 혼자 있을 때, 그는 다시 그녀를 보려고 꿈을 꾸기 시작한다.

그가 다시 그녀를 볼 때, 그는 그녀와 항상 있고 싶어 한다.

그는 항상 그녀와 함께 있기 시작하고, 그는 더 이상 꿈을 꿀 필요가 없다. 왜냐하면 그의 삶은 그녀와 하나가 되었기 때문이다.

그런 다음 첫 번째 싸움, 이별과 재결합이 이어진다. 왜냐면 그들은 오랫동안 그것을 견딜 수 없기 때문에, 유일한 문제는 어떻게 먼저 화해하느냐이다.

그런 다음 그들은 결혼했거나 결혼하지 않은 채 서로 서로 움직이고, 사랑하는 사람들은 돈에 관해서 다툰다. 20년 후면 그들은 불가분의 관계에 있다. 그들의 사랑은 죽을 때까지 길들여져 있다.

최후의 순간이 지나면, 다른 한 사람은 그 뒤를 곧 따른다.

_ 이것들은 성적 쾌감의 단계들이다.

_ 첫째, 달콤한 희망을 찾고

_ 그런 다음에 감미로운 기대를 하고 시험해 보았다.

_ 그리고 나서 영광스럽게 안도의 숨을 쉬면서 정복한다.

_ 그 후에 확실성과 자신감이 생겨나는데, 다른 남자들이 감탄하는 눈짓을 할 때 우월감을 느끼거나 심지어는 더 많은 낯선 사람이 그녀에게 인사하거나, 그녀를 향해서 경의를 표한다. 단테[Dante]에게조차도 알려지지 않은 낙원의 마지막 단계는 확실성뿐만 아니라 과거에 일어난 일에서

가능한 가장 높은 수준의 감각, 반응 및 굴복, 달성할 수 없는 것이 있을 때이다. 이 보장은 이전에 무엇이든지 간에 저녁 식사, 콘서트, 또는 별빛에 대한 기대의 찬란함을 가져다주며, 다른 사람들의 감탄한 눈빛조차도 무의미해지고, 저녁 전체가 따뜻하고 평온한 비행기를 탄 것처럼 느껴진다. 황금빛으로 시선을 끄는 내부, 쾌락의 푸른 불길로 지구 위로 높이 날아갈 것이다

⚜⚜⚜

결혼은 6일간의 흥분과 섹스를 위한 세계기록이다. 5주간에 걸쳐 서로를 알게 되고, 받아넘기고, 공격하고, 뒤로 물러나고, 서로의 약점을 찾아 게임을 시작한다.

6개월 후에 각자가 결정을 내렸다. 신혼여행은 끝났고, 추후 통지가 있을 때까지, 결혼생활이나 이혼이 시작된다.

⚜⚜⚜

남자가 결혼 한 부부를 만났을 때, 그는 "나를 위해 무엇을 할 수 있는가?" 라고 자주 생각하는 대신에 "그녀가 그를 위해 무엇을 하고 있는가?"그들이 사랑이 있다면, 왜 아름다움, 두뇌, 또는 섹스, 또는 돈에 대한 천박한 애기를 찾는가?

중산층 남편은 가전제품과 같다. 그들은 설치하기 전에 읽어야 하는 지침서를 가지고 있다. 그들은 교회와 살림을 잘 함으로써 보증받지만 지시 사항을 따르지 않는다면 그 보증은 무효이다. 모든 신문 가판에는 유지 관리 매뉴얼이 있다. 당신이 다 써서 낡았을 때, 당신은 법원에다 좋은 가격에 접수할 수 있다. 그 다음에는 걱정을 그만두고 당신 옷을 세탁소에 보낼 수 있다. 그러면 집 주변에 앉아 기다리면서 많은 시간을 보낼 수 있다.

중산층 아내들도 가전제품과 같다. 그들은 설치하기 전에 읽어야 하는

지침서를 가지고 있다. 그들은 교회와 살림을 잘 함으로써 의해 보증받지만 지시 사항을 따르지 않는다면 그 보증은 무효이다. 모든 신문 가판대에는 유지 관리 매뉴얼이 있다. 차이점은 당신이 그녀를 지치게 하는 대신에, 그녀가 당신을 지치게 하며, 그녀를 접수하고 돈을 돌려받는 대신, 그녀는 당신을 접수하고 대금을 계속 지불해야 한다는 것이다. 그것은 어떤 종류의 세탁기일까? 어떤 남자들이 빨래방을 선호하는 것은 당연하다.

⚜⚜⚜

총각의 가장 좋은 시대는 39세이다. 호기심 있는 젊은 사람들치고는 너무 늙지도 않았고, 너무 어리지도 않다. 30대 미만의 사람들에게 가장 섹시한 여성 중 일부가 50세라는 사실을 알면 놀라지 않을 수 없다. 30세 이하의 사람이 쓴 소설을 읽어본 사람이라면 알 수 있듯이 40세 이상의 사람들 사이의 성관계는 부적절하거나, 나쁜 취미로 생각한다. 그러나 40대 이상은 젊은이들이 너무 건방지다는 것을 알고 있으며 1마일 달리기가 4개의 220야드 단거리경주보다 더 잘 되어간다는 사실을 잊고 있다.

모든 행동에 있어서 동등하게 행복한 반응이 있을 수 있다. 톨스토이 Tolstoi 씨는 지붕은 제니스 빌더스 Zenith Builders 에게, 천장은 슈피리어 페인트 회사 Superior Paint Company 에게, 스테레오를 들으면서 방취제를 사용했다. 실내 페인트전문회사에 마룻바닥을 페인트 칠하게 하고 스트레오 음악을 들으면서 방취제를 사용한 그가 정말 나디르 콘크리트 Nadir Concrete 재단을 설립한 쇼츠토이 Shortstoi 씨보다 더 행복한 사람일까? 식료품 산업이 우리를 믿도록 한 것처럼, 과연 소형 자이언트 햄버거가, 또는 자이언트 소형 햄버거보다 맛이 좋은가?

⚜⚜⚜

당신이 동의하는 것은 쉽다. 당신이 동의하지 않는 것, 그의 요구가 무엇이 될지, 그리고 그들을 만나지 않는다면 그가 무엇을 할 것인지에 대해 알아봐라. 당신은 그가 화가 난 것을 보기 전까지는 그를 정말 모르는 것이다.

✢✢✢

당신은 이혼한 후에 변호사와 함께 장례식에 참석할 것이다. 당신이 할 수 있는 일은 정말로 없다. 그에게 맡겨 시체를 냉각시키도록 해야 한다. 당신이 인생으로 돌아오는 것이 더 쉬울 것이다. 깨어난 후에 삶을 다시 시작하는 것이 더 쉬울 것이다.

✢✢✢

짧은 치마를 입고 앉은 한 여성은 곁눈질로 끊임없이 남자들을 은밀히 쳐다본다. 그렇게 하는 것은 그녀에게는 지옥과 같다. 이들은 여성과 얘기할 때 시선을 피하는 사람들이다. 이들은 두려워하거나 또는 시선을 뿌리지기가 어렵다. 대담하게 여성의 허벅지를 쳐다보는 사람들이 있고, 음흉하게 쳐다보는 성적으로 지저분한 젊은 남자들이 있다. 그녀를 필요로 하지 않는, 그녀의 얼굴만을 보는 사람들이다. 그 다음에, 그녀의 얼굴을 먼저 본 다음 허벅지를 바라보는 사람들이 있다. 그들에게는 그녀는 성적인 대상이다.

눈길을 돌리는 사람들은 유혹당할 수 있고, 적극적인 사람들은 이용당할 수 있고 음흉한 사람들은 모욕당할 수 있고, 예의바른 사람들은 존경받을 수 있고, 마지막으로 사랑받을 수 있는 사람들이다. 이 모든 것은 그녀가 언급하며, 답으로서, 한마디 말도 없이, 일견도 없이 결정된다. 그리고 만약에 그녀가 진짜 여자라면 어린 시절부터 그 모든 것을 알고 있었을 것이다. 그녀가 코트를 무릎 위에 두면, 그녀는 무언가 또는 누군가를 기다리고 있거나, 어떤 문제에 대해 그녀의 마음을 결정하려고 한다. 그 경우에 그녀는 그의 시선을 필요로 하거나 원할 필요가 없으며, 만약에

그가 진짜 남자라면 어린 시절부터 이것을 알고 있었을 것이다

⚜⚜⚜

여자와 그들의 신비로운 방법들. 당신의 마음을 끌고 더 부드럽게 조르고 그리고 나서, 좋아하는 닭고기를 요리한다. 그들이 다른 날에는 당신과 함께 머물지 않겠다고 말할 때, "당신이 오늘 아침 너무 아름다워요!"라고 말하면, 그들은 영원히 당신과 함께 할 것이다. 그러나 일단 당신이 자녀들로 인해 정말로 속박된다면, 이 모든 것이 덜 중요하게 되고 그 다음엔 무엇이 있을까?

⚜⚜⚜

여성들이 가장 흔히 하는 게임은 다음과 같다.

"너는 나에게 키스하지 않겠다고 약속할래?"

"응, 약속하지."

그녀는 어느 쪽이라도 이긴다.

만약 그가 그녀에게 키스를 한다면, 그는 다른 사람들과 다를 바 없다.

만약 그가 그녀에게 키스하지 않으면 그녀는 자신에게 "저 멍청한 녀석은 내게 키스하려고 조차하지 않았다."라고 말할 수 있다.

⚜⚜⚜

여자에게 사랑받는 남자는 실제로 행운이지만, 아무리 대가가 적을지라도 시샘을 받는 사람은 사랑받는 사람이다. 단테가 베아트리체 Beatrice 와 함께 거니는 것보단 베아트리체를 바라보는 것만이라도 기쁨이 얼마나 더 컸을까!

⚜⚜⚜

"만약 다른 모든 것이 실패한다면, 이것이 항상 수행해야 할 당신의 행동이다."

영원을 사랑하는 사람들의 칭찬을 3배로 늘리면 당신의 매력을 절반으로 표현할 수 있을 것이다. 안사슴가죽에 들어간 천 개의 향기로운 님을 장식한 수만 개의 즐거움은 당신의 입술에서 한 순간에 키스할 수 있는 쾌락의 목가적인 석류와 비교될 한그루의 뽕나무가 될 것이다.

그녀가 그 점을 고맙게 생각하지 않으면, 그녀는 당신이 주는 어떠한 것도 감사하지 않을 것이며, 그러면 당신은 그녀 없이도 더 행복해질 수 있다. 그녀가 감사함으로 웃으면, 당신도 어느 정도 기쁜 상태에 있을 것이다.

하지만 나머지 절반은 당신에게 달려있다. 제안에 대해 더 좋은 것이 나올 것이다. 그것이 모든 사람들과 함께 하는 방식이다.

⚜⚜⚜

오르가슴은 로켓 타기와 같다. 먼저 올라간 다음, 암흑과 그 이후 황금 사과와 같은 빛의 파멸은 황금빛 태양과 푸른 하늘로 천천히 낙하하여 지구 아래, 시내와 초원 또는 도시 거리에 나타날 때까지 번쩍인다. 여러분은 천천히 손을 흔들고, 흐르는 샘물이나 바쁘게 지나가는 사람들에 의해 보이지 않게 된다. 그런 다음 천천히 한 번 더 터치하며 뜨거운 정열 후에 깊고 상쾌한 잠에 빠진다. 애드험블러 Adhumbla 또는 사바라 Sabala, 당신이 원하는 모든 것을 제공하는 마법의 암소에서 나오는 황홀한 꿀, 마레자 Maireja 는 친타마니 Tchintamani 와 같은 모든 소망의 빛나는 보석처럼 당신의 마음에 퍼져나간다. 그러나 노인들은, 이 모든 것이 우리를 위한 것이라고 말한다. 왜냐면 당신이 그것을 너무 많이 고마워하기 때문이리라.

짧은 어록들

✤ 새로운 친구를 사귈수록, 그만큼 더 빨리 오랜 친구를 가질 것이다. 산부인과 의사는 생리는 생을 다 한 자궁의 출혈이라고 한다.

✤ 산타클로스가 아버지라는 것을 알게 됨은 분별의 시작이다. 당신의 남편이 산타클로스라는 것을 알기 때문에 정말로 매일 밤 거기에 있을 것으로 생각치 않는다.

✤ 진짜 사과는 벌레를 가지고 있으므로 황금 사과를 원한다. 글쎄, 황금 벌레가 마음에 드는가?

✤ 당신의 몸은 당신의 친구이다. 몸을 적과 같이 취급하지 마라.

✤ 아마릴리스가 말했던 것처럼 눈 앞에 있는 것을 볼 수 없다면 뒤에 무엇이 있는지 알아보라!

✤ 만약 당신이 허풍과 심각한 얼굴표정을 빼앗는다 해도, 여전히 남아 있는 것들이 많기 때문에 겁먹을 필요는 없다.

✤ 누군가에게 기꺼이 일어날 수 있고, 무언가 당신에게 일어날 것이다.

✤ 불쾌한 아내와의 문제는 그녀가 당신을 화나게 한다는 것이다. 상냥한 아내와의 문제는 그녀가 당신을 생각하게 만든다는 것이다.

✤ 마약을 복용하면 모든 것을 경험하고 아무것도 이해하지 못 한다.

✤ 어떤 사람들은 돼지가 송로버섯을 찾는 것처럼 걱정을 찾는다.

- 그는 사랑이 없었기 때문에 그의 마음은 증오와 성으로 가득 차 있었다.

- 문제는 없다. 다만 우유부단만 있을 뿐이다.

- 성공보다는 실패를 포기하는 것이 더 어렵다.

- 치골부는 영원한 삼각형이다.

- 어떤 소녀를 골라야 할지 모르는 경우 다른 사람이 선택하도록 한 다음 동일한 소녀를 선택하도록 하라.

- 그는 자기가 기대할 만한 무언가를 갖기 위해 그는 뭔가를 생각하기 위해 머리를 쥐어짰다. 그는 항상 옳은 일을 했다: 심지어 그는 노동자의 날에 태어났다.

- 바가반트 Bhagavant 의 말에 따르면, 여성들은 남성들을 여덟가지 방법: 춤, 노래, 놀기, 웃음, 울음, 외모, 접촉 그리고 질문으로 유혹한다.

- 성병은 언제나 간접적이기 때문에 지저분하다. 새로운 것은 없다. 당신이 가장 높은 곳에서 그것을 얻고 명예 훈장처럼 얻는다 하더라도, 그것의 혈통은 곧 가장 비천한 수준에 이르게 됨에 따라 눈앞에서 환멸을 느끼게 될 것이다.

- 메두사 Medusa 의 머리에 돌을 던진 사람은 영원히 메두사의 노예가 될 것이다.

- 여자들은 나무를 바라보고, 남자들은 숲을 바라본다. 남자들은 건물을 짓고 여자들은 완성한다.

✤ 토끼와 거북이가 있는 곳에서는 매력적인 토끼가 가장 좋다.

✤ 여자에게 가장 비참한 태도는 남자가 필요하지만, 당신은 충분하지 않다는 것이다. 어느 쪽이든 걱정하지 마라. 그렇지 않으면 무엇이든 받아들여라.

✤ 결혼 한 부부와 연애중인 커플을 구별하기는 쉽다. 연애하는 부부는 서로의 말을 듣는 동안 긴장된 얼굴을 유지하고 "당신은…"이라고 대답한다. 결혼한 부부는 편안함을 느끼고, 자아가 아니라 불안함이나 편안함에서 "나는…"이라고 말한다.

✤ 자식의 복종. 그녀의 어머니는 조심스럽게 그녀가 발을 젖지 않도록 고무장화를 신으라고 말했다. 또한 그녀는 가라고 말했다. 착한아이처럼, 그녀는 고무장화를 신고 다리에서 내려갔다.

✤ 프로이트는 답을 알고 있었다. 만약 당신이 성관계에 대해 이해하지 못한다면, 그것이 끔찍하거나 신비롭다고 말하지 마라. 사전에서 프로이트를 찾아보라.

✤ 섹스에 대해 많은 것을 글로 쓰는 이유는 그것이 행해짐에도 불구하고 제대로 설명되지 않았다는 것이다. 따라서 당신은 과거에 무엇이 일어났는지 기억할 수 있지만 오르가슴을 기억할 때 당신은 섹스를 망치게 된다. 기억하고 싶은 사람들은 실제로 하나도 없다. 기억된 오르가슴은 누군가가 기념품으로 집에 가져가기 위해 떼어 낸 파이 조각과 같다.

✤ 어떤 남자도 아내의 정신과 의사에게는 주인공이 아니다.

- 남자들은 함께 있는 사람보다 더 남성다워지길 좋아한다. 일부 여성들도 마찬가지이다.

- 연애상담소에서는 건조된 우정을 제공한다. 약간의 수분을 첨가하고 당신은 조형적 섹스를 한다. 제조된 성은 집에서 만든 품종만큼 좋지는 않다.

- 여기 다양한 사람들의 다양한 색깔의 오르가슴이 있다: 샴페인, 모든 색상과 흰색과 회색, 빨간색과 파란색, 초록색, 베이지색과 파란색, 빨간색, 파란색과 금색색상이다. 몇몇 사람들은 격자무늬 문형을 시도하기 때문에 절대로 그것을 만들 수 없다.

- 어떤 남자들은 눈사람 같다. 당신은 그것들의 이미지를 만들고 그것은 점차 녹아 사라진다

- 싸움과 섹스는 잘 어울리지 않기 때문에, 그들은 섹스를 포기했다.

- 만약 그녀가 자기 마음속에 품고 있는 것을 꺼내 그에게 자기의 어려움을 털어놓는다면 둘 다 곤란한 상황에 처하게 된다. 그녀는 신경증 환자이고 그는 유부남이다.

- 나는 그녀와 함께 눕고 싶다(그녀가 그를 풀어주지 않을 것이라는 암시와 함께). 그녀가 그를 내버려두지 않으면 그녀는 그 사람의 결점이나 발기 부전 때문에 괴로워하고 있다는 것을 암시한다.

- 불안해하는 여성들은 삶을 권투 시합처럼 대한다. 그들은 가슴, 엉덩이, 성기, 또는 두뇌로 이어지고, 항상 두려워한다.

✢ 남성의 업무 효율성은 종종 아내의 생리주기에 달려 있다.

✢ 차 안에서 당신은 사고를 기억한다. 거니는 것은 당신 또한 사고의 한 부분이다. 차가 지나가고 있다. 아직도 걷는 중이다. 그것이 섹스와 사랑의 차이다.

✢ 해브록 엘리스 Havelock Ellis 씨가 확인해 보시기 바란다: 내년 여성 의류의 스타일을 알고 싶다면 올해의 매춘부들을 보라.

✢ 여성들이 옷과 남자에 대해 모두 알고 있는 것은 아니다. 스커트가 스타킹, 다리 및 다른 것들과 같이 두 가지 이상의 색을 숨길 때, 섹스는 색이 바뀌는 곳에서 시작하여 다시 바뀌면서 증가한다.

✢ 간소한 스파게티는 대체로 비슷한 맛이 난다. 차이를 만드는 것은 소스이다.

✢ 로맨스는 여성이 남성보다 더 큰 힘을 갖고, 여자가 남자에게 있어 다른 어느 것보다 더 중요하게 되었을 때, 그들 모두에게 즐거움을 주는 것이다.

✢ 절대로 일찍 돌아오지 말라. 왜냐하면 작별 인사는 네가 하지 않을 약속이기 때문이다.

✢ 어떤 남자들은 과로로 인해 발기 불능이 되기도 한다. 어떤 사람들은 열심히 일하지 않기 때문에 흥미를 끌지 못한다.

✢ 한 남자의 젊음이 가고 있다는 징후는 그의 귀에서 자라고 있는 머리카락이다. 더 신뢰할 수 있는 것은 그가 점심 식사 테이블에서

여자들 대신 돈에 대해 이야기할 때이다.

♣ 섹스는 모든 감각: 소리, 냄새, 맛, 온도, 그리고 촉감에 대한 모든 감각을 위해 기쁨을 주는 것이어야 한다. 직접 해보지도 않고 미리부터 얕잡아서 얘기할 건 아니다. 그것은 돈과 같다. 만약 당신이 그것을 가지고 있지 않다면, 당신이 힐 때까지 불행할 것이다. 하지만, 일단 그것을 가지고 있다면, 당신이 가지고 있는 것이 당신이 얼마나 많이 가지고 있는지보다 훨씬 더 중요하고, 당신이 그것을 어떻게 사용하는지가 당신이 어떤 사람인지를 밝혀준다.

슬픈 이야기

남자들은 그녀 모르게, 음부를 들어갔다 나왔다 했다.

그녀는 킨제이랜드 Kinseyland 로 여행을 떠난 후에 모노가미 Monogamy 섬에 정착했다. 매일 살아있는 수백만 명이 그녀를 요구했다. 죽은 그녀의 시신은 여러 날 동안 시체 안치소에 누워있었다.

♣♣♣

삶은 간단하다. 당신이 해야 할 일은 다양한 행동 강령의 가장 가능성 있는 결과를 파악한 다음, 가장 매력적이거나 가장 덜 성가신 일을 선택하는 것이다. 확신을 원한다면, 그것은 어려운 일이 될 수 있다. 왜냐하면 그것은 가질 수 없기 때문이다. 때로는 당신이 하고 싶지 않은 것들을 결정하는 것이 중요하다. 예를 들어, 매일 남자는 자신의 고환을 잘라버리고 뇌를 씻는 것을 결정해야 할지도 모른다.

♱♱♱

사람들이 삶보다 죽음을 더 쉽게 팔기 때문에, 보험 영업 사원들이 백과사전을 파는 사람들보다 더 정직할 수 있다.

♱♱♱

죽음에 대해 어떻게 해야 할까? 모든 것을 다 끝내고 나서 썩고 있는 통나무처럼 기다려 볼까? 아니면 그냥 미완성으로 남겨두고 후회하면서 죽을 건가? 삶의 기술은 왕자처럼 땅을 걷고, 어디든 갈 수 있는 곳에 사과의 씨를 뿌리는 것이다. 죽어 가는 기술은 바로 "나는 만족하고 있으며, 나머지는 당신이 내 눈을 뜨게 할 때 즐길 수 있는 것이다."라고 말하는 적절한 순간에, 당신 자신의 사과를 완성하는 것이다.

마지막 이야기

무책임한 사랑은 제멋대로 하는 여행이다. 만약 당신이 인류를 사랑하면서 진짜 고양이와 병아리를 찾지 않는다면, 당신은 자신의 상자 안의 것만을 사랑하는 것이다. 당신은 사랑하는 사람들에게 빠져 나오고 사랑의 틀에서 벗어나야 한다. 폭력적인 여행에 많은 돈이 있시만, 그것은 근절되지 않는다. 만약 당신이 마약 중독 상태라면, 매력적인 미소는 단지 치약 광고에 불과하다. 여러분은 정말로 그곳에 있는 것을 보고 사랑해야 한다. 그게 아름다운 것이다. 무도회가 끝난 후에 당신이 하는 일은 중요하다.

별은 다른 사람에게 빛나는 불빛이고, 멀리서도 볼 수 있는 밝은 빛의 작은 불꽃이며, 거대한 용기와 고결함 없이 접근하기에는 너무 밝아 접근할 수도 없다. 각 사람들은 내적인 공간에서 혼자 살고 있고, 친밀감은 거기에 있다. 친밀감은 우주 공간이고, 만약 여러분이 그곳에 있다면, 당신은 별에게 "안돼"라고 말하지 않을 것이다.

부록

인간관계의 분류

The classification of human relationships

1

소개

INTRODUCTION

인간의 성격을 부모자아, 어른자아 및 어린이자아로 분석한 구조 분석은 인간관계를 논리적으로나 경험적으로 분류할 수 있는 일관된 이론적 토대를 제공한다.

정신분석이론은 인간 정신의 메커니즘과 욕망을 다루고 전이 관계의 본질을 명확히 하지만, 치료 상황을 벗어나 적용할 수 있는 체계적인 분류는 제공하지 않는다. 인류학적 분류는 씨족, 종족 또는 종족 내의 공식적이고, 계약적이고 혈연적인 관계를 다룬다. 법적 분류는 권리, 금지 명령 및 제재 문제를 명확히 하려는 실용적인 분류이다. 이들 중 어느 것도 일상생활에서 발생하는 비공식적인 관계의 일관적이고 설득력 있거나 포괄적인 분류를 제공하지 않으며 그러한 상황에서 예측할 가치를 가질 만큼 충분히 정확하고 정교하지도 않다. 예측은 구조분석 및 교류분석 접근의 주요 목적과 가치 중 하나이다.

이 책 4장에서 우리는 관찰된 현상을 역으로 처리하여 복잡한 관찰 세트를 단순한 다이어그램으로 축소했다. 선험적 논리적 접근 방식을 통해 우리는 삶의 과정을 비교할 수 있는 일관되고 체계적인 모델 세트를 구축할 수 있다. 여기서의 논의는 비록 이론이 원한다면 더 많이 포함할 정도로 충분히 포괄적이긴 하지만 두 사람 간의 관계에 한정될 것이다. 그것은 관련된 개인의 인원수가 집단 또는 조직을 구성할 만큼 충분히 커지면 새로운 요소가 나타나고 이전의 작업에서 엄밀히 말하면 두 명 이상의 집단을 가진 사회적 집단과 관련되기 때문에 제외되었다. 그러므로 현재의 분류는 두 사람 간 상호 관계를 다루어 집단의 심리학과 개인 심리학 사이의 갭을 메꾸기 위한 것이다.

2

관계의 유형

TYPES OF RELATIONSHIPS

단순 직접적 관계

단순 직접적 관계는 각 사람마다 오직 하나의 활동적인 자아상태만을 포함한다. 그림 15 (그림 2와 동일)를 살펴보면 가능한 9개의 그러한 관계가 있음을 보여 주며 두 가지 유형, 즉 벡터가 직선으로 이어지는 관계와 기울어진 관계가 있음을 보여준다.

벡터가 곧게 뻗어 나오는 관계를 대칭 관계라 부르며, 여기서 각 당사자는 동일한 자아상태를 나타내기 때문에 쌍방 상호 계약을 통해 대등한 관계에 놓인다.

벡터가 경사지는 것을 비대칭 관계라고 한다. 여기서 각 당사자는 서로 다른 자아상태를 나타내며 서로 대등하지 않고 관계가 기울어져 있다. 3개의 가능한 대등 관계(1, 5, 9)와 6개의 가능한 비대칭 관계(2, 3, 4, 6, 7, 8)를 다이어그램에서 볼 수 있다.

가족은 두 가지 유형 모두를 쉽게 이해할 수 있다. 개략적으로는 적어도 두 부모는 서로 대등 관계에 있으며 자녀와는 비대칭 관계에 있다. 이러한 내용은 주어진 사례에서 두 조항이 진실이 아니고 "무언가 잘못되었다."라면 즉각적인 결과를 제공하여 조사를 시작할 토대를 제시한다. 대등이라 함은 사회적 또는 직업적 대등이 아니라 심리적 또는 계약적 대등임에 유의해야 한다.

남편과 아내가 비대칭 관계를 유지하는 것이 어떤 조건에서 유익한지 혹은 부모와 자녀가 대등 관계를 유지하는 것이 어떤 조건에서 유해한지와 같은 이차적인 문제를 검토하기 위해 동일한 조건을 이용할 수도 있다.

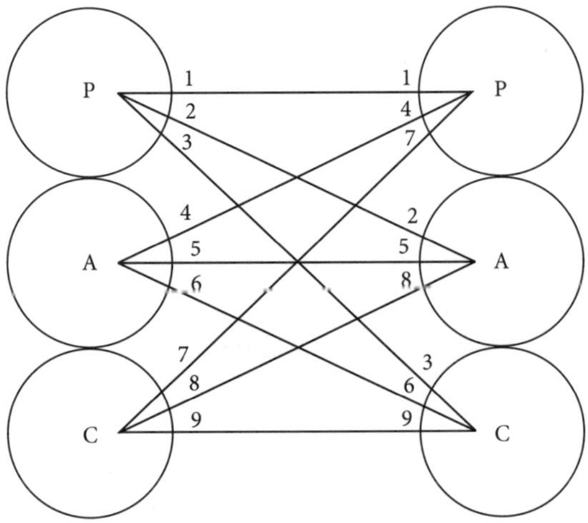

그림 15. 관계 도식

보다 명확한 이해를 위해 그림 16의 다이어그램을 검토해 보자. 이 다이어그램은 가족 구성원 간에 가능한 9가지 간단한 관계를 나타낸다.

A. 남편(H)과 아내(W) 와의 관계

대등한 관계(S)

1. (P-P). 이것은 두 부모가 부모로서 기능한다는 것을 나타낸다. (부모 관계)
5. (A-A). 이것은 남편과 아내와 동일한 개인을 나타내며 실용적인 문제를 해결한다. (배우자관계)
9. (C-C). 이것은 연인이나 친구를 나타낸다. (연인관계)

비대칭 관계 (A)

2. (P-A). 이것은 실제적인 일에서 아내를 격려하는 남편을 나타낸다. (지지자)
3. (P-C). 이것은 위안이 되는 남편이 아내를 위로하는 것을 나타낸다. (편안한 위로자)

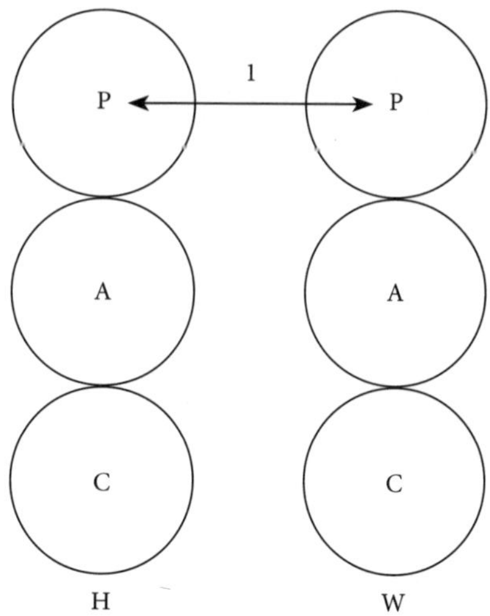

부모(S)
그림 16 (1) P-P.

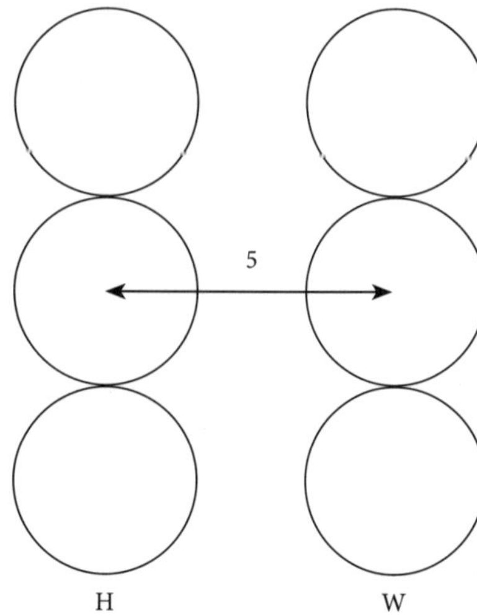

배우자(S)
그림 16 (5) A-A.

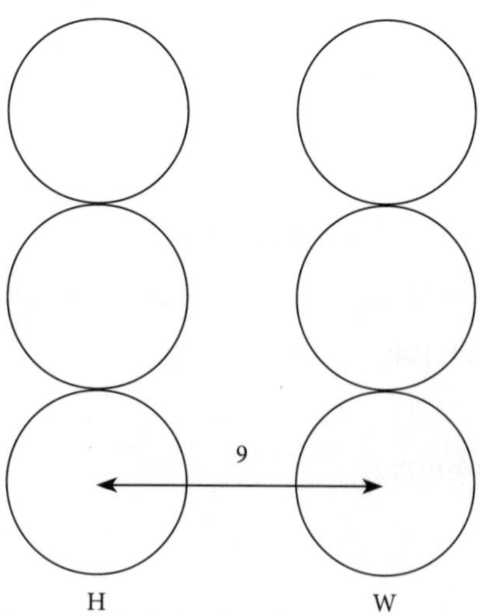

연인 (S)
그림 16 (9) C-C.

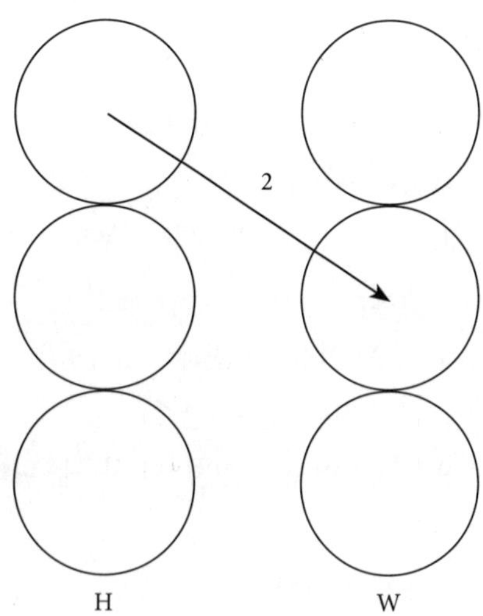

지지자(A)
그림 16 (2) P-A.

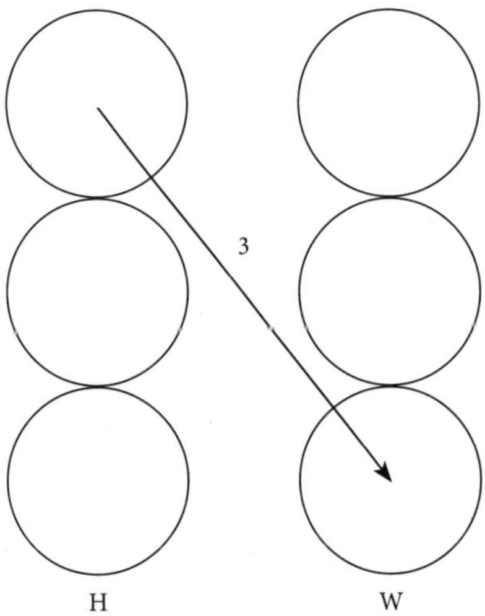

편안한 위로자(A)
그림 16 (3) P-C.

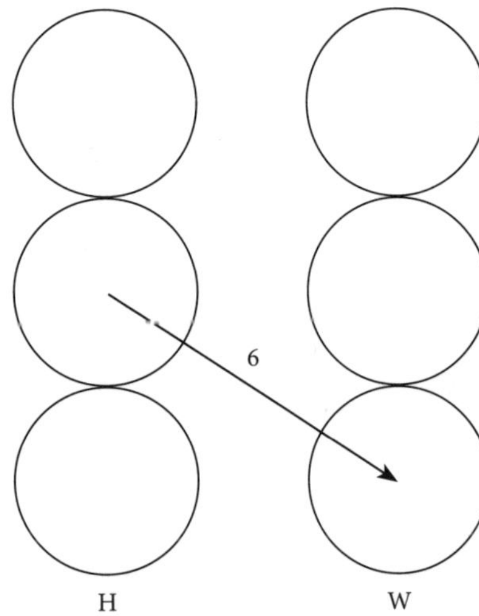

선생님(A)
그림 16 (6) A-C.

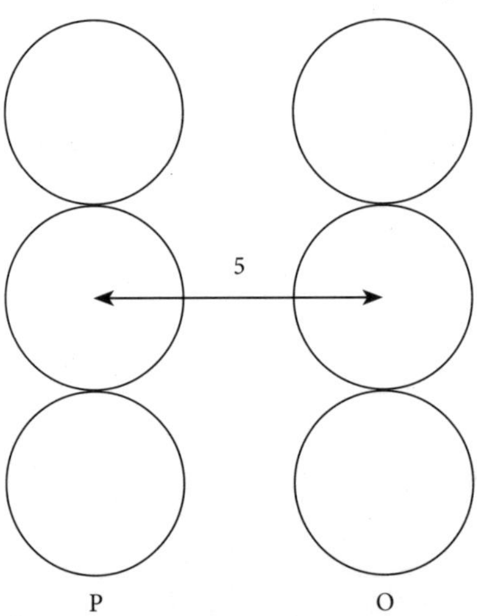

동료(S)
그림 16 (5) A-A.

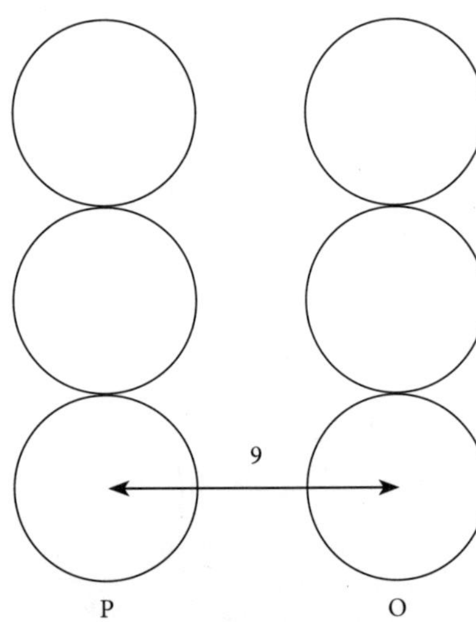

친구(S)
그림 16 (9) C-C.

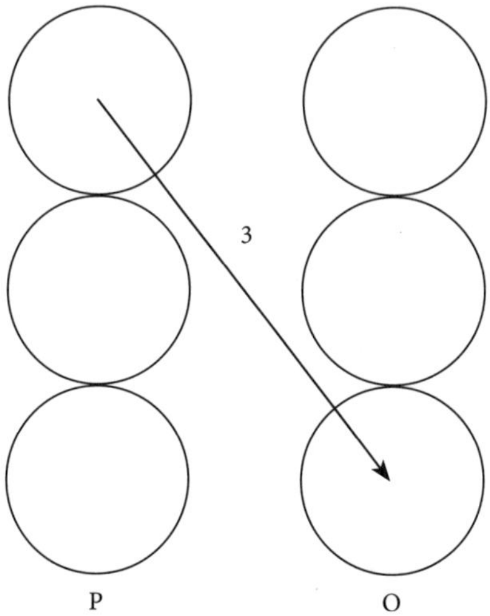

비난자(A)
그림 16 (3) P-C.

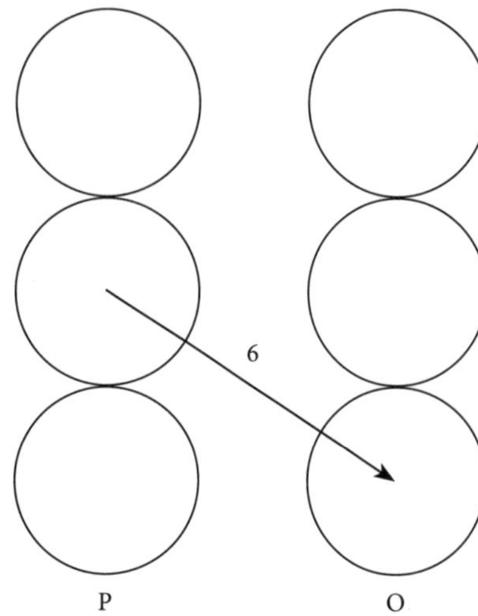

조언자(A)
그림 16 (6) A-C.

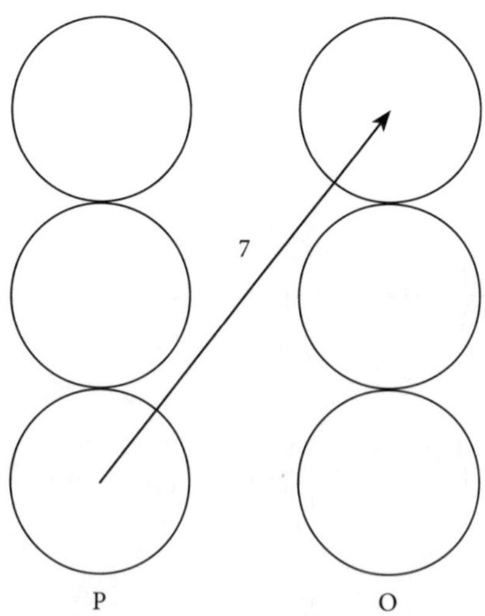

아이 정신과의사(아이가 부모에게 편안한 위로자)(A)
그림 16 (7) C-P.

6. (A-C). 이것은 아내가 새로운 일을 두려워하거나 원망하는 것에 대해 가르치는 남편을 나타낸다. (선생-학생 관계)

나머지 세 벡터(4, 7, 8)는 이것들과 반대이다.

B. 부모(P)와 자식(O) 간의 관계

대등한 관계(s)

5. (A-A). 이것은 아이와 부모와 동등하다는 것을 나타낸다. (동료관계)
9. (C-C). 이것은 아동의 수준에서 아동과 똑같이 해주고 있는 부모를 나타낸다. (친구관계)
1. (P-P). 장남이 부모를 대신하는 가정에서 나타난다.

비대칭 관계 (A)

3. (P-C). 이것은 자식을 비난하거나 훈육하는 부모를 나타낸다. (부모-자녀 관계)
6. (A-C). 이것은 아동에게 조언하거나 가르치는 부모를 나타낸다. (선생-학생 관계)
7. (C-P). 이것은 아이에게 위로를 바라는 고통받는 부모를 나타낸다. (고통 받는 자-위로자 관계)
2. (P-A). 남편과 아내 사이에서 동일하다.

다른 두 가지 관계(4, 8)는 드물거나 이례적인 경우이다.

두 명의 자녀가 9가지 가능한 관계를 가질 수 있다. 이 경우에는 쌍둥이 관계라고도 부를 수 있는 3가지의 대등한 관계와 나이가 다른 형제자매 간의 6개의 비대칭 관계로 구성된다.

따라서 두 명의 자녀가 있는 가족에서는 다음과 같은 간단한 양방향 관계 집합이 가능하다. 남편과 아내 사이 9가지, 아버지와 자녀 사이 9가지,

어머니와 각 자녀 사이에 9가지, 두 아이 사이에 9가지, 총 36개의 관계가 가능하며, 각각 쉽게 알아볼 수 있고, 각각 다른 의미를 지닌다. 그러한 가정에서의 삼중 관계 또는 삼차원 관계는 체계적이고 명확하게 그리고 유용하게 분석될 수 있으며, 어려움은 순전히 도식적으로 표현될 수 있다. 이차 관계에 대해서도 마찬가지이다.

이것은 가족 외의 사회관계로 쉽게 적용될 수 있는 간단하고 완전한 관계를 제공한다.

단순 간접적 관계

단순 간접적 관계는 각 당사자가 단 하나의 활동적인 자아상태를 보여주지만, 다른 자아상태를 포함하는 내적 대화에 의해 진행된다. 이것에 대한 예는 존중, 감탄, 그리고 음란으로 아래에서 설명하고 있다. 존중이라는 성인으로의 행동은 어른과의 사이에 내적 대화로부터 나온다. 어른과 어린이 간 내적 협의를 통해 칭찬이라는 어린이다운 행동이 나오며, 어른과 어린이를 우회하여 조부모와 자녀 간의 관계를 통해 음란에서 표현된다. 이는 그림 17의 다이어그램에 표시된다. 이러한 상황을 기술적으로 "프로그래밍"이라고 한다. 그림 17A는 아이에 의해 프로그램된 어른, 그림 17B는 어른에 의해 프로그램된 아이, 17C는 조부모에 의해 프로그램된 아이를 나타낸다.

복합 관계

복합 관계는 그것을 유지하기 위해 3개 이상의 활동적인 자아상태를 필요로 한다. 이것은 인간의 삶의 친밀하고 지속적인 관계이다. 살아가려면 가족 관계가 복합적이어야 한다. 위에 주어진 가족 분석에서, 우리는 실제로, 오랜 기간에 걸쳐 짧은 기간 동안 존재할 수 있는 복합 관계를 일련의 단순한 관계로 세분했다.

동반자 관계, 우정 및 친밀감은 본문에 설명된 복합적인 관계이다. 두 당사자의 자아상태는 다양한 상황의 영향으로 변화할 것이므로 장기적으로 6개 모두가 서로 표현될 것이다. 복합 관계는 직접적이거나 내적 상담을 통해 간접적일 수도 있다.

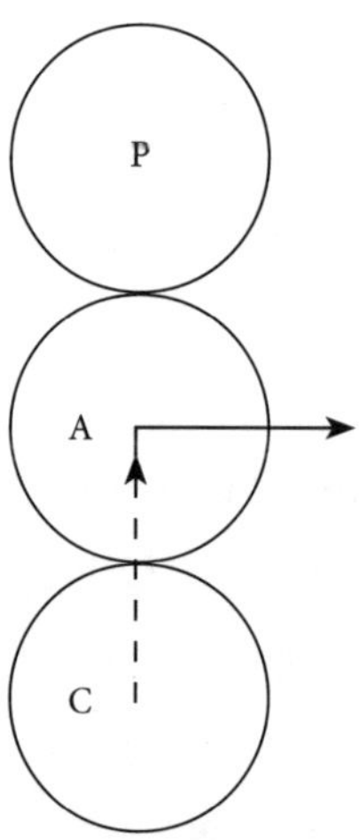

아이에 의해 프로그램된 어른

그림 17A. 존중

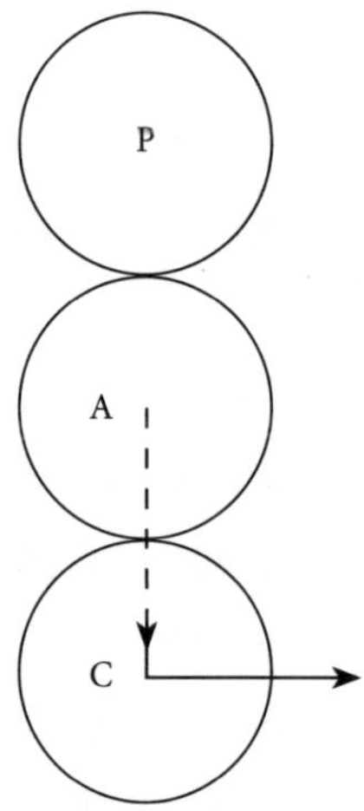

어른에 의해 프로그램된 아이

그림 17B. 감탄

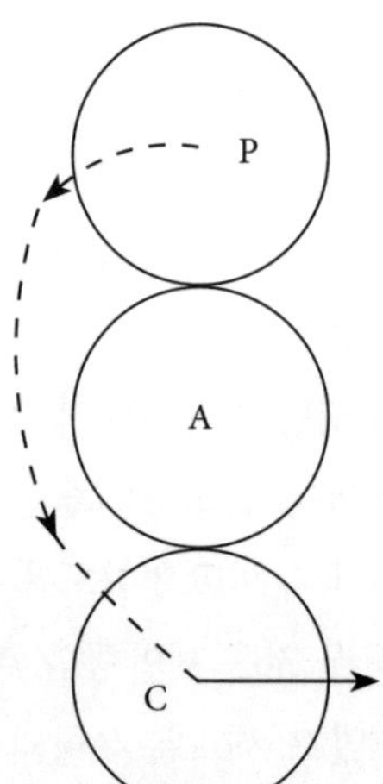

조부모에 의해 프로그램된 아이

그림 17C. 음란

3

논의

DISCUSSION

이 분류의 가치를 설명하기 위해 예측 진술의 두 가지 예를 들어보자.

A. 단순한 관계는 직접적이든 간접적이든 매끄럽게 진행되는 경향이 있다. 파티에서 사람들은 함께 애도할 수 있고(P-P, 1), 함께 비교할 수 있고(A-A, 5), 함께 연애하거나(C-C, 9) 또는 위로할(P-C, 3) 수 있다. 그들은 활동적인 자아상태가 고갈되고 참가자들이 떠날 때까지 이 모든 것을 순조롭고 끊임없이 할 수 있다. 오랜 기간 사람들은 해마다 사건 없이 원활하게 사무실에서 함께 일할 수 있지만(A-A,5), 매일 퇴근 시간이 되는 저녁마다 기뻐한다. 사건은 어른과 어른의 관계보다는 또 다른 자아의 방해로 인해 관계가 복합으로 변할 때에만 발생한다.

다음은 건설적인 경우이다. "지도자가 없는 집단"은 매주 만나서 의욕적인 지적 토론을 했다. 약 1년 간 순조롭게 진행되었고 그 모임이 계속되기를 원했지만 회원들이 불안해지기 시작했다. 교류분석가는 현재 단순 어른 대 어른 관계에 따라 집단이 지속될 거라고 여기지 않았다. 그는 먼저 강력한 지도자를 찾도록 권유했으나 그들은 그렇게 하고 싶지 않았다. 그는 부모와 어린이 자아에 대해 표현하도록 관계를 변경하는 것을 의미하는 "만남" 집단으로 바꿀 것을 제안했다. 이로 인해 회원들의 관계는 단순에서 복합으로 바뀌었고, 새로운 유형의 어려움이 예상대로 "만남" 집단에서 나올 때까지 1년 동안 지속되었다. 이러한 결과는 회원들에게 강력한 지도자가 필요하다는 것을 확신시켰다.

여기서의 기본적인 관계원칙은 다음과 같이 기술될 수 있다. 단순 관계에서는 두 개 이상의 활동적인 자아상태가 필요하기 때문에 교차되거나 내적인 계약의 가능성이 없다. 그러므로 소진이 발생하고 완전히 소진될 때까지 의사소통은 원활하고 무기한 진행될 것이다. 소진은 새로운 자아의 참여로 복합 관계를 형성하도록 허용함으로써 예방할 수 있다. 그러나 그것은 대개 게임에 이르게 되며, 반드시 처리되어야 한다.

B. 복합 관계는 오해, 교차된 관계 및 게임을 일으켜 '사건'을 발생시키는 경향이 있지만 단순 관계보다 만족감이 더 높아 더 나은 결과를 얻는다. 관계는 다음과 같다. 복합 관계에서 의사소통은 반복적으로 방해받지만, 일반적으로 유용한 보상이 있기 때문에 재개된다.

요약하자면, 단순 직접적 관계는 두 개의 활동적인 자아상태만을 포함한다. 단순한 간접적 관계는 하나 이상의 잠재적 자아상태를 더 많이 포함한다. 이들 중 하나는 대등이거나 비대칭일 수 있다. 복합 관계는 두 개 이상의 활동적인 자아상태를 포함하며 대칭 또는 비대칭일 수도 있다. 예를 들면, 교우 관계와 우정은 복합 대등 관계이며 130~131쪽에 설명된 로저-수전 Roger-Susan 관계는 복합 비대칭 관계였다. 변수는 다음과 같다.

단순/복합, 대칭/비대칭, 직접/간접

간단하면서 대칭적이며 직접적인 관계가 가장 간단하고 직선적이다. 복합적이고, 비대칭적이며, 간접적인 관계가 가장 복잡하며 내적 관계의 다른 형태와 게임을 위한 기회를 가장 많이 제공한다.

색인

INDEX